OSHO

Die verbotene Wahrheit

Zehn Vorträge über Jesusworte aus dem Thomasevangelium

Titel der Originalausgabe:
The Mustard Seed, Kapitel 1-10

2. Auflage 1990
© (auch der Übersetzung):
Osho International Foundation, Zürich
Übersetzung: Sw. Prem Nirvano
Fotos: © Osho International Foundation
Druck: Elsnerdruck, Berlin
Printed in Germany
Alle Rechte vorbehalten. Nachdruck und fotomechanische Wiedergabe,
auch auszugsweise, nur mit schriftlicher Genehmigung des Verlags.
ISBN 3-925205-01-2

Inhalt

1	Das Senfkorn	11
2	Feuer, Schwert, Krieg	45
3	Das größte Wunder	81
4	Ohne Scham und Furcht	115
5	Heuchelei: Grundstein jeder Kirche	143
6	Das verlorene Schaf ist das beste	177
7	Der ewige Zeuge	210
8	Den Kreis der sexuellen Energie schließen	235
9	Splitter und Balken	269
10	Einfach genießen	297

„Die verbotene Wahrheit" beinhaltet die ersten 10 von insgesamt 21 Vorträgen, die Osho vom 21. August bis 10. September 1974 in Poona, Indien gehalten hat. Sie erschienen 1975 unter dem Titel „The Mustard Seed".

Zum Thomasevangelium

Das Jahr 1945 ist in jeder Hinsicht eine Zeitwende. Es brachte nicht nur die Atombombe, es förderte auch Dokumente zutage, die die mächtigste Religion der Welt, das Christentum, in ihrer heutigen Form als Fälschung entlarvten und ihm seine ursprüngliche Wahrheit vor Augen hielten.

Es handelt sich um den Fund der gnostischen Bibliothek von Nag Hammadi in Oberägypten; darunter das Thomasevangelium – 114 Jesusworte, aufgeschrieben vom Apostel Thomas, eine reine Spruchsammlung ohne Erzählungen.

Hier spricht ein anderer Jesus als im Neuen Testament: ein kompromißloser Rebell, der sagt: „Ich bringe das Feuer, das Schwert, den Krieg" – oder: „Wenn Ihr aus zwei eins macht, und wenn ihr das Männliche und das Weibliche zu einem einzigen macht, werdet ihr in das Reich eingehen."

Kein Wunder: Dieser spektakuläre Fund wurde von den Kirchen ignoriert. Obwohl das Thomasevangelium die Quelle ist, aus der die Evangelisten Matthäus, Markus und Lukas schöpften, findet es keinen Platz in der offiziellen Bibel. Es wird als Ketzerevangelium verboten.

Osho hat sich als erster ausführlich zum Thomasevangelium geäußert. *Die verbotene Wahrheit* enthält zehn Vorträge über Jesusworte aus diesem Text. Osho erinnert sich: „Es war Liebe auf den ersten Blick. Thomas ist so einfach, daß er nichts Falsches niederschreiben kann. Er ist so direkt, so unmittelbar, daß er selbst völlig zurücktritt. Nur noch Jesus ist da."*

*Osho in: Books I Have Loved
Osho International Foundation, 1985

Vorwort

Als Kind hatte ich eine bestimmte Ahnung, ein bestimmtes Geheimnis, das meinem Herzen teuer war. Anfangs einmal hatte ich mich verplappert und war dafür nur ausgelacht worden, und so behielt ich es später für mich. Das Geheimnis, die Ahnung war die, daß ich eines Tages Jesus persönlich begegnen würde.

Meine Kindheit, meine Jugend, meine frühen Erwachsenenjahre vergingen, aber dieses Vorwissen um die kommende Jesusbegegnung, die verging nicht. Und schließlich war es soweit – vor vielen Jahren, in einem Apartment in Bombay, saß er auf einmal vor mir.

Plötzlich ist er da. Und endlich vermag ich dem Jesus meines kindlichen Herzens ein Gesicht und einen Namen zu geben. Das Gesicht ist Liebe; der Name ist Osho.

Das vorliegende Buch entstand kurz nach meiner ersten Begegnung mit ihm und liegt mir schon deshalb am Herzen; aber auch noch aus einem anderen Grund. Das kam so: Damals, es war im Frühling 1974, zogen wir alle von Bombay nach Poona um, und dort begann Osho in dem neu eingerichteten Aschram erstmalig täglich zu uns zu sprechen. Es begann mit einer Serie von Fragen und Antworten, dann folgte eine ganze Vortragsreihe über Zen, dann eine über Tao. Und während Osho noch über Tao sprach, schrieb ich ihm – von Jesus. Ich wollte, daß der Jesus meiner Kindheit und der Jesus von heute eins würden, miteinander verschmölzen... „So viele von uns hier", so schrieb ich ihm, „wuchsen mit Jesus auf. Kannst du vielleicht über ihn sprechen?"

The Mustard Seed (Das Senfkorn) war seine Antwort: Einundzwanzig Vorträge über Jesus, nach Texten aus dem Thomasevangelium. Das vorliegende Buch, *Die verbotene Wahrheit,* enthält die ersten zehn davon.

Diese Vorträge waren für mich eine Offenbarung und ein Neubeginn. Statt über die alten, vertrauten Jesusworte aus dem Neuen Testament, sprach Osho aus einer

Quelle, die erst vor kurzer Zeit im Nilsand von Oberägypten entdeckt worden war. Was da zum Vorschein kam, war ein neuer, unbekannter Jesus, sprühend vor Leben. Hier sprach plötzlich ein Jesus voller Saft und Kraft, einer, der aß, trank und mit seinen Freunden lachte.

Und vor allem: Hier sprach ein Meister aus Fleisch und Blut, der wie mein eigener Meister seine Jünger auf einem Weg begleitete, den er selbst schon gegangen war – den Weg zur eigenen Göttlichkeit, zum innewohnenden Gott.

Und während ich vor ihm saß und ihm lauschte und ihn fühlte, fingen mein Kinderherz und mein Mannesherz gemeinsam zu singen an, und Zeit und Raum waren wie aufgehoben. Jesus und Osho, Galiläa und Poona, die Jünger Jesu und wir, Oshos Sannyasins – alles war eins, verfloß ineinander, wurde zu einer einzigen reißenden Flut, einem zeitlosen Wildbach, einem raumlosen Strom der Liebe zum Göttlichen hin, zum ewigen Meer.

Und nun fließt dieser Strom und ist nicht mehr aufzuhalten. Dieses Buch ist eine offene Einladung, an seine Ufer zu kommen und aus ihm zu trinken.

Swami Krishna Prem

Kapitel 1

Das
Senfkorn

*Die Jünger sagten zu Jesus:
„Sag uns, wie das Himmelreich aussieht."*

*Er sagte zu ihnen:
„Es ist wie ein Senfkorn –
kleiner als alle Samen,
aber wenn es auf die gepflügte Erde fällt,
bringt es einen großen Baum hervor
und bietet allen Vögeln des Himmels Schutz."*

Die menschlichen Beziehungen haben sich sehr verändert, und zwar zum Schlechteren verändert. In allen Bereichen sind die tieferen Beziehungen verschwunden: Die Ehefrau ist nicht mehr Ehefrau, sondern nur eine Art Freundin; der Ehemann ist nicht mehr Ehemann, sondern nur eine Art Freund. Freundschaft ist gut, kann aber nicht sehr tief sein. Die Ehe ist etwas, das in der Tiefe geschieht. Sie ist ein tiefes Engagement. Und solange du dich nicht engagierst, bleibst du flach. Solange du dich nicht engagierst, machst du den Sprung nie.

Du kannst an der Oberfläche treiben, aber die Tiefen sind nicht für dich. Natürlich ist es gefährlich, in die Tiefe zu gehen – muß es sein, denn an der Oberfläche bist du sehr effektiv. An der Oberfläche kannst du wie ein Automat funktionieren, Bewußtheit ist nicht nötig. Je weiter du aber in die Tiefe dringst, desto bewußter mußt du werden, weil jeden Augenblick der Tod möglich ist. Angst vor der Tiefe hat zu der Oberflächlichkeit in den Beziehungen geführt. Das ist unreif.

Ein Freund, eine Freundin, das bringt Spaß, es kann aber nicht die Tür zum Tiefsten werden, das in allen und jedem verborgen ist. Mit einer Freundin kannst du eine sexuelle Beziehung haben, aber es kann keine Liebe wachsen. Liebe braucht tiefe Wurzeln. Sexualität ist an der Oberfläche möglich, aber Sexualität ist nur tierisch, biologisch. Sie kann schön sein, wenn sie Teil einer tieferen Liebe ist, aber wenn die tiefere Liebe fehlt, ist sie das denkbar Häßlichste; das Häßlichste, weil dann kein Einssein entsteht – ihr berührt euch nur und trennt euch wieder. Nur die Körper begegnen sich, aber nicht *ihr* – nicht das Ich, nicht das Du. Dies ist mit allen Beziehungen passiert.

Aber die größte Beziehung ist vollständig verschwunden, und die größte Beziehung ist die zwischen einem Meister und einem Jünger. Ihr werdet Jesus nicht verstehen können, wenn ihr die Dimension jener Beziehung nicht verstehen könnt, die zwischen einem Meister und seinen Jüngern besteht. Diese ist völlig verschwunden. An die Stelle der Ehefrau ist die Freundin getreten, an die Stelle des Ehemannes ist immerhin der Freund getreten, aber der Meister und die Beziehung, die zwischen ihm und seinen Jüngern existiert, ist völlig verschwunden. Oder, diese Beziehung ist durch etwas sehr Entgegengesetztes ersetzt worden, nämlich durch das, was sich zwischen einem Psychiater und seinem Patienten abspielt.

Zwischen einem Psychiater und seinem Patienten existiert eine Beziehung, die zwangsläufig krank, pathologisch ist – denn ein Patient kommt nicht auf der Suche nach Wahrheit, nicht einmal auf der Suche nach Gesundheit. Dieses Wort „Gesundheit" – *health* – ist nämlich sehr bedeutsam. Es bedeutet Heilsein, es bedeutet Heiligkeit, es bedeutet ein tiefes Heilen ins Selbst hinein. Ein Patient kommt nicht um der Gesundheit willen; denn wenn er um der Gesundheit willen kommt, kann er nur ein Jünger sein. Ein Patient kommt, um die Krankheit loszuwerden. Seine Einstellung ist rein negativ. Er kommt nur, um sich wieder in die Normalität zurückzuzwingen, um wieder ein funktionierender Teil in der normalen Welt zu werden. Er ist jetzt unangepaßt, er braucht Wiederanpassung, und der Psychiater hilft ihm, wieder angepaßt zu sein. Aber angepaßt an wen? Angepaßt an diese Welt, diese Gesellschaft, die absolut krank ist.

Was ihr den „normalen" Menschen nennt, ist nichts als normale Pathologie oder normaler Wahnsinn, normale Geisteskrankheit. Auch der „normale" Mensch ist geisteskrank, aber geisteskrank innerhalb der Grenzen, der akzeptierten Grenzen der Gesellschaft, der Kultur. Manchmal übertritt sie jemand, geht jemand über diese Grenzen hinaus – dann wird er „krank". Dann nennt die ganze Gesellschaft, welche krank ist, diesen Mann krank. Und der Psychiater existiert an der Grenze, um diesem Mann zurückzuhelfen, zurück zur Masse.

Der Psychiater kann kein Meister sein, weil er selbst nicht heil ist. Und der Patient kann kein Jünger sein, weil er nicht zum Lernen gekommen ist. Er ist verstört und er möchte *nicht* verstört sein; er bemüht sich nur um Wiederanpassung, nicht um Gesundheit. Und der Psychiater kann kein Meister sein. Obgleich er im Westen vorgibt – und früher oder später wird er das auch im Osten tun – daß er der Meister *ist*. Aber er kann es nicht sein, er selbst ist krank. Er mag anderen helfen, angepaßt zu sein, das ist okay. Ein Kranker kann einem anderen Kranken helfen – in manchen Dingen. Aber ein Kranker kann nicht einen anderen Kranken dazu bringen, heil zu sein. Der eine Wahnsinnige kann nicht dem anderen Wahnsinnigen helfen, über den Wahnsinn hinauszugehen.

Selbst eure Freuds, eure Jungs, eure Adlers sind absolut krank; nicht nur die gewöhnlichen Psychiater, selbst die Größten unter ihnen sind pathologisch, sind krank. Ich will euch ein paar Dinge erzählen, damit ihr das spüren könnt: Jedesmal, wenn jemand irgendwie vom Tod sprach, fing Freud an zu zittern. Zweimal wurde er sogar ohnmächtig und fiel vom Stuhl, nur weil jemand von Mumien in Ägypten sprach. Er wurde ohnmächtig! Ein andermal, als Jung von Tod und Leichen sprach, begann er ebenfalls plötzlich zu zittern, fiel um und wurde ohnmächtig, wurde bewußtlos.

Wenn der Tod ein solcher Schrecken für Freud ist, was muß dann mit seinen Schülern sein? Und warum muß der Tod soviel Angst auslösen? Könnt ihr euch einen Buddha vorstellen, der Angst vorm Tod hat? Dann ist er kein Buddha mehr.

Jung hat viele Male berichtet, daß er nach Rom fahren wollte, um den Vatikan zu besuchen, vor allem die Bibliothek, die vatikanische Bibliothek, die die größte ist, die die geheimsten Schriften aller Religionen überhaupt enthält – eine große Seltenheit. Aber jedesmal, wenn er losging, um sich eine Fahrkarte zu kaufen, fing er zu zittern an – nur nach Rom! Was soll erst werden, wenn es zum *moksha* geht? Und jedesmal sagte er ab und kam zurück. Er ist nie gefahren, *nie!* Viele Male hat er es versucht, und am Ende entschied er: „Nein, ich kann nicht hin!"

Woher die Angst, nach Rom zu gehen? Warum hat ein Psychiater Angst davor, zur Religion zu gehen? Denn Rom ist nur das Symbol; es steht für Religion. Und dieser Mensch, Jung, hat eine Philosophie um seine Gedankenwelt gebaut – und diese Philosophie hat jetzt Angst, erschüttert zu werden. Genau wie wenn ein Kamel sich sträubt, zum Himalaja zu gehen; denn wenn ein Kamel sich dem Himalaja nähert, findet es zum ersten Mal heraus, daß es nichtig ist. Diese ganze Philosophie, die Jung geschaffen hat, ist einfach kindisch; denn der Mensch hat so ungeheure und kosmische Systeme ausgearbeitet – und all diese Systeme liegen jetzt in Schutt und Asche. Die Angst ist: nach Rom gehen heißt, zu den Ruinen der großen Systeme gehen, die die Vergangenheit geschaffen hat.

Was dann mit *deinem* kleinen System? Was dann mit deiner kleinen Ecke, die du aufgeräumt und ausgeschmückt hast? Was dann mit deiner Philosophie? Große Philosophien sind gestürzt und zu Staub geworden: Geh nach Rom, sieh dir an, was geschehen ist! Geh nach Athen, sieh, was geschehen ist! Wo sind die Schulen von Aristoteles, Plato und Sokrates? Alle sind sie im Staub verschwunden. Größte Systeme werden am Ende zu Staub, und alle Gedanken erweisen sich am Ende als nutzlos, weil Denken nur Menschenwerk ist.

Nur im „Nicht-Denken" lernst du das Göttliche kennen. Durch Denken lernst du nie das Ewige kennen, weil Denken der Zeit angehört; Denken kann nicht dem Zeitlosen angehören; keine Philosophie, kein Gedankensystem kann ewig sein.

Das war die Angst. Mindestens vier oder fünf Mal buchte Jung, und jedesmal sagte er wieder ab. Und dieser Jung ist einer der größten Psychiater überhaupt. Was ist mit seinen Jüngern, wenn er solche Angst hat, nach Rom zu gehen? Nicht mal ihr habt solche Angst davor; allerdings nicht, weil ihr besser seid als Jung, sondern nur, weil ihr unbewußter seid. Er ist sich bewußt, daß in Rom sein Kopf fallen wird. Sobald er den Scherbenhaufen aller großen Systeme sehen wird, wird ihn ein großes Zittern, eine Todesangst packen, und er wird sich fragen: „Was wird nun aus meinem System? Was wird aus mir?" Er zittert und kommt vom Bahnhof zurück, und in seinen Memoiren schreibt er: „Am Ende ließ ich dann das ganze Projekt fallen. Ich werde nicht nach Rom gehen."

Und dasselbe ist auch Freud oft passiert. Auch er versuchte, nach Rom zu gehen – es scheint also kein Zufall zu sein – und er hatte ebenfalls Angst. Warum? Freud hatte soviel Wut in sich, wie ihr nur haben könnt, Freud hatte soviel Sex in sich, wie ihr nur haben könnt, Freud war so voller Todesangst, wie ihr nur sein könnt: Freud war in seinem Verhalten so neurotisch, wie ihr nur sein könnt. Wo also ist der Unterschied zu euch? Er mag vielleicht intelligenter sein – vielleicht ein Genie – oder er kann vielleicht ein bißchen helfen; aber was das Letzte und Höchste betrifft, was den geheimsten, innersten Kern des Seins betrifft, war er so blind wie ihr.

Nein, Psychiatrie kann nicht zu Religion werden. Sie mag ein gutes Krankenhaus werden, aber sie kann kein Tempel werden – das ist nicht möglich. Und ein Psychiater mag nötig sein, weil die Menschen krank sind, unangepaßt. Aber ein Psychiater ist kein Meister und ein Patient ist kein Schüler.

Wenn du als Patient zu einem Meister kommst, dann verfehlst du ihn, weil ein Meister kein Psychiater ist. Ich bin kein Psychiater. Es kommen Leute zu mir, und sie sagen: „Ich leide an dieser oder jener inneren Angst, Angst-Neurose, diesem und jenem."

Ich sage: „Das ist okay, denn ich werde nicht deine Angst behandeln, sondern ich werde *dich* behandeln. Ich kümmere mich nicht um deine Krankheiten, ich kümmere mich einfach nur um *dich*. Krankheiten liegen am Rand, und dort, wo *du* bist, gibt es keine Krankheit."

Wenn du erst einmal erkennst, wer du bist, verschwinden alle Krankheiten. Sie existieren im Grunde nur, weil du das Wissen um dich selbst versteckt hast, weil du dir selbst aus dem Weg gegangen bist. Du bist der wichtigsten Begegnung aus dem Weg gegangen, weil du dich selbst nicht anschauen willst. Warum willst du dich selbst nicht anschauen? Was ist mit dir los? Und solange du nicht bereit bist, dir selbst zu begegnen, kannst du kein Jünger werden, weil ein Meister nichts tun kann, solange du nicht bereit bist, dir selbst ins Gesicht zu sehen. Er kann dir nur helfen, dir selbst ins Gesicht zu sehen.

Warum hast du solche Angst? Es ist etwas verlorengegangen, irgendwann in der Vergangenheit. Ein Kind wird geboren: Es wird nicht so akzeptiert, wie es ist. Vieles an ihm muß geändert werden, gezwungen werden, es muß diszipliniert werden. Es hat viele Seiten, die von der Gesellschaft und den Eltern nicht akzeptiert werden können, so daß diese Seiten geleugnet, verdrängt werden müssen. Nur ein paar Seiten werden akzeptiert und geschätzt, und so muß das Kind eine Lösung finden. Es muß die vielen Fragmente seines Wesens verleugnen, die sich nicht zeigen dürfen. Es muß sie so sehr verleugnen, daß es sie selbst vergißt. Genau das ist Repression, und die gesamte Gesellschaft beruht auf Repression.

Der größere Teil der Natur des Kindes muß verdrängt, muß völlig ins Dunkel geworfen werden. Aber dieser verdrängte Teil behauptet sich, will rebellieren, reagieren, will ans Licht kommen, und du mußt ihn ständig wieder zurückzwingen. Deswegen bekommst du Angst, dir selbst zu begegnen. Denn was soll aus dem verdrängten Teil werden? Der wird wiederkommen, der wird da sein. Was wird aus dem Unbewußten? Wenn du dir selbst begegnest, wird das Unbewußte da sein, wird alles da sein, was du verdrängt hast. Und das macht dir Angst.

Solange ein Kind nicht total als das akzeptiert wird, was es ist, muß diese Angst bleiben. Aber es hat bis heute noch keine Gesellschaft gegeben, die ein Kind total akzeptiert. Es scheint, daß es niemals eine Gesellschaft geben wird, die ein Kind total akzeptiert, denn das ist fast unmöglich. Und jeder muß sich eines Tages diesem Problem stellen: daß er sich selbst ins Gesicht sehen muß. Ihr werdet an dem Tag zu Jüngern, an dem es euch nicht kümmert, was gut und was schlecht ist, nicht kümmert, was akzeptiert wird und was nicht. Du wirst erst an dem Tag ein Jünger, wo du bereit bist, dir dein ganzes Wesen zu enthüllen.

Der Meister ist nur eine Hebamme. Er hilft dir zu einer neuen Geburt, wiedergeboren zu werden. Und was ist die Beziehung zwischen einem Meister und einem Jünger? Ein Jünger muß vertrauen, er kann nicht zweifeln. Wenn er zweifelt, kann er sich nicht preisgeben. Wenn du an jemandem zweifelst, schrumpfst du, kannst du dich nicht ausdehnen. Wenn du zweifelst, ... da ist ein Fremder, und du verschließt dich. Du kannst nicht offen sein, weil du nicht weißt, was dieser Fremde mit dir machen wird. Du kannst dich ihm nicht preisgeben, du mußt dich schützen, du mußt dich panzern.

Bei einem Meister mußt du den Panzer völlig fallenlassen – soviel steht fest. Selbst vor einem Menschen, den du liebst, magst du deine Rüstung noch ein bißchen anbehalten. Vor einem geliebten Menschen magst du nicht so offen sein. Aber bei einem Meister muß die Offenheit total sein, sonst wird gar nichts passieren. Wenn du auch nur einen Bruchteil von dir selbst zurückhältst, ist die Beziehung nicht da. Totales Vertrauen ist notwendig, nur dann können die Geheimnisse enthüllt werden, nur dann können dir die Schlüssel ausgeliefert werden. Aber wenn du dich versteckst, bedeutet das, daß du mit dem Meister kämpfst; dann kann nichts passieren.

Kampf ist nicht der Schlüssel dem Meister gegenüber, Hingabe ist der Schlüssel. Und Hingabe ist völlig aus der Welt verschwunden. Viele Dinge haben dazu beigetragen: Seit drei oder vier Jahrhunderten hat der Mensch es gelernt, individualistisch, egoistisch zu sein. Man hat dem Menschen nicht beigebracht, sich hinzugeben, sondern zu kämpfen, nicht beigebracht zu gehorchen, sondern zu rebellieren. Man hat den Menschen nicht gelehrt zu vertrauen, sondern zu zweifeln. Dafür gab es einen Grund; denn Wissenschaft wächst durch Zweifel. Wissenschaft ist tiefer Skeptizismus. Sie arbeitet nicht mit Vertrauen. Sie arbeitet mit Logik, Argumentation und Zweifel. Je mehr du zweifelst, desto wissenschaftlicher wirst du. Ihr ganzer Weg ist dem religiösen Weg entgegengesetzt.

Religion arbeitet durch Vertrauen. Je mehr du vertraust, desto religiöser wirst du. Die Wissenschaft hat Wunder gewirkt, und diese Wunder sind sehr sichtbar. Die Religion hat größere Wunder gewirkt, aber diese Wunder sind nicht so sichtbar. Selbst wenn ein Buddha kommt, was könnt ihr spüren, was könnt ihr sehen? Er ist nicht sichtbar. Sichtbar ist er nur als Körper. Sichtbar ist er genauso sterblich wie du. Sichtbar wird er alt und stirbt eines Tages. Unsichtbar ist er ohne Tod, unsterblich. Aber ihr habt nicht die Augen zu sehen, was unsichtbar ist. Ihr habt nicht diese Fähigkeit, das Innerste, das Unbekannte zu spüren.

Und darum können nur vertrauende Augen nach und nach anfangen zu fühlen und sensibel zu werden. Wenn du vertraust, ... Vertrauen heißt, daß du *diese* beiden Augen verschließt. Darum ist Vertrauen blind, genauso wie Liebe blind ist – Vertrauen ist sogar noch blinder als Liebe.

Aber wenn du diese beiden Augen schließt, was passiert? Eine innere Transformation passiert. Wenn du diese Augen schließt, die nach außen sehen, was passiert dann mit der Energie, die durch die Augen geht? Diese Energie fängt an, rückwärts zu gehen. Sie kann nicht mehr von den Augen zu den Dingen fließen; sie macht kehrt, sie wird zur Umkehr. Energie muß sich bewegen, Energie kann nicht statisch sein. Wenn du das eine Ventil verschließt, sucht sie sich ein anderes. Wenn deine Augen beide geschlossen sind, macht die Energie, die durch diese beiden Augen ging, kehrt – eine Umkehr passiert.

Und genau diese Energie trifft das dritte Auge in dir. Das dritte Auge ist nichts Physikalisches: es ist nur so, daß die Energie, die durch die Augen auf äußere Objekte geht, jetzt zu ihrer Quelle zurückkehrt – sie wird zum dritten Auge: die dritte Möglichkeit, die Welt zu sehen.

Nur durch dieses dritte Auge ist ein Buddha wahrnehmbar. Nur durch dieses dritte Auge ist ein Jesus erkennbar. Wenn du dies dritte Auge nicht hast, wird Jesus zwar da sein, aber du wirst ihn verfehlen – viele haben ihn verfehlt. In seiner Heimatstadt dachten die Leute, daß er nur der Sohn dieses Zimmermanns Josef ist. Niemand, *niemand* konnte erkennen, was mit diesem Mann passiert ist: daß er nicht mehr der Sohn des Zimmermanns ist, daß er Gottes Sohn geworden ist – aber das ist ein inneres Phänomen. Und als Jesus erklärte: „Ich bin der Sohn des Göttlichen, mein Vater ist im Himmel", da lachten die Leute und sagten: „Entweder bist du verrückt geworden, oder du bist ein Narr, oder du bist ein sehr cleverer Bursche. Wie kann ein Zimmermannssohn plötzlich zu Gottes Sohn werden?" Aber es *ist* möglich...

Nur der Körper wird aus dem Körper geboren. Das innere Selbst wird nicht aus dem Körper geboren, es kommt aus dem Heiligen Geist, es kommt aus dem Göttlichen. Aber erst mußt du die Augen bekommen, zu sehen, mußt du die Ohren bekommen, zu hören.

Und es ist eine sehr feine und subtile Sache, Jesus zu verstehen; man muß eine große Schulung durchmachen. Genau wie beim Verstehen klassischer Musik – wenn du unvermittelt klassische Musik zu hören bekommst, wirst du denken: „Was für ein Unsinn!" Sie ist so verfeinert, daß eine lange Schulung nötig ist. Du mußt viele, viele Jahre lang Lehrling sein, erst dann sind deine Ohren für das Aufnehmen des Subtilen geschult – und dann ist klassische Musik mit nichts zu vergleichen. Dann ist gewöhnliche Alltagsmusik, wie etwa Filmmusik, überhaupt keine Musik mehr, sondern nur Lärm, und dumm dazu.

Weil eure Ohren nicht geschult sind, lebt ihr mit diesem Lärm und denkt, es ist Musik. Aber für klassische Musik braucht man aristokratische Ohren. Eine Schulung ist notwendig. Und je mehr du geschult wirst, desto mehr tritt das Subtile zutage.

Aber klassische Musik ist nichts neben einem Jesus, weil das die kosmische Musik ist. Du mußt ganz still sein; nicht die geringste Gedankenregung, keine einzige Bewegung in deinem Sein... erst dann kannst du Jesus hören, und dann kannst du Jesus verstehen, und du kannst ihn kennen.

Jesus wiederholt deshalb immer wieder: „Wer Ohren hat, sollte mich verstehen können. Ihr, die Augen habt, seht! Ich bin hier!" Warum wiederholt er ständig: „Wer Augen hat, der sehe! Wer Ohren hat, der höre!" – warum?

Er spricht von einer anderen Dimension des Verstehens, die nur ein Jünger verstehen kann. Sehr wenige verstanden Jesus. Aber das liegt in der Natur der Dinge und kann nicht anders sein. Sehr wenige – und wer waren diese wenigen? Es waren keine gelehrten Doktoren, nein! Es waren keine Professoren von den Universitäten, nein; es waren keine Pandits oder Philosophen, nein! Es waren gewöhnliche Menschen: ein Fischer, ein Bauer, ein Schuster, eine Prostituierte. Sie waren sehr gewöhnliche Menschen, höchst gewöhnlich, die Gewöhnlichsten unter den Gewöhnlichen. Warum konnten ihn diese Leute verstehen? Da muß etwas Außergewöhnliches an einem gewöhnlichen Menschen sein. Da muß etwas Besonderes sein, das in einem gewöhnlichen Menschen vorhanden ist, und in den sogenannten „außergewöhnlichen" verschwindet. Was ist es?

Es ist eine Art Demut, eine Art Vertrauen... Denn je mehr du im Intellekt geschult bist, desto weniger Vertrauen ist möglich. Wenn du nicht im Intellekt geschult bist, ist mehr Vertrauen möglich.

Ein Bauer vertraut, er braucht nicht zu zweifeln. Er streut die Saat auf das Feld und er vertraut darauf, daß sie aufgehen wird, daß sie sprießen wird, wenn die richtige Jahreszeit kommt. Sie *wird* sprießen. Er wartet und er betet, und in der richtigen Jahreszeit sprießen diese Samen, und sie werden Pflanzen. Er wartet und er glaubt. Er lebt mit den Bäumen, Pflanzen, Flüssen, Bergen. Nicht nötig zu zweifeln: Bäume sind nicht hinterlistig, du brauchst dich nicht durch eine Rüstung zu schützen; Berge sind nicht hinterlistig – sie sind keine Politiker, sie sind keine Verbrecher – du brauchst keine Rüstung, um dich zu schützen. Dort brauchst du überhaupt keine Sicherheit, du kannst offen sein.

Genau darum fühlst du, wenn du in die Berge gehst, eine plötzliche Begeisterung. Woher kommt das? Von den Bergen? Nein! – sondern weil du jetzt deine Rüstung beiseite legen kannst, keine Angst mehr zu haben brauchst. Wenn du zu einem Baum kommst, fühlst du dich plötzlich wunderbar. Das kommt nicht von dem Baum, das kommt aus deinem Innern. Aber vor einem Baum brauchst du dich nicht zu schützen, kannst du dich entspannt und zuhause fühlen. Die Blume wird dich nicht plötzlich angreifen. Der Baum kann kein Dieb sein, er kann dir nichts stehlen. Wenn du also in die Berge, ans Meer, zu den Bäumen in den Wald gehst, legst du deine Rüstung ab.

Menschen, die mit der Natur leben, vertrauen mehr. Ein Land, das weniger industrialisiert, weniger mechanisiert, weniger technologisch ist, lebt mehr mit der Natur, hat mehr Vertrauen in sie. Darum kannst du dir nicht vorstellen, daß Jesus in New York geboren würde – es ist fast unmöglich. „Jesus-Freaks" mögen dort geboren werden, aber kein Jesus. Und diese Freaks sind nur neurotisch, Jesus ist lediglich ihr Aufhänger. Nein, man kann sich nicht vorstellen, daß Jesus dort geboren würde, es ist fast unmöglich. Und selbst wenn er dort geboren würde, niemand würde auf ihn hören. Selbst wenn es ihn gäbe, niemand würde in der Lage sein, ihn zu erkennen. Er wurde in einem Zeitalter ohne Technologie, ohne Wissenschaft geboren, als Sohn eines Zimmermanns. Er verbrachte sein ganzes

Leben mit armen und einfachen Menschen, die mit der Natur lebten. Sie konnten vertrauen.

Eines Tages kommt Jesus... es ist ganz früher Morgen; die Sonne ist noch nicht am Horizont erschienen. Zwei Fischer sind da. Sie haben gerade ihr Netz ausgeworfen, um Fische zu fangen, als Jesus zum See kommt und sagt: „Schaut, warum verschwendet ihr euer Leben? Ich kann euch zu Menschenfischern machen. Warum verschwendet ihr eure Energie damit, Fische zu fangen? Ich kann euch zu Fängern von Menschen, Fischern von Menschen machen. Kommt und folgt mir."

Wenn er das zu dir in deinem Büro oder deinem Laden gesagt hätte, hättest du gesagt: „Geh weg, ich habe keine Zeit. Verschwende nicht meine Zeit!" Aber diese beiden Fischer schauten Jesus an. Sie schauten auf Jesus ohne irgendwelche Zweifel. Die Sonne ging auf, und der Mann war schön, dieser Mann Jesus, und seine Augen – sie waren tiefer als der See; und er strahlte mehr als die Sonne. Sie warfen ihre Netze fort und sie folgten Jesus.

Das ist Vertrauen. Nicht eine einzige Frage: „Wer bist du, Fremder?" Sie kannten ihn nicht. Er war nicht aus ihrem Dorf. Sie hatten ihn nie gesehen. Sie hatten ihn nie gehört. Aber das reichte – der Ruf, die Einladung reichte. Sie hörten die Einladung, sie sahen Jesus an, fühlten die Ehrlichkeit – sie folgten ihm.

Und als sie gerade die Stadt verließen, kam ein Mann angerannt. Und er sagte zu diesen beiden Fischern: „Wo geht ihr hin? Euer Vater ist plötzlich gestorben. Kommt zurück." Also sagten sie zu Jesus: „Können wir nach Haus gehen und unseren toten Vater begraben? Und dann werden wir kommen." Jesus sagte: „Kümmert euch nicht um den Toten. Es gibt genug Tote in der Stadt. Sie werden ihre Toten begraben. Ihr kommt und folgt mir. Ihr braucht euch nicht um die Toten zu kümmern." Und diese beiden Fischer folgten.

Das ist Vertrauen: sie hörten, sie sahen Jesus an.

Er meinte – und er hatte recht: „Wenn der Vater tot ist, was gibt es da zu tun? Wenn jemand tot ist, ist er tot. Nicht nötig hinzugehen. Und es gibt genug Tote in der Stadt, sie werden den Rest besorgen. Sie werden die Riten besorgen, sie werden euren Vater begraben. Ihr aber kommt und folgt mir." Und so folgten sie, und sie kehrten nie zurück. Sie blickten nie zurück. Vertrauen heißt: nicht zurückblicken. Vertrauen heißt: nicht zurückkehren.

Ein zweifelnder Geist schaut immer zurück, denkt immer an die Alternative, denkt immer an das, was er *nicht* getan hat, denkt immer, ob er *recht* gehandelt hat: „Sollte ich umkehren oder diesem Verrückten folgen? Wer weiß? Er sagt, er ist der Sohn Gottes, aber wer weiß? Niemand weiß von Gott, niemand weiß von seinen Söhnen – und dieser Mann sieht genauso aus wie wir." Aber die Fischer folgten Jesus.

Wenn ihr einem Menschen wie Jesus folgt, wird er euch früher oder später anstecken. Aber erstmal müßt ihr ihm folgen. Früher oder später werdet ihr fühlen, daß er der Sohn Gottes ist. Und nicht nur das – durch ihn werdet ihr erkennen, daß auch ihr Söhne Gottes seid. Aber anfangs müßt ihr vertrauen. Wenn am Anfang der Zweifel steht, sind die Tore verschlossen.

Diese Art Beziehung ist verschwunden, dank dreihundert Jahren erfolgreicher Wissenschaft. Wissenschaft hat zuviel erreicht. Und sie hat Wunder vollbracht – natürlich nutzlose Wunder, weil sie nicht das geringste zum menschlichen Glück beigesteuert haben. Ein Wunder ist nutzlos, wenn das Glück dadurch nicht vermehrt wird. Stattdessen ist das Glück weniger geworden. Je mehr Technologie, desto mehr Komfort – aber desto weniger Glück. Das ist das Wunder, welches die Wissenschaft vollbracht hat. Je mehr Dinge von mechanischen Vorrichtungen getan werden können, desto weniger werdet ihr gebraucht. Und je weniger ihr gebraucht werdet, desto mehr fühlt ihr euch sinnlos, nutzlos, bedeutungslos. Früher oder später wird euch der Computer ersetzen, dann werdet ihr überhaupt nicht mehr gebraucht. Dann könnt ihr gehen und euch umbringen, der Computer wird alles besorgen.

Glück kommt aus dem Gebrauchtwerden. Wenn du gebraucht wirst, fühlst du dich glücklich, weil du fühlst, daß dein Dasein Bedeutung hat, weil du fühlst, daß dein Leben Sinn hat. Du spürst, daß du gebraucht wirst, und daß ohne dich alles anders wäre. Aber jetzt wird es ohne dich nicht anders sein. Vielmehr wird ohne dich alles besser sein, weil die Maschinen alles besser können als du. Du stehst nur im Weg, bist ein veraltetes Ding. Der Mensch ist heute das Alleraltmodischste, weil alles andere jedes Jahr in einer neuen Ausgabe erscheint: ein neues Ford-Modell erscheint, ein neues Modell von allem. Nur der Mensch bleibt das altmodischste Modell. Unter lauter neuen Dingen bist du das einzig alte.

Der moderne Mensch fühlt eine ständige Sinnlosigkeit. Niemand braucht dich. Selbst die Kinder werden dich nicht brauchen, weil die Regierung, der Wohlfahrtsstaat sich um sie kümmert. Dein alter Vater, deine alte Mutter brauchen dich nicht, denn es wird Heime geben – öffentliche und staatseigene Heime, die sich um ihre Bedürfnisse kümmern. Wer braucht dich? Und wenn du spürst, daß niemand dich braucht, und du nur eine unnötige Last bist, wie kannst du da glücklich sein?

In alten Zeiten wurdet ihr gebraucht. Irgendwo hat einmal ein jüdischer Mystiker, Hillel – der ein sehr vertrauensvoller Mensch gewesen sein muß, ein sehr andächtiger Mensch – zu Gott in seinem Gebet gesagt: „Denk nur nicht, daß nur ich dich brauche. Du brauchst auch mich. Ohne mich wärest du nichts. Wenn Hillel nicht da wäre, wer würde dann beten? Wer würde dann zu dir aufschauen? Ich bin ein Muß. Vergiß also nicht, ich brauche dich, das stimmt, aber du brauchst mich auch."

Als das ganze Universum dich brauchte – sogar der Gott – da hattest du eine Bedeutung, einen Sinn, ein gewisses Flair. Aber jetzt braucht dich niemand. Man kann dich mit Leichtigkeit abschieben, du bist nichts. Die Technologie hat Komfort geschaffen und dich wegwerfbar gemacht. Die Technologie hat bessere Häuser geschaffen, aber nicht bessere Menschen. Für bessere Menschen ist eine andere Dimension nötig – und diese Dimension hat nichts mit Mechanik zu tun. Diese Dimension hat mit Bewußtheit, nicht mit Mechanik zu tun.

Wissenschaft kann keinen Jesus oder Buddha herstellen. Aber Wissenschaft kann eine Gesellschaft herstellen, in der ein Buddha unmöglich wird. Viele Leute kommen zu mir und sie fragen, warum es heute keine Buddhas mehr gibt, keine *Teerthankaras* mehr, keinen Jesus mehr? Euretwegen! Ihr habt eine derartige Gesellschaft geschaffen, daß es für einen einfachen Menschen, für einen unschuldigen Menschen immer unmöglicher wird zu existieren. Und selbst wenn einer existiert, werdet ihr ihn nicht erkennen. Nicht, daß es keine Buddhas gäbe – schwierig, aber es gibt sie. Ihr mögt jeden Tag an ihnen vorbeigehen, wenn ihr ins Büro geht. Aber ihr könnt sie nicht erkennen, ihr seid blind.

Das Vertrauen ist verschwunden. Denkt daran: Jesus lebte in einem Zeitalter des Vertrauens, tiefen Vertrauens. Sein ganzer Ruhm, seine ganze Bedeutung wird nur durch diese Dimension des Vertrauens verständlich.

Wir werden jetzt auf dieses kleine Stück aus den Sprüchen von Jesus eingehen:

Die Jünger sagten zu Jesus:
„Sag uns, wie das Himmelreich aussieht."

Sie waren keine Frager, sie waren keine Neugierigen. Sie wollten nicht zu diskutieren anfangen, ihre Frage war unschuldig. Nur wenn eine Frage unschuldig ist, kann ein Jesus sie beantworten.

Wann ist eine Frage unschuldig? Wißt ihr es? Wenn

ihr bereits die Antwort kennt, dann ist die Frage nicht unschuldig. Ihr fragt: „Gibt es einen Gott?" Und ihr wißt bereits die Antwort. Ihr wißt, ja, es gibt einen, und ihr seid nur gekommen, um euch das bestätigen zu lassen. Oder ihr wißt, es gibt keinen, und ihr seid nur gekommen, um zu sehen, ob dieser Mann das weiß oder nicht. Wenn die Antwort da ist, dann ist die Frage schlau, ist sie nicht unschuldig. Dann kann sie nicht von einem Jesus beantwortet werden, weil Jesus nur auf Unschuld antworten kann.

Wenn ein Jünger fragt, denkt er sich keine Antwort. Er weiß es nicht, er weiß einfach nicht, und darum fragt er. Merkt es euch: Wenn ihr etwas fragt, dann prüft nach – fragt ihr, obwohl ihr bereits eine Antwort habt, fragt ihr aus eurem Wissen heraus? Dann kann es kein Zusammenkommen geben. Dann wird euch die Antwort, selbst wenn ich antworte, niemals erreichen. Ihr seid nicht leer genug, um sie zu empfangen. Die Antwort ist bereits da: ihr seid bereits voreingenommen, vergiftet.

Es gibt zwei Arten zu fragen: die eine kommt aus dem Wissen – und dann ist es sinnlos, weil dann nur eine Diskussion möglich ist, aber kein Dialog. Aber wenn du aus deiner Unwissenheit heraus fragst, wohl wissend, daß du nicht weißt. Wenn du weißt „Ich weiß es nicht!", und fragst, dann bist du zu einem Jünger geworden. Jetzt wird daraus kein Streitgespräch. Du bist einfach durstig, und du bittest um Wasser. Du bist hungrig und du bittest um Essen, du weißt nicht und du fragst; du bist bereit zu empfangen. Ein Jünger fragt aus dem Wissen heraus, daß er nicht weiß. Wenn du nicht weißt, bist du demütig. Wenn du weißt, wirst du egoistisch, und ein Jesus kann nicht zu den Egos sprechen.

„Die Jünger sagten zu Jesus..." „Jünger" bedeutet: diejenigen, die sich völlig bewußt sind, daß sie nicht wissen. *„...Sag uns, wie das Königreich des Himmels aussieht."*

Jesus sprach ständig vom Königreich des Himmels.

Das hat viele Probleme mit sich gebracht. Schon die Terminologie hat viele Probleme geschaffen, weil das Wort „Königreich" politisch ist, und die Politiker Angst bekamen. Darum wurde er gekreuzigt, weil sie dachten, dieser Mensch redet von irgendeinem Königreich, das auf Erden entstehen soll, und dieser Mann sagt: „Ich bin der König dieses Königreichs." Dieser Mann will eine Revolution anzetteln, einen Umsturz der Regierung. Dieser Mann will ein neues Königreich schaffen.

Der König, der Statthalter, die Beamten, die Priester, sie alle bekamen Angst. Und dieser Mann hatte Einfluß, weil das Volk auf ihn hörte. Das Volk hörte ihm nicht nur zu – jedesmal, wenn sie ihm zuhörten, waren sie verwandelt, waren sie entflammt, waren sie wie neu, geschah etwas mit ihnen. Und so bekamen sie alle, die Priester, Pontius Pilatus, der Statthalter, Herodes, der König, die ganze Regierung – sowohl die weltliche Regierung wie die kirchliche Regierung – so bekamen sie alle Angst vor diesem Menschen. Er schien gefährlich. Es hatte noch nie einen so unschuldigen Mann gegeben, und er wirkte gefährlich. Er wurde mißverstanden.

Aber die Möglichkeit, einen Jesus mißzuverstehen, besteht immer. Das Problem ist, er muß eure Sprache gebrauchen, weil es keine andere Sprache gibt, und alles, was er sagt, muß er in euren Worten sagen. Es gibt keine anderen Worte, und eure Worte sind bereits überlastet. Sie tragen bereits zuviel Sinn, sie sind zu beladen. Er sprach einfach von dem Reich Gottes, dem Königreich des Himmels. Aber „Königreich" – das Wort ist gefährlich: „Königreich" erinnert irgendwie an Politik.

Jesus war kein Revolutionär von dieser Welt. Er *war* ein Revolutionär, ein Meisterrevolutionär – aber einer der inneren Welt. Er sprach vom inneren Reich. Aber selbst die Jünger waren sich nicht bewußt, was er damit sagte. Wenn du zu einem Meister kommst, treffen zwei verschiedene Dimensionen aufeinander. Die Begegnung ist so, wie wenn sich Himmel und Erde begegnen, genau am Treffpunkt. Wenn Vertrauen da ist, kannst du in den Himmel eingehen; wenn kein Vertrauen da ist, klammerst du dich an die Erde. Wenn Vertrauen da ist, kannst du deine Flügel ausbreiten und losfliegen, aber wenn kein Vertrauen da ist, klammerst du dich an die Erde.

Dieser Mensch bringt dir Gefahr. Was ist das Königreich des Himmels? Was für eine Art Königreich ist das? Dies Königreich ist dem Königreich dieser Welt absolut entgegengesetzt, diametral entgegengesetzt. Und Jesus erklärte und erklärte... aber schwierig, es den Menschen verständlich zu machen.

Er sagte: „In meinem Königreich Gottes werden die Ärmsten die Reichsten sein, werden die Letzten die Ersten sein." Er redete ganz genau wie Laotse, und er war ein Mann wie Laotse. „Die Letzten werden die Ersten sein in meinem Königreich Gottes." Er sagt damit, die Demütigsten werden die Bedeutendsten sein, die Ärmsten werden die Reichsten sein, und jemand, der hier überhaupt nicht anerkannt wird, wird dort anerkannt sein – alles auf dem Kopf!

Es muß so sein. Du stehst an einem Fluß, und der Fluß ist still, und es gibt keine Wellen, und du schaust dir dein Spiegelbild an: Es ist auf dem Kopf. Ein Spiegelbild steht immer auf dem Kopf. In dieser Welt stehen wir wirklich auf dem Kopf, und wenn wir richtigherum gestellt werden, muß alles auf die Füße gestellt werden. Aber das sieht so aus, als würde alles kopfstehen – ein Chaos ist nötig.

Buddha wird Bettler – der letzte Mensch. Er war ein König, aber das Königreich Gottes gehört den Letzten. Er verließ das Königreich dieser Welt, weil das Königreich dieser Welt einfach nutzlos, eine sinnlose Last ist. Du trägst sie, aber sie nährt dich nicht. Sie zerstört dich, sie ist ein Gift – mag ein so langsames Gift sein, daß du es nicht spürst...

Ein Trinker wurde von einem Freund, der ihn traf,

angesprochen. Der Freund sagte: „Was tust du da? Das Zeug ist langsames Gift."

Der Mann antwortete: „Das ist okay. Ich hab's nicht eilig."

Nennt das Leben, wie ihr wollt – es ist langsames Gift, denn es kommt schließlich beim Tod an. Es tötet, es tut nie etwas anderes. Ihr mögt es nicht eilig haben, aber das ändert nichts an der Qualität dieses Giftes. Es mag langsam sein, ihr mögt es nicht eilig haben, aber trotzdem wird es euch töten.

Das Königreich dieser Welt gehört dem Tod. Aber das Königreich des Himmels gehört dem ewigen Leben. Darum sagt Jesus: *„Wer bereit ist, der komme zu mir. Ich werde euch das ewige Leben geben."*

Jesus kam durch ein Dorf. Er hatte Durst und kam an einen Brunnen. Eine Frau schöpfte Wasser aus dem Brunnen, und er sagte: „Ich habe Durst. Gib mir etwas Wasser zu trinken."

Die Frau sagte: „Aber ich gehöre einer sehr niedrigen Kaste an, und es ist verboten. Ich darf dir kein Wasser geben."

Jesus sagte: „Mach dir keine Gedanken. Gib mir Wasser, und dafür werde ich dir auch Wasser geben – aus meinem Brunnen. Und wenn du erst daraus trinkst, wirst du nie wieder durstig sein."

Die Jünger fragen: *„Wie* sieht das Königreich des Himmels aus?" Denn was uns nicht bekannt ist, kann nur mit einem *Wie* erklärt werden. Daher aller Mythos. Mythologie heißt, Dinge, die man nicht kennt und in seinem jetzigen Geisteszustand auch nicht kennen kann, durch etwas zu erklären, das man kennt. Das Unbekannte mit den Begriffen des Bekannten zu erklären, ist Mythos – ein wenig Verständnis dorthin zu bringen, wo *du* dich befindest.

Das Königreich des Himmels kann nicht direkt, unmittelbar erklärt werden. Das ist unmöglich.

Solange du es nicht betrittst, gibt es keine Möglichkeit, darüber etwas zu sagen. Alles, was gesagt würde, wäre falsch, weil die Wahrheit sich nicht sagen läßt. Was tun dann aber Jesus, Laotse und Buddha ununterbrochen, jahrelang? Wenn die Wahrheit nicht gesagt werden kann – was tun sie dann? Sie versuchen, euch etwas, das sich nicht erklären läßt, durch einige Symbole zu erklären, die ihr kennt. Sie versuchen, das Unbekannte durch das Bekannte zu erklären. Das ist das Allerschwierigste von der Welt – Gleichnisse, Mythen, Geschichten.

Und es gibt törichte Leute, die einen Mythos zu analysieren versuchen, die ihn sezieren und sagen: dies ist ein Mythos, es ist nicht die Wahrheit. Sie analysieren und zerlegen, sie sezieren den Mythos chirurgisch und sagen dann: „Dies ist ein Mythos, es ist nicht historisch." Aber niemand hat je behauptet, daß Mythos Geschichte ist. Und ein Mythos kann nicht zerlegt werden, weil er einfach nur symbolisch ist.

Es ist genauso, wie wenn da ein Meilenstein steht, auf dem ein Pfeil ist, und darunter steht: „Delhi". Und du zerlegst den Stein, du zerlegst den Pfeil, die Tinte, die Chemikalien und alles, und du sagst: „Da war irgendein Idiot am Werk – da ist kein Delhi zu finden."

Mythen sind Meilensteine, Pfeile, die zum Unbekannten weisen. Sie sind nicht das Ziel, sie weisen nur hin. Das ist die Bedeutung der Frage der Jünger: Sag uns, *wie* das Königreich des Himmels aussieht. Wir können nicht fragen, *was* das Königreich des Himmels „ist". Seht euch die Art der Frage an: Wir können nicht fragen, *was* das Königreich des Himmels ist – das wäre zuviel. Wir können die Antwort darauf auch nicht erwarten. Wir können nur fragen, wie es beschaffen ist; was heißt: „Sag etwas, das wir kennen; gib uns dadurch ein paar Hinweise, damit wir eine gewisse Ahnung bekommen."

Es ist genau, wie wenn der Blinde fragt, wie Licht aussieht. Wie kannst du fragen, was Licht ist, wenn du blind bist? Wenn du so fragst, schließt schon das Fragen die Antwort aus. Es läßt sich nicht beantworten. Licht kann man erfahren – dazu brauchst du Augen. Aber: „Wie sieht Licht aus?" bedeutet: „Sag etwas in der Sprache der Blinden."

Alle Gleichnisse sind Wahrheiten in der Sprache der Blinden; alle Mythologien sind Wahrheiten, in die Sprache der Blinden gekleidet. Zerlegt sie also nicht! Ihr werdet nichts darin finden. Sie sind nur Fingerzeige. Und wenn ihr Vertrauen habt, sind Fingerzeige großartig.

In einem Tempel in Japan gibt es keine Buddhastatue. Die Menschen gehen hinein und sie sagen: „Wo ist die Statue?" Es gibt keine Statue, sondern auf dem Sockel steht nur ein Finger, der gen Himmel zeigt – und das ist Buddha. Der Priester sagt: „Das ist Buddha." Ich weiß nicht, ob der Priester versteht oder nicht –, daß dieser Finger auf den Mond zeigt. Was *ist* ein Buddha? Nur ein Finger, der auf den Mond zeigt!

Die Jünger fragen, wie das Königreich des Himmels aussieht: „Sag uns, sag es uns in einer Parabel, in einer Geschichte, damit wir Kinder es verstehen können. Wir wissen es nicht, wir haben keine Erfahrung. Sag etwas, das uns einen Schimmer geben kann."

Jesus sagte zu ihnen:
„Es ist wie ein Senfkorn –
kleiner als alle Samen,
aber wenn es auf die gepflügte Erde fällt,
bringt es einen großen Baum hervor
und bietet allen Vögeln des Himmels Schutz."

Jesus hat das, dieses Senfkorn, sehr oft gebraucht, aus vielen Gründen. Der erste: Das Senfkorn ist das kleinste Samenkorn. Gott ist unsichtbar, kleiner als das Kleinste. Von wo also auf ihn verweisen? An der Grenze liegt das Senfkorn, das Kleinste. Jenseits davon wird man nicht mehr verstehen können, weil jenseits davon das Unsichtbare ist. Das Senfkorn ist die Grenze, das Kleinste in der Welt des Sichtbaren – man kann es sehen, aber es ist sehr klein. Geht man weiter, betritt man die Welt des Feinstofflichen, kleiner als das Kleinste. Dies existiert an der Grenze.

Und dieses Senfkorn ist nicht nur das Kleinste, es hat auch eine sehr mysteriöse Eigenschaft: Wenn es wächst, wird es zu einem der größten Bäume. Es ist also ein Paradox: Der Same ist das Kleinste, und der Baum ist das Größte. Gott ist das Unsichtbare, und das Universum ist das Sichtbarste; das Universum ist der Baum, und Gott ist der Same; Gott ist das Unveräußerlichte, und das Universum ist das Veräußerlichte.

Wenn du ein Samenkorn zerlegst, wirst du nicht den Baum darin finden. Du kannst es sezieren, aber du wirst keinen Baum darin verborgen finden. Und du kannst sagen, da ist kein Baum, und die Leute waren einfach dumm, wenn sie dahergeredet haben, daß ein großer Baum in diesem Samenkorn verborgen liegt. Es ist nichts da.

Genau das machen die Analytiker seit eh und je. Wenn du ihnen erzählst, daß diese Blume schön ist, nehmen sie sie ins Labor mit, und sie werden sie sezieren, um herauszufinden, wo die Schönheit steckt. Sie werden lauter Chemikalien und andere Dinge finden, sie werden sie auseinandernehmen und analysieren, und sie werden die verschiedenen Elemente der Blume in lauter Reagenzgläsern ordnen – aber es wird kein einziges Fläschchen dabei sein, worin sie die Schönheit finden werden. Nein, sie werden aus dem Labor kommen und sagen: „Du mußt unter irgendeiner Illusion gelitten haben. Du hast geträumt – Schönheit gibt es nicht. Ich habe die ganze Blume zerlegt – nichts ist übriggeblieben – und es war keine Schönheit dabei."

Es gibt Dinge, die nur in ihrer Ganzheit erkannt werden können. Man kann sie nicht sezieren, weil sie größer sind als ihre Teile. Dies ist das Problem – ein grundsätzliches Problem für alle, die auf der Suche nach Wahrheit sind. Wahrheit ist größer als alle Teile zusammengenommen. Sie ist nicht nur die Summe der Teile, sie ist größer als die Teile.

Eine Melodie ist nicht nur die Summe aller Noten, aller Töne. Nein, sie ist etwas Größeres. Wenn alle Noten zusammentreffen, entsteht eine Harmonie – eine Harmonie wird hörbar, die in den Einzelnoten nicht da war. Ich spreche zu euch: Ihr könnt meine Worte sezieren, sie sind alle in einem Wörterbuch zu finden, aber mich könnt ihr nicht in dem Wörterbuch finden. Und ihr könnt sagen: „Alle Wörter sind hier drin, also was soll's?"

Es geschah einmal: Mark Twain besuchte einen Freund, der Priester war, um ihn zu hören. Der Freund hatte ihn seit vielen, vielen Tagen dazu gedrängt. Er war einer der größten Redner, ein sehr poetischer Redner, und er wurde sehr hoch geschätzt. Immer wenn er sprach, war die Kirche zum Bersten voll, aber Mark Twain kam nie, um ihn zu hören. Der Freund drängte ihn immer wieder, bis Mark Twain schließlich sagte: „Okay, ich komme an diesem Wochenende." An diesem Sonntag wollte er sein Bestes geben, er wollte seinen Geist von der schönsten Seite zeigen, denn Mark Twain würde kommen. Mark Twain saß genau in der ersten Reihe, und der Priester lieferte die beste Ansprache seines Lebens. Er legte seine ganze Energie hinein, und es war wirklich schön; es war eine Symphonie, es war ein Gedicht.

Aber nach und nach wurde er ängstlich, er fürchtete sich. Denn Mark Twain saß da wie tot. Nicht einmal ein Anflug von Billigung zeigte sich in seinem Gesicht. Die Leute klatschten immer wieder, sie waren ekstatisch, und nur Mark Twain saß einfach da, ohne das kleinste Anzeichen, ob ihn irgendetwas so oder so beeindruckt hatte, weder negativ noch positiv. Er blieb gleichgültig – und Gleichgültigkeit ist tödlicher als eine negative Einstellung. Denn wenn du dagegen bist, hast du wenigstens eine Einstellung dazu. Wenn du dagegen bist, mißt du der Sache eine gewisse Bedeutung bei. Aber indem du gleichgültig bist, sagst du, daß dies absolut sinnlos ist, nicht einmal wert, dagegen zu sein.

Dann war die Predigt vorüber. Mark Twain fuhr mit dem Priester zusammen im Wagen zurück. Der Priester konnte einfach nicht fragen; sie blieben still. Erst als Mark Twain ausstieg, sagte der Priester: „Du hast kein Wort über meine Ansprache verloren."

Mark Twain antwortete: „Es ist nichts Neues. Ich habe zuhause ein Buch, und du hast einfach daraus abgeschrieben. Diese Ansprache ist geborgt, und du kannst mich nicht zum Narren halten. Du kannst vielleicht die Narren dort in der Kirche an der Nase herumführen, aber ich bin ein gebildeter Mensch und kenne mich aus. Zufällig habe ich gestern abend noch in diesem Buch gelesen."

Der Priester konnte es nicht glauben. Er sagte: „Was sagst du da? Ich habe nirgendwo abgeschrieben. Das ist unmöglich!"

Mark Twain sagte: „Jedes Wort, das du gesagt hast, steht drin. Und morgen werde ich dir das Buch schikken."

Dies Morgen kam; er schickte ein großes Wörterbuch, und er sagte: „Du kannst alle Wörter darin finden!"

Dies ist die Sicht des Analytikers. Er kann eine Dichtung töten, er kann sagen, daß es nur zusammengefügte Wörter sind. Er kann nicht zwischen die Worte sehen, er kann nicht zwischen den Zeilen lesen – und die Dichtung existiert dort. Und die Schönheit existiert dort, und die Ekstase und Gott und alles, was bedeutsam ist, existiert immer zwischen den Worten, zwischen den Zeilen.

Das Senfkorn ist das Kleinste und enthält das Größte. Ihr könnt Gott nicht sehen, weil er das Kleinste ist – das Senfkorn – aber ihr könnt das Universum sehen. Und wenn das Universum da ist, muß der Same da sein. Wie kann es einen Baum geben ohne den Samen? Kann es einen Baum geben ohne Samen? Ob ihr es sehen könnt oder nicht, darauf kommt es nicht an. Kann dies Universum ohne letzten Grund, ohne Quelle existieren? Den Ganges gibt es – kann es den

Ganges geben ohne eine Quelle? Und dieses riesige Universum – und ihr glaubt, daß es ohne Quelle sein kann?

Nicht nur dies riesige Universum... sondern eine solche Harmonie darin, eine so universelle Symphonie, ein so universelles System! Es ist kein Chaos – so viel Disziplin darin, alles am richtigen Platz. Und die, die es sehr wohl wissen, die sagen, daß dies die beste aller möglichen Welten ist: Nichts kann besser sein als dies.

Es muß ein Samenkorn geben. Aber der Same ist sehr klein, kleiner als der Senfsame. Der Senfsame wird als Mythos gebraucht – um anzudeuten.

Es waren Fischer und Bauern und Gärtner, die fragten, und sie werden das Gleichnis verstehen, das Gleichnis vom Senfsamen.

Wenn ihr es zerpflückt, entgeht es euch. Wenn ihr Religion zerpflückt, verfehlt ihr sie; entweder ihr könnt sie direkt sehen, ohne sie zu zerpflücken, oder ihr könnt sie nicht sehen. Aber es gibt eine andere Möglichkeit, von der das Vertrauen Gebrauch macht: Im Samen kannst du den Baum nicht sehen, aber du kannst hingehen und den Samen in die Erde säen – genau das tut das Vertrauen. Es wird sagen: „Okay, dies hier ist ein Samenkorn. Ich vertraue, daß es ein Baum wird, und ich werde hingehen und es auf das Feld bringen. Ich werde einen geeigneten Boden finden, und ich werde dieses Samenkorn beschützen. Ich werde warten und beten, ich werde lieben und hoffen; ich werde träumen..."

Was sonst kannst du tun? Du kannst den Samen säen und warten und träumen und hoffen und beten. Was sonst kannst du tun? Dann plötzlich, eines Tages, eines Morgens, wachst du auf, und das Samenkorn ist etwas Neues geworden, neue Sprossen kommen aus der Erde. Jetzt ist der Same kein Same mehr – er wird zu einem Baum, er blüht.

Was geschieht, wenn aus einem Samenkorn ein Baum wird? Auch dies ist Teil des Gleichnisses. Das Samenkorn muß sterben – nur dann wird es ein Baum.

Der Gott ist ins Universum hineingestorben; er kann sich nicht abseits halten, er ist in ihm, er ist darin verloren. Darum könnt ihr Gott nicht finden. Ihr könnt in den Himalaja, nach Mekka, nach Kashi gehen, oder wohin ihr wollt, aber ihr werdet ihn nirgendwo finden, weil er hier ist, überall! – so, wie jetzt das Samenkorn im ganzen Baum enthalten ist. Ihr könnt das Samenkorn nicht finden, weil es in den Baum hineingestorben und Baum geworden ist. Gott ist in dieses Universum hineingestorben, in diese Existenz, und ist der Kosmos geworden.

Er ist nichts Losgelöstes. Er ist nicht wie ein Zimmermann, der etwas macht und davon getrennt bleibt. Das ist nicht möglich, denn er ist wie ein Samenkorn: der Baum wächst daraus hervor, aber dann verschwindet es in den Baum. Du kannst Gott nur dann wiederfinden, wenn dieser Baum verschwindet.

Die Hindus haben immer gesagt, daß du Gott entweder am Beginn der Schöpfung finden kannst oder am Ende der Schöpfung. Am Anfang, wenn die Welt nicht ist, ist das Samenkorn da. Doch dann bist du nicht da, um ihn zu finden – denn du bist Teil des Baumes, du bist ein Blatt am Baum. Oder er wird da sein im *pralaya*, wenn die ganze Welt verschwindet, wenn der Baum alt wird und stirbt. Und dies geschieht mit jedem Baum: Wenn der Baum alt wird, kommen wieder neue Samen – Millionen von Samen.

Im *pralaya* werdet ihr wieder Millionen von Göttern finden – aber dann werdet ihr nicht da sein. Das ist das Problem. Es gibt nur eine Möglichkeit, Gott zu finden: Ihr könnt ihn nur finden, wenn ihr ihn hier und jetzt an jedem Blatt findet. Wenn ihr nach einem ganz bestimmten Bild sucht, nach einem Krishna, einem Ram, dann werdet ihr ihn nicht finden. Auch sie sind Blätter – schöner natürlich, lebendiger und grüner, weil sie Gott erkannt haben – erkannt haben, daß er überall ist.

Wenn Jesus sagt: „Das Königreich Gottes ist wie ein Senfkorn", sagt er damit Millionen Dinge. Das ist die

Schönheit einer Parabel. Du sagst nichts, du sagst nicht viel, und doch sagst du viele Dinge. Wenn das Samenkorn stirbt, ist das Universum da. Wenn das Samenkorn stirbt, ist der Baum da. Das hier ist das Königreich Gottes. Das Königreich des Himmels ist *hier*. Wenn ihr irgendwo sonst danach sucht, sucht ihr umsonst. Wenn ihr in das Königreich Gottes hineinschauen wollt, müßt ihr ebenfalls wie ein Samenkorn werden und sterben: und plötzlich ist der Baum da – du bist nicht mehr, und Gott ist. Du wirst Gott niemals begegnen. Wenn *du* da bist, ist Gott nicht da, weil dann das Samenkorn da ist. Wenn du verschwindest, ist Gott da. Und so kommt es in Wirklichkeit nie zur Begegnung.

Wenn *du* nicht bist, ist Gott da – Leere in deiner Hand, dann ist Gott da. Du bist nicht mehr... dann ist Gott da. Wieder ein Paradox: Das Samenkorn enthält den Baum, aber das Samenkorn kann auch den Baum töten. Wenn das Samenkorn zu egoistisch wird, wenn das Samenkorn denkt: „Ich bin genug", und wenn das Samenkorn Angst vor dem Tod bekommt, dann wird das Gefäß selbst zum Gefängnis; dann wird dieselbe Schale, die den Baum schützte, ehe er den richtigen Boden fand, zum Gefängnis – und dann wird der Baum noch im Samenkorn sterben.

Ihr seid wie Samenkörner, die zu Gefängnissen geworden sind. Ein Buddha ist ein Samenkorn, ein Jesus ist ein Samenkorn, welches kein Gefängnis ist: Das Samenkorn, die Schale, ist gestorben; jetzt ist der Baum daraus hervorgewachsen.

Er sagte zu ihnen:
„Es ist wie ein Senfkorn –
kleiner als alle Samen,
aber wenn es auf die gepflügte Erde fällt,
bringt es einen großen Baum hervor
und bietet allen Vögeln des Himmels Schutz."

„...Aber wenn es auf die gepflügte Erde fällt..."
Richtige Erde ist nötig. Das Sterben des Samenkorns

allein genügt nicht; du kannst auf einem Stein sterben, dann wird es keinen Baum geben, es kommt nur der Tod. Du mußt richtigen Boden, richtige Erde finden, das ist die Bedeutung von Jüngerschaft. Es ist eine Schulung – Jüngerschaft ist eine Schulung, ein Lernen, wie man eine gepflügte, richtige Erde wird. Das Samenkorn ist da, aber die richtige Erde muß gefunden werden. Du hast den Baum in dir, der Meister kann dir nur die richtige Erde geben. Er kann dich pflügen, er kann das Unkraut hinauswerfen, er kann die Erde würdig machen zu empfangen. Er kann die Erde mit Dünger reich machen – er ist ein Gärtner.

Du enthältst alles, aber trotzdem wirst du einen Gärtner brauchen; sonst streust du die Samenkörner weiter wahllos aus. Sie können auf eine Betonstraße fallen und dort sterben, oder sie können auf einen Weg fallen, und die Leute werden drauftreten, und sie werden sterben. Es ist jemand nötig, der dich schützen kann, wenn du stirbst. Seht – wenn ein Kind geboren wird, braucht ihr eine Hebamme. Niemand sagt, daß es ohne Hebamme gut wäre. Eine Hebamme ist notwendig, weil es ein sehr heikler Moment ist. Aber größer noch ist der Augenblick, wo die Wahrheit geboren wird, größer ist der Augenblick, wo Gott in dir geboren wird – größer als alle Geburten. Der Meister ist nichts als eine Hebamme.

Andernfalls ist vieles möglich: Es kann eine Fehlgeburt werden, das Kind kann sterben, ehe es geboren ist. Ein Meister ist da, um zu schützen, denn der neue Sproß ist sehr empfindlich, hilflos – alles kann ihm zustoßen. Es ist sehr gefährlich. Aber wenn du vertraust... – und Vertrauen ist notwendig, anders geht es nicht. Wenn du zweifelst, dann wirst du schrumpfen, und das Samenkorn wird niemals sterben – wenn du vertraust, stirbt das Samenkorn. Das Samenkorn kann den Baum nicht erleben, das ist das Problem. Das Samenkorn möchte sicher sein: „Wenn wenn ich sterbe, dann werde ich ein Baum!" Aber wie kann man dem Samenkorn Gewißheit geben?

Das ist die Absurdität der Zuversicht. Zuversicht ist absurd. Du möchtest sicher sein: „Ich kann ein Sannyasin werden, ich kann alles abstreifen, ich bin bereit zu sterben. Aber welche Garantie habe ich, daß wenn das Samenkorn nicht mehr da ist, der Baum dafür da ist?" Wer kann dir die Garantie geben? Und wie kann die Garantie gegeben werden? Und selbst wenn die Garantie gegeben wird, wird das Samenkorn, dem sie gegeben wurde, nicht mehr da sein. Und welche Garantie kann dem Samenkorn beweisen, daß wenn es nicht mehr da ist, der Baum dafür da sein wird? Keine Garantie ist möglich.

Darum ist Zuversicht absurd: An das zu glauben, woran sich nicht glauben läßt, ist die Bedeutung von Zuversicht – an das zu glauben, was nicht geglaubt werden *kann;* es ist unmöglich zu glauben, und dennoch glaubt man es. Das Samenkorn stirbt in tiefem Vertrauen, und der Baum wird geboren. Aber eine „gepflügte Erde" ist nötig. Ein richtiger Boden ist nötig. Alle Jüngerschaft ist einfach dies: ein gepflügter Boden zu werden.

„... bringt es einen großen Baum hervor und bietet allen Vögeln des Himmels Schutz."

Und wenn dein Baum wirklich gewachsen ist, wenn er zu einem „Buddha-Baum" geworden ist, dann kommen Millionen von Vögeln, die auf der Suche sind, und nehmen Zuflucht. Unter Jesus nehmen viele „Vögel des Himmels" Zuflucht, unter Buddha nehmen viele „Vögel des Himmels" Zuflucht. Für alle, die auf der Suche nach dem Tiefsten sind, wird so ein Baum – der Buddha-Baum, der Jesus-Baum – zur Zuflucht. Und dort können sie den Puls des Unbekannten fühlen. Dort können sie vertrauen, dort können sie sich mit dem Unbekannten verständigen, und dort können sie den Sprung wagen.

Das Königreich des Himmels ist wie ein Senfkorn...
Du bist das Königreich des Himmels, *du* bist wie ein

Senfkorn. Sei bereit zu sterben, bereite dich auf deinen Tod vor!

Natürlich wird es Zittern und Angst und Furchtsamkeit geben. Der Sprung wird schwer werden. Viele Male magst du zurückkommen, viele Male wirst du bis ganz zum Rand gehen und dich umdrehen und davonlaufen, denn dort ist Abgrund. Das Samenkorn kann nur den Abgrund kennen, das Samenkorn kann nicht den Baum kennen; es gibt keine Möglichkeit, daß das Samenkorn Zeuge des sprießenden Baumes sein kann – es gibt keine Möglichkeit. Das Samenkorn muß sterben und an das Unbekannte glauben – daß es geschehen wird.

Wenn du bereit bist zu sterben, geschieht es. Geht und sät Samen auf den Boden: Wenn der Baum gekommen ist, dann grabt in der Erde nach und schaut, wo das Samenkorn ist; es ist verschwunden, es ist nicht mehr da. Geht und grabt in einem Buddha nach, in einem Jesus nach – ihr findet den Menschen, das Samenkorn nicht. Dies ist die Bedeutung davon, daß Jesus ein Sohn Gottes ist, nicht mehr der Sohn Josefs, des Zimmermanns. Denn das Samenkorn kam von Josef dem Zimmermann und Maria, aber jetzt ist das Samenkorn verschwunden, ist die Schale verschwunden – und dieser Baum kam nie aus dem Sichtbaren, er ist aus dem Unsichtbaren.

Schau auf Jesus: Das Samenkorn ist nicht mehr da, nur noch Gott ist da. Sei bereit zu sterben, so daß du wiedergeboren werden kannst. Laß den Geist fallen, den Körper, das Ego, die Identität – plötzlich wirst du finden, daß etwas Neues in dir wächst: Du bist zum Mutterschoß geworden, du bist schwanger. Und spirituell schwanger zu sein ist der Gipfel der Schöpfung, weil du dich dadurch selbst erschaffst. Nichts ist damit vergleichbar. Du magst ein großes Gemälde oder eine große Skulptur schaffen, aber nichts ist damit zu vergleichen, wenn du dich selbst erschaffst, wenn du dich „selbst-schaffst".

"... aber wenn es auf die gepflügte Erde fällt..." sei

bereit zu sterben! Aber bevor du bereit bist, den Sprung zu tun, werde eine gepflügte Erde – werde ein Jünger, werde ein Lernender, werde demütig; werde, als wärest du nicht. Bald wirst du wirklich nicht sein – aber bereite dich darauf vor, verhalte dich so, als wärest du nicht. Dann

> „...*bringt es einen großen Baum hervor und bietet allen Vögeln des Himmels Schutz.*"

So war es jedesmal: Ihr seid hier, mir nahe; mein Samenkorn ist tot – darum seid ihr hier. Es liegt nicht an *euch,* daß ihr hier seid, es liegt an *mir,* daß ihr hier seid. Aber zu sagen „es liegt an mir", ist nicht richtig, weil es kein „mir" gibt; das Samenkorn ist verschwunden, jetzt ist es einfach ein Baum. Und wenn ihr durch mich einen Schimmer von eurer eigenen Möglichkeit bekommen könnt, ist die Arbeit getan.

„Das Himmelreich ist wie ein Senfkorn..." Ihr seid die Samen, ihr seid die Möglichkeit zu jenem Reich. Macht euch bereit zu sterben, denn das ist der einzige Weg, wiedergeboren zu werden.

Kapitel 2

Feuer, Schwert, Krieg

Jesus sagte:
„Die Menschen glauben vielleicht,
daß ich gekommen bin,
um Frieden über die Erde zu bringen,
und sie wissen nicht,
daß ich gekommen bin,
um Trennungen über die Erde zu bringen –
Feuer, Schwert, Krieg.

Denn es werden fünf in einem Hause sein:
drei werden gegen zwei sein,
und zwei gegen drei;
der Vater gegen den Sohn,
und der Sohn gegen den Vater;
und sie werden als Einsame dastehen."

Jesus sagte:
„Ich werde euch geben,
was das Auge nicht gesehen hat,
und was das Ohr nicht gehört hat,
und was die Hand nicht berührt hat,
und was nicht entstanden ist
im Herzen des Menschen."

Jesus ist sehr paradox, aber auf sinnvolle Art. Um den Sinn aufzunehmen, müssen viele Dinge verstanden werden. Erstens: Frieden ist nur möglich, wenn alle fast tot sind. Dann gibt es keinen Krieg, keinen Konflikt, aber dann es gibt auch kein Leben. Das ist die Stille des Friedhofs. Aber die ist nichts wert, dann ist sogar Krieg besser, denn du bist lebendig und vital.

Eine andere Art Frieden – eine vollkommen verschiedene Dimension von Frieden – ist es, wenn du vital, lebendig bist, aber gleichzeitig im Innern deines Wesens ruhst; wenn die Selbsterkenntnis passiert ist, wenn du erleuchtet worden bist. Wenn die Flamme brennt, bist du nicht mehr im Dunkeln. Dann wird es mehr Leben, mehr Stille geben, aber es wird die Stille des Lebens, nicht des Todes sein. Es wird keine Friedhofstille sein.

Dieses Paradox muß man verstehen: Krieg ist schlecht, Haß ist schlecht; sie sind die Geißeln der Erde, und sie müssen verschwinden. Krankheit ist schlecht, Gesundheit ist gut; Krankheit muß verschwinden. Aber ihr müßt verstehen, daß ein Toter nie krank wird; ein toter Körper kann verwesen, aber kann nicht krank sein. Wenn ihr also nicht versteht, dann kann all eure Mühe eine tote Welt herbeiführen. Es wird keine Krankheit, keinen Krieg, keinen Haß geben – aber auch kein Leben.

Jesus wird diese Art Frieden nicht mögen. Diese Art Frieden ist fruchtlos – dann ist die jetzige Welt, mit Krieg, besser. Aber viele haben sich bemüht, den Frieden herzustellen, und ihre Haltung ist einfach negativ. Sie denken, wenn Schluß ist mit dem Krieg, ist alles gut.

So leicht ist es nicht. Und so denkt nicht nur der Durchschnittsmensch – selbst sehr große Philosophen wie Bertrand Russell glauben, daß alles gut sein wird, wenn Schluß ist mit dem Krieg. Das ist negativ.

Denn Krieg ist nicht das Problem, das Problem ist der Mensch. Und der Krieg ist nicht draußen, der Krieg ist drinnen. Und solange ihr den Krieg nicht drinnen ausgefochten habt, werdet ihr ihn draußen ausfechten. Wenn ihr den Krieg im Innern ausgefochten habt und gesiegt habt, dann wird der Krieg draußen aufhören. Das ist der einzige Weg.

In Indien haben wir Mahavira „den Eroberer" genannt, „den großen Eroberer", den *jain*. Das Wort *jain* bedeutet: der Eroberer. Aber er hat nie mit jemandem gekämpft. Wen hat er erobert? Er hat nie an Gewalt geglaubt, niemals an Krieg geglaubt, niemals ans Kämpfen geglaubt. Warum nennt man diesen Mann „Mahavira", den „großen Eroberer"? Es ist nicht sein ursprünglicher Name. Sein ursprünglicher Name war Vardhaman. Was ist passiert? Welches Phänomen hat stattgefunden? Dieser Mann hat sich selbst erobert, und sobald du dich einmal selbst eroberst, hört dein Kampf mit anderen augenblicklich auf – weil dieser Kampf mit anderen nur ein Trick ist, den inneren Krieg zu vermeiden.

Wenn du dich nicht wohl mit dir selbst fühlst, dann gibt es nur zwei Möglichkeiten: Entweder du erleidest dies Unwohlsein oder du projizierst es auf jemand anders. Wenn du innerlich angespannt bist, bist du bereit zu kämpfen. Jeder Vorwand genügt – der Vorwand ist irrelevant. Du wirst jeden anspringen: den Diener, die Frau, das Kind.

Wie wirst du deinen inneren Konflikt und dein Unwohlsein los? Du machst den anderen verantwortlich. Dann gehst du durch eine Katharsis: Du kannst wütend werden, kannst deine Wut und Gewalt hinauswerfen, und das wird dir eine Entlastung, eine Erleichterung bringen – vorübergehend natürlich, weil das Innere sich nicht verändert hat. Es wird wieder sammeln, es bleibt das alte. Morgen wird es wieder sammeln – Wut, Haß – und du wirst es projizieren müssen.

Ihr kämpft mit anderen, weil ihr ständig Müll im Innern anhäuft und ihn hinauswerfen müßt. Ein Mensch, der sich selbst besiegt hat, ist ein Selbsteroberer geworden, hat keinen inneren Konflikt; der Krieg ist beendet. Er ist eins im Inneren, es gibt nicht *zwei*. So ein Mensch wird niemals projizieren. So ein Mensch wird mit niemand anderem kämpfen.

Dies ist also ein Trick des Verstandes, um den inneren Konflikt zu vermeiden, weil der innere Konflikt schmerzhafter ist – aus manchen Gründen. Der eigentliche Grund ist, daß jeder von euch ein Image von sich hat: daß du ein guter Mensch bist. Und das Leben ist so, daß es ohne dieses Selbstbild praktisch unmöglich wird zu leben.

Die Psychiater sagen, daß Illusionen lebensnotwendig sind. Solange du nicht erleuchtet bist, *sind* Illusionen lebensnotwendig. Wenn dir der Gedanke kommt, *so* schlecht, *so* teuflisch, *so* schlimm zu sein, wenn dieses Image einsinkt – und es ist die Wahrheit, du bist so..., dann wirst du überhaupt nicht leben können. Du wirst alles Selbstvertrauen verlieren, und du wirst von einer solchen Selbstverdammung erfüllt sein, daß du nicht lieben kannst; du wirst dich nicht mal bewegen können, du wirst keinen anderen Menschen anblicken können. Du wirst dich so unterlegen, so schlecht, so teuflisch finden, daß du sterben wirst. Dies Gefühl wird ein Selbstmord werden, und es ist die Wahrheit – was also tun?

Entweder ändere diese Wahrheit: werde ein Mann Gottes, kein Mann des Teufels – werde göttlich... Aber das ist schwierig, anstrengend, ein langer, harter Weg. Viel muß geschehen, erst dann kann der Teufel göttlich werden. Er *kann* göttlich werden! Euch mag nicht bewußt sein, daß die Wurzel des Wortes „Teufel" die gleiche Wurzel ist, aus der das Wort für Gott, „deus", kommt: sowohl „Teufel" wie „deus" kommen aus derselben Sanskrit-Wurzel *„deva"*. Der Teufel kann zum Gott werden, weil Gott Teufel geworden ist. Die Möglichkeit ist da, sie sind zwei Pole ein und derselben Energie. Die Energie, die sauer, bitter geworden ist, kann süß werden. Eine innere Transformation ist nötig, eine innere Alchemie ist nötig – aber das ist lang und beschwerlich.

Und der Verstand sucht immer nach Abkürzungen, wo der Widerstand am geringsten ist. So sagt der Verstand: „Warum sich die Mühe machen, ein guter Mensch zu werden? Glaub einfach, daß du gut bist." Das ist leicht, weil du nichts zu tun brauchst. *Denke* dir einfach, daß du gut bist, schaff dir einfach ein Image, daß du schön und himmlisch bist: Niemand ist wie du. Schon diese Illusion, gut zu sein, gibt dir Energie zu leben.

Wenn Illusionen dir schon so viel Energie geben können, kannst du dir vorstellen, wieviel passieren wird, wenn die Wahrheit erkannt wird. Selbst die Illusion, daß du gut bist, gibt dir Leben, dich zu bewegen, gibt dir Beine, zu stehen, gibt dir Selbstvertrauen. Selbst mit der Illusion bist du fast im Gleichgewicht; und dieser Schwerpunkt, der sich in der Illusion einstellt, ist das Ego.

Wenn du wirklich in deiner Mitte bist – *das* ist das Selbst. Aber das geschieht nur, wenn die Wahrheit erkannt wird und wenn deine inneren Energien transformiert worden sind, wenn das Niedere ins Höhere verwandelt wurde, das Irdische ins Himmlische; wenn der Teufel göttlich geworden ist, wenn du in deinem eigenen Glanz erstrahlst; wenn das Samenkorn zu sprießen begonnen hat, wenn der Senfsamen zu einem großen Baum geworden ist.

Aber das ist ein langer Prozeß, man braucht den Mut zu warten, man darf sich nicht von der Abkürzung verlocken lassen. Und im Leben gibt es keine Abkürzungen – nur Illusionen sind Abkürzungen. Das Leben ist hart, weil dir Wachstum nur durch harten Kampf zuteil wird – es kommt nie konfliktlos.

Du kannst es nicht billig bekommen; und alles, was billig ist, kann dir nicht helfen zu wachsen. Denn nur Leiden hilft – die Anstrengung selbst, der Kampf selbst, der lange Weg, sie geben dir scharfe Konturen, Wachstum, Erfahrung, Reife. Wie kannst du durch eine Abkürzung Reife gewinnen?

Es gibt eine Möglichkeit – heute arbeiten sie an Tieren, und früher oder später werden sie an Menschen arbeiten – es gibt eine Möglichkeit: man kann dir Hormone einspritzen. Ein zehnjähriges Kind kann mit Hormonen gespritzt werden und wird ein junger Mann von zwanzig.

Aber glaubt ihr, daß er die Reife haben wird, die er hätte, wenn er durch zehn Jahre Leben gegangen wäre? Der Konflikt, der beginnende Sex, das Bedürfnis zu kontrollieren, das Bedürfnis nach Liebe; frei und doch kontrolliert zu sein, frei und doch zentriert zu sein, mit dem anderen zu leben, in Liebe zu leiden, zu lernen – all das wird nicht da sein. Dieser Mann, der wie zwanzig aussieht, ist in Wirklichkeit zehn Jahre alt, nur daß man durch Hormone seinen Körper aufgeblasen hat.

Aber sie arbeiten daran – mit Tieren, mit Früchten, mit Bäumen. Ein Baum kann gespritzt werden, und ein Baum, der natürlicherweise in drei Jahren zur Blüte kommt, wird in einem Jahr blühen. Aber diesen Blüten wird etwas fehlen. Es ist nicht leicht zu erkennen, denn ihr seid keine Blüten, aber es wird ihnen etwas fehlen. Sie sind gezwungen worden, sie sind nicht durch einen Reifeprozeß gegangen. Die Früchte werden früher kommen, aber diese Früchte werden nicht so reif sein; es wird ihnen etwas fehlen. Sie sind künstlich.

Die Natur hat es nicht eilig. Vergeßt nicht: der Verstand hat es immer eilig, die Natur hat es niemals eilig – die Natur wartet und wartet, sie ist ewig. Es ist nicht *nötig,* sich zu beeilen; das Leben geht weiter und immer weiter, es ist eine Ewigkeit. Aber für den Verstand ist die Zeit kurz, und so sagt der Verstand: „Zeit ist Geld." Das Leben sagt das nie. Das Leben sagt: „Erfahrung!" – nicht Zeit. Das Leben wartet, kann warten; der Verstand kann nicht warten – der Tod kommt näher. Es gibt für das Leben keinen Tod, aber für den Verstand gibt es den Tod.

Der Verstand versucht immer, eine Abkürzung zu finden. Und wenn du eine Abkürzung suchst, dann ist der allerleichteste Weg, eine Illusion zu erzeugen: *Glaube,* daß du bist, was du gerne sein möchtest – dann bist du neurotisch geworden. Genau das ist mit den vielen Menschen passiert, die in den Irrenhäusern sind.

Sie glauben, daß sie Napoleon oder Alexander oder sonstwer sind. Sie glauben es, und sie benehmen sich entsprechend.

Ich habe von einem Mann gehört, der in Behandlung war, eine Psychoanalyse machte, weil er sich für Napoleon den Großen hielt. Nach drei oder vier Jahren Behandlung und Psychoanalyse dachte der Psychiater: „Jetzt ist er völlig okay." Also sagte er: „Jetzt bist du okay und du kannst nach Hause gehen."

Der Mann sagte: „Nach Hause? Sagen Sie lieber: in meinen Palast." Er war immer noch Napoleon. Es ist schwierig, wenn du Napoleon geworden bist! Es ist schwierig, behandelt zu werden, denn was passiert...? Selbst wenn du behandelt und geheilt bist, verlierst du nur...!

Ein General fand einen Hauptmann, der immer betrunken war, und so knöpfte er ihn sich vor. Der Mann war sehr gut – Trinker sind fast immer gut, es sind wunderbare Leute, nur stehen sie auf Abkürzungen. Der General sagte also: „Sie sind ein guter Mann, und ich schätze Sie. Alle lieben Sie, aber Sie ruinieren sich. Wenn Sie nüchtern bleiben können, werden Sie bald Oberst!"

Der Mann lachte, und er sagte: „Das lohnt sich nicht. Denn wenn ich betrunken bin, bin ich schon General! Das lohnt sich also nicht: wenn ich nüchtern bleibe und davon nur Oberst werde, dann bin ich lieber betrunken und immerzu General!" Es hängt einfach zuviel an der Illusion. Wie kann der Mann seine Illusion loslassen? Er ist so billig General geworden!

Der Verstand sucht Abkürzungen, und Illusionen sind so eine Abkürzung; *maya* ist am einfachsten und billigsten zu erreichen. Die Realität ist hart und bitter: Man muß leiden und durch viele Feuer hindurch. Je mehr du durchstehst, desto gereifter wirst du; je gereifter du bist, desto wertvoller. Deine Göttlichkeit läßt sich nicht auf dem Markt kaufen, und noch billig dazu.

Du kannst nicht um sie feilschen; du mußt mit deinem ganzen Leben zahlen. Dein ganzes Leben steht auf dem Spiel – nur dann geschieht es.

Du kämpfst mit anderen, weil das leichter ist. Du hältst dich für gut, der andere ist schlecht, und der Kampf ist äußerlich. Wenn du dich selbst ansiehst, dann wird der Kampf innerlich: du weißt, du bist schlecht, man kann kaum einen teuflischeren Menschen als dich finden. Wenn du nach innen schaust, dann findest du, daß du absolut schlecht bist und etwas geschehen muß. Ein innerer Kampf, ein innerer Krieg beginnt.

Und durch diesen inneren Konflikt – und das ist eine Technik, vergeßt das nicht, eine der größten Techniken, sie wurde Jahrhunderte lang benutzt – wenn es einen inneren Konflikt gibt, dann integrierst du dich allmählich. Wenn ein innerer Konflikt da ist, bildet sich jenseits der entzweiten Parteien ein neuer Schwerpunkt des Zeuge-Seins heraus. Wenn ein innerer Konflikt da ist, dann beansprucht er alle Energien, dein ganzes Wesen ist in Aufruhr: ein Chaos entsteht, und aus diesem Chaos wird ein neues Wesen geboren.

Denn jede Neugeburt braucht ein Chaos; dieses ganze Universum wird aus einem Chaos geboren. Ehe du wirklich geboren wirst, ist ein Chaos nötig – das ist der Krieg, den Jesus meint. Er sagt: *„Ich bin nicht gekommen, um euch Frieden zu bringen."* – Nicht, daß er nicht gekommen ist, euch den Frieden zu bringen, nur nicht den billigen Frieden, den ihr gern geschenkt bekommen möchtet.

Nun versucht, seine Worte zu verstehen:

Jesus sagte:
„Die Menschen glauben vielleicht,
daß ich gekommen bin,
um Frieden über die Erde zu bringen,
und sie wissen nicht,
daß ich gekommen bin,
um Trennungen über die Erde zu bringen –
Feuer, Schwert, Krieg."

Wenn du zu einem Meister wie Jesus kommst, kommst du, um Frieden zu finden. Und du wiegst dich in seliger Ahnungslosigkeit, daß du an den Falschen geraten bist. So wie du bist, kannst du keinen Frieden bekommen. Und wenn dir jemand Frieden gibt, dann ist das dein Tod. Was hieße es, wenn du, so wie du bist, friedvoll würdest? Das hieße, daß der Kampf aufgehört hat, ehe du irgend etwas erreicht hast. Was hieße es, wenn jemand dir, so wie du bist, Stille geben würde? Du hast noch kein Selbst gefunden, und findest dich mit deiner Situation ab.

Hieran kannst du einen falschen Meister von einem wahren Meister unterscheiden: Ein falscher Meister ist ein Trost. Er gibt dir Frieden, so wie du bist, er macht sich keine Mühe, dich zu verändern – er ist ein Beruhigungsmittel. Er ist genau wie Schlaftabletten: du kommst zu ihm, und er tröstet. Aber wenn du zu einem wahren Meister kommst, ist dies das Kriterium: Sogar das bißchen Frieden, das du schon haben magst, wird zerstört, jegliches Wohlbefinden, das du hast, geht vor die Hunde.

Er wird noch mehr Aufruhr, noch mehr Konflikt schaffen. Er wird dich nicht trösten – weil er nicht dein Feind ist. Alle Tröstungen sind Gift. Er wird dir helfen zu wachsen. Wachstum ist schwierig, du wirst viele Schwierigkeiten bewältigen müssen. Oft wirst du vor diesem Mann davonlaufen wollen, aber du kannst es nicht, weil er dich bis in den Schlaf verfolgen wird.

Trost ist nicht das Ziel. Er kann dir keinen falschen Frieden geben. Er wird dir Wachstum geben, und aus diesem Wachstum heraus wirst du eines Tages aufblühen. Und diese Blüte wird der wahre Frieden sein, die wahre Stille. Trost ist falsch. Die Leute kommen zu mir, und ich kann an der Art, wie sie kommen, an den Problemen, die sie bringen, erkennen: Sie wollen Trost. Jemand kommt, und er sagt: „Ich habe große Schwierigkeiten. Ich habe keine innere Ruhe, ich bin sehr verspannt. Gib mir etwas, segne mich, damit ich Frieden finden kann." Aber was hieße das? Wenn diesem Mann Frieden gegeben werden könnte, was hieße das? Dann wird sich dieser Mensch niemals verändern. Nein, so geht es nicht.

Selbst wenn ein wirklicher Meister dich tröstet, ist dieser Trost genau wie ein Fischernetz: du wirst in dem Trost gefangen, und dann wird er nach und nach das Chaos entfesseln. Du mußt durch das Chaos hindurch, denn so wie du bist, bist du absolut verkehrt. Wenn dich jemand in diesem Zustand tröstet, ist er dein Feind. Bei ihm verlierst du Zeit, Leben, Energie, und am Ende wird der Trost nicht helfen. Wenn der Tod kommt, wird aller Trost verrauchen.

Ein alter Mann hatte seinen Sohn verloren. Er kam zu mir, und er sagte: „Tröste mich."
Ich sagte: „Das kann ich nicht, das ist Sünde." Er sagte: „Aber dazu bin ich gekommen." Ich sagte zu ihm:„ Du magst deswegen gekommen sein, aber ich kann es nicht tun." Er sagte: „Aber ich bin zu dem und dem *shankaracharya* gegangen, und der hat mich getröstet und gesagt: ‚Mach dir keine Gedanken, mach dir keine Sorgen. Dein Sohn ist in einem der oberen Himmel wiedergeboren worden.'"

Ich kenne auch seinen Sohn: das ist unmöglich, er war Politiker – sie alle gehen zur Hölle, sie kommen nie in den Himmel. Und er war nicht nur Politiker gewesen, sondern ein erfolgreicher Politiker dazu – er war ein Staatsminister. Bei der ganzen List eines Politikers, bei dem ganzen Ehrgeiz eines Politikers – wie kann er da in den Himmel kommen?

Und dieser alte Mann war auch ein Politiker. Im Grunde war er nicht verstört, weil sein Sohn tot war. Das Eigentliche war, daß sein Ehrgeiz tot war, weil er durch diesen Sohn höher und höher und höher geklettert war. Er selbst war alt geworden und hatte sein Leben lang gearbeitet, aber er war ein wenig dumm, nicht sehr klug, ein bißchen naiv. Er hatte schwer gearbeitet, sein ganzes Leben geopfert, aber keinen Posten ergattern können. Und das tat am meisten weh, das war eine Wunde. Und dann hatte er es durch den Sohn versucht, und der Sohn hatte es geschafft. Jetzt war sein Sohn tot, und damit war sein ganzer Ehrgeiz tot.

Als ich ihm sagte: „Das ist der Grund, warum du leidest, es liegt nicht an deinem Sohn", war er tief betroffen.

Er sagte: „Ich bin gekommen, um getröstet zu werden, und du machst mich nur noch verstörter. Mag sein", sagte er, „alles, was du sagst, klingt wahr. Mag sein, daß mein Ehrgeiz verletzt worden ist, und daß ich nicht um meinen Sohn trauere. Mag sein, daß es mein Ehrgeiz ist. Aber sag doch nicht so harte Dinge zu mir. Ich hab soviel Schmerzen im Augenblick. Mein Sohn ist tot, und du sagst mir so harte Dinge. Und ich war bei diesem und jenem *mahatma*, bei diesem und jenem *shankaracharya*, und bei diesem und jenem Guru – sie alle haben mich getröstet. Sie haben gesagt: ‚Mach dir keine Gedanken, die Seele ist ewig, niemand stirbt je. Und dein Sohn – der war keine gewöhnliche Seele, der ist in einen ganz hohen Himmel gekommen.'"

Das sind Tröstungen, und wenn dieser alte Mann weiter auf diese alten Tröstungen hört, verpaßt er eine große Chance. Er verpaßt eine Chance, sich seinen Ehrgeiz einzugestehen, der sein eigentliches Problem ist. Er hätte sich die Tatsache ansehen können, daß aller Ehrgeiz umsonst, sinnlos ist; denn du arbeitest und arbeitest und arbeitest, und dann nimmt der Tod alles weg. Er hätte zu dieser Einsicht vordringen können. Aber nein, er hörte auf, mich aufzusuchen. Früher war er immer gekommen, aber seitdem kam er nie wieder. Er ging zu anderen, die ihn trösten würden.

Bist du hier, um getröstet zu werden? Dann bist du am falschen Ort. Das ist es, was Jesus sagt. Er sagt: „Die Menschen glauben vielleicht, daß ich gekommen bin, um Frieden über die Erde zu bringen, und sie wissen nicht, daß ich gekommen bin, um Trennungen über die Erde zu bringen – Feuer, Schwert, Krieg."

Immer, wenn ein Mensch wie Jesus kommt, wird die

Welt augenblicklich gespalten: in diejenigen, die für ihn sind, und diejenigen, die gegen ihn sind. Ihr könnt keinen einzigen Menschen finden, der Jesus gegenüber gleichgültig bleibt. Wann immer jemand vom Schlag eines Jesus auftaucht, ist die Welt augenblicklich geteilt. Einige sind für ihn und einige sind gegen ihn, aber niemand ist gleichgültig. Es ist unmöglich, Jesus gegenüber gleichgültig zu sein. Wenn du das Wort hörst, wenn du den Mann Jesus ansiehst, entscheidet sich augenblicklich: entweder du wirst ein Liebender, oder du wirst ein Hasser. Entweder du reihst dich ein, oder du stellst dich dagegen; entweder du folgst ihm, oder du fängst an, gegen ihn zu arbeiten.

Warum passiert das? Weil ein Mann wie Jesus ein so großes Phänomen ist, und er nicht von dieser Welt ist. Er trägt etwas aus dem Jenseits in diese Welt hinein. Alle, die vor dem Jenseits Angst haben, werden augenblicklich zu Feinden – das ist ihre Art, sich zu schützen. Für alle, die eine Sehnsucht haben, die irgendwo ein verstecktes Samenkorn haben, die gesucht und gesucht und sich nach dem Jenseits verzehrt haben, wird dieser Mensch charismatisch, wird dieser Mensch zu einer Magnetkraft – sie fallen in seine Liebe hinein. Auf diesen Mann haben sie viele Leben lang gewartet.

Augenblicklich wird die Welt geteilt: Entweder ihr seid für Christus – oder ihr seid gegen ihn. Es gibt keine andere Alternative, ihr könnt nicht gleichgültig sein. Ihr könnt nicht sagen: es ist mir egal. Das ist unmöglich, weil einer, der in der Mitte bleiben kann, selbst zum Jesus wird. Derjenige, der in der Mitte stehen kann, weder in Liebe noch in Haß, wird selbst über die Grenzen des Geistes hinausgehen. Man kann nicht in der Mitte stehen; man wird fallen, wird entweder ein „Rechter" oder ein „Linker", wird auf dieser oder auf jener Seite stehen.

Aber er verursacht großen Aufruhr, nicht nur in einzelnen, sondern auch in der Gesellschaft. Alles auf Erden gerät in einen Konflikt, ein großer Krieg beginnt. Seit Jesus hat es nie Frieden auf der Welt gegeben. Jesus schuf eine Religion. Er trug etwas in die Welt, das eine solche Spaltung verursachte, einen solchen Konflikt in allen Köpfen, daß er zum Brennpunkt der Geschichte schlechthin wurde. Darum sagen wir „vor Christi Geburt" und „nach Christi Geburt". Er wurde zum Brennpunkt.

Die Geschichte teilt sich, die Zeit teilt sich mit Jesus. Er steht an der Grenze. Vor Jesus... als ob die Zeit anders beschaffen gewesen wäre. Nach Jesus nimmt die Zeit eine neue Qualität an: mit Jesus beginnt die Geschichte. Seine Einstellung, seine Sicht vom menschlichen Geist ist ganz anders als die eines Buddha oder Laotse. Das höchste Ziel ist „das Eine", die höchste Blüte wird „das Eine" sein, aber der Ansatz ist bei Jesus absolut anders. Er ist einzigartig.

Was sagt er? Er sagt, daß durch Konflikt Wachstum zustandekommt; durch Kampf entsteht Sammlung; durch Krieg blüht Friede. Aber nehmt ihn nicht wörtlich – alles, was er sagt, ist ein Gleichnis. Das Christentum nahm es wörtlich und mißverstand. Die Christen nahmen das Schwert in die Hand, und sie haben Millionen unnötig getötet, denn so hatte es Jesus nicht gemeint. So wurde die Kirche, die Kirche von Jesus, zu einer kriegerischen Kirche. Sie wurde zum Kreuzzug.

Die Christen haben gegen Mohammedaner, Hindus und Buddhisten gekämpft. Sie haben überall gekämpft. Aber sie haben es mißverstanden. Jesus sprach von etwas anderem. Er sprach nicht von den Schwertern dieser Welt, er brachte ein Schwert aus einer anderen Welt.

Was ist dieses Schwert? Es ist ein Symbol. Du mußt entzwei geschlagen werden, weil in dir zweierlei zusammentrifft: diese Welt – die Erde – und der Himmel; beides trifft sich in dir. Dein einer Teil gehört dem Schlamm an, dem Staub. Dein anderer Teil gehört dem Göttlichen an. Du bist ein Treffpunkt, und Jesus brachte ein Schwert, um dich entzwei zu schlagen, so daß Erde zu Erde fallen und das Göttliche ins Göttliche eingehen kann.

Du kannst nicht entscheiden, was zur Erde gehört. Wenn du hungrig bist, denkst du, *du* bist hungrig. Jesus sagt: „Nein, nimm mein Schwert und trenne!" Der Hunger gehört dem Körper an, weil er ein körperliches Bedürfnis ist. Das Bewußtsein hat keinen Hunger. Es wird aufmerksam, weil der Körper kein Bewußtsein hat.

Vielleicht habt ihr schon einmal folgende alte *Panchtantra*-Geschichte gehört. Es geschah, daß ein großer Wald durch Zufall Feuer fing. Zwei Männer waren drinnen, der eine blind, und der andere lahm. Der Lahme konnte nicht gehen, konnte nicht rennen, aber er konnte sehen. Und der Blinde konnte gehen und rennen, aber er konnte nicht sehen. Also taten sie sich zusammen. Der Blinde nahm den Lahmen auf seine Schultern, und da der Lahme sehen konnte und der Blinde gehen konnte, wurden sie zu *einem* Mann. Sie kamen aus dem Wald heraus – sie retteten ihr Leben.

Dies ist nicht nur eine Geschichte – genau das ist in euch geschehen. Der eine Teil von dir spürt Hunger, kann es aber nicht wissen, weil er keine Augen hat, es zu sehen. Dein Körper fühlt Hunger, dein Körper fühlt sexuelles Verlangen, dein Körper fühlt Durst, dein Körper braucht Komfort: alle Bedürfnisse gehören dem Körper an. Und dein Bewußtsein sieht nur zu. Dein Selbst ist nur Zeuge. Aber beide haben sich zusammengetan, weil das Bewußtsein ohne den Körper nicht gehen kann, sich nicht bewegen kann, gar nichts tun kann; und ohne das Bewußtsein kann der Körper nicht erkennnen, was nötig ist – ob der Körper hungrig oder durstig ist.

Das Schwert von Jesus bedeutet, daß man diesen Kompromiß bewußt erkennen muß. Und dann muß unterschieden werden: Das, was zur Erde gehört, gehört zur Erde; erfülle es, aber laß es nicht Besitz von dir ergreifen. Wenn du Hunger hast, ist der Körper hungrig; wisse das, befriedige den Hunger, aber werde nicht besessen. Es gibt viele Menschen die besessen werden, die immerzu weiteressen und weiteressen, und dann eines Tages so frustriert sind vom Essen, daß sie anfangen zu fasten und zu fasten und zu fasten. Aber beides ist Besessenheit: Zuviel essen ist genauso schlecht wie zuviel fasten.

Das rechte Gleichgewicht ist erforderlich, aber wer gibt dir das Gleichgewicht? Du mußt zwei werden. Du mußt dir völlig bewußt werden, daß „dies der Erde angehört, ich aber nicht der Erde angehöre". Das ist das Schwert von Jesus.

Er sagt: *„Ich bin gekommen, um Trennungen über die Erde zu bringen – Feuer, Schwert, Krieg."*

Warum Feuer? Feuer ist ein sehr altes kabbalistisches Symbol. Und ebenfalls ein sehr altes hinduistisches Symbol. Die Hindus haben immer vom inneren Feuer gesprochen. Sie nennen dies innere Feuer *tap*, weil es Hitze ist; und dies innere Feuer zu entzünden, damit dein Feuer im Inneren brennt, das nennen sie *yagna*.

Und es gibt Techniken, dieses innere Feuer in Brand zu setzen. Im Augenblick ist es so gut wie tot, bedeckt von Asche. Es muß angestochert, bloßgelegt, neu entfacht werden; mehr Brennstoff ist nötig, und der Brennstoff muß ihm gegeben werden. Wenn das innere Feuer in seiner Totalität auflodert, wirst du plötzlich transformiert – denn es gibt keine Transformation ohne Feuer. Man erhitzt Wasser, und an einem bestimmten Punkt, bei 100 Grad, verdampft das Wasser, wird es zu Dampf; seine ganze Qualität verändert sich.

Habt ihr beobachtet, daß sich die ganze Qualität verändert, wenn Wasser zu Dampf wird? Wenn es Wasser ist, strömt es immer abwärts – das ist die Eigenschaft von Wasser, abwärts zu strömen. Es kann nicht aufwärts strömen, das ist unmöglich. Aber bei 100 Grad Hitze verdampft es, verändert sich seine ganze Natur: der Dampf strömt aufwärts, niemals abwärts. Die ganze Dimension ändert sich, und das geschieht durch

Hitze. Wenn ihr in das Labor eines Chemikers geht, was findet ihr dort? Nehmt das Feuer weg, und es wird dort gar nichts passieren, weil jede Transformation, jede neue Veränderung, jede Mutation durch das Feuer kommt. Und was seid ihr, wenn nicht Feuer? Was tut ihr, wenn ihr lebt? Wenn ihr atmet, was atmet ihr? Ihr atmet Sauerstoff ein. Sauerstoff ist nichts als Brennstoff für Feuer. Wenn du rennst, wird mehr Feuer gebraucht, du atmest tiefer; wenn du ruhst, ist weniger Feuer nötig, also atmest du weniger tief, denn es ist weniger Sauerstoff nötig – Sauerstoff ist Brennstoff für das Feuer. Das Feuer kann nicht ohne den Sauerstoff existieren, weil Sauerstoff brennt. Du bist Feuer; von Augenblick zu Augenblick wird in dir – durch Nahrung, durch Luft, durch Wasser – Feuer geschaffen. Wenn es zuviel wird, muß du dich entladen. Wenn Tiere den sexuellen Trieb bekommen, heißt es im Englischen, daß sie „on heat" sind, „in Hitze". Das ist nicht von ungefähr, denn es *ist* eine Art Hitze. Es ist eine Art Hitze, und wenn du mehr Feuer hast, als du absorbieren kannst, muß es sich entladen, und Sex ist ein Ventil dafür.

Vergeßt nicht, daß die Menschen in heißen Ländern sexueller sind als in kalten Ländern. Die ersten Bücher über Sexologie sind in heißen Ländern erschienen: Vatsayana's *Kamasutra,* Koka Pandit's *Kokashastra,* diese Bücher erschienen zuerst. Die ersten Freudianer saßen im Osten, und sie kamen vor Freud, dreitausend Jahre vor Freud. Im Westen ist erst jetzt der Sex wichtig geworden. In einem kalten Land gibt es nicht genug Feuer im Körper, um viel Sexualität hervorzubringen. Erst in den letzten drei- oder vierhundert Jahren ist im Westen der Sex sehr wichtig geworden, denn jetzt mag das Land zwar immer noch kalt sein, aber dafür zentralgeheizt. Also frieren die Menschen nicht so sehr; sonst kämpft das Feuer des Körpers ständig mit der Kälte. Darum wächst die Bevölkerung im Osten ständig und es ist schwierig, es zu verhindern. Im Westen gibt es keine so große Bevölkerungsexplosion.

Ich habe gehört, als die ersten russischen Astronauten auf dem Mond landeten, waren sie sehr froh. Aber dann stellten sie überrascht fest, daß drei Chinesen schon da waren und dort herumliefen. Sie starrten sie an und sagten: „Ihr seid vor uns angekommen? Und ihr habt keine Mittel, keine Technologie, keine Wissenschaft! Wie habt ihr es geschafft? Es ist ein Wunder. Wie seid ihr hergekommen?"

Diese Chinesen sagten: „Ein Wunder? Ach was, eine einfache Sache – wir sind einander auf die Schultern gestiegen und haben es so geschafft!"

Chinesen können das. Inder können es auch, da gibt es kein Problem. Sie brauchen es nur zu wollen, und sie können überall hinkommen.

Sex ist ein Hitzephänomen, ein Feuerphänomen. Sobald das Feuer brennt, fühlst du dich sexueller, und wenn das Feuer nicht so stark brennt, fühlst du dich weniger sexuell. Denn alles, was in dir geschieht, ob sexuelle Transformation im Körper oder spirituelle Transformation, hängt vom Feuer ab.

Jesus wurde in einer Essener-Gemeinde erzogen – er wurde in einer sehr okkulten, esoterischen Gesellschaft erzogen, die wie die Hindus, Kabbalisten, Juden und Sufis viele Methoden kannten, um das innere Feuer zu entfachen. „Feuer" ist also nicht nur das Feuer, das ihr kennt, es ist das innerste Feuer, auf dem das Leben beruht.

Kann dieses Feuer bis zu einem bestimmten Punkt entfacht werden – dann die Transformation. Aber das Feuer läßt sich nur dann bis zu einem bestimmten Grad steigern, wenn es sich nicht vorher entlädt. Und das ist der Grund, warum alle Religionen, die dieses Feuer nutzen, gegen den Sex sind. Wenn es sich durch den Sex entlädt, kann es sich nicht bis zu dem bestimmten Grad steigern, weil ihr dann ein Ventil habt.

Darum müssen alle Ventile völlig geschlossen werden, damit nichts von diesem Feuer verlorengeht und es sich bis auf hundert Grad steigert: bis zu jenem gewissen Grad, an dem plötzlich die Transformation eintritt; die Seele ist getrennt und der Körper ist getrennt – das Schwert hat funktioniert! Dann weißt du, was Erde ist in dir und was Himmel ist; dann weißt du, was von deinem Vater und deiner Mutter stammt, und was aus dem Unsichtbaren stammt.

... *Feuer, Schwert, Krieg* ... Ein tiefer innerer Konflikt ist notwendig. Ihr dürft nicht lethargisch sein. Ihr dürft euch nicht entspannen, bevor die Entspannung von selbst *passiert* – und das ist etwas völlig anderes. Ihr müßt kämpfen und Konflikt und *Reibung* erzeugen. Reibung ist das richtige Wort für den inneren Krieg. Gurdjieff arbeitete mit Reibung, durch die Erzeugung von Reibung im Körper. Es mag euch im Augenblick noch nicht bewußt sein, aber vergeßt nicht: eines Tages werdet ihr euch bewußt werden, daß euer Körper viele Energieschichten hat. Wenn ihr nicht in Reibung seid, benutzt ihr nur die oberflächliche Schicht. Wenn viel Konflikt entsteht, ist die oberflächliche Schicht erschöpft, und eine zweite Schicht beginnt zu funktionieren.

Ihr könnt das auf folgende Weise ausprobieren: Ihr geht jeden Abend um zehn Uhr schlafen. Um zehn Uhr fühlt ihr euch plötzlich müde werden – und nun geht ihr aber nicht schlafen. Die Sufis haben diese Methode – Nachtwache – sehr viel benutzt, und Jesus hat sie ebenfalls benutzt: er schlief manchmal eine ganze Nacht lang nicht; in der Wildnis hat er einmal vierzig Tage und vierzig Nächte lang nicht geschlafen; er blieb allein zurück in den Bergen, ohne zu schlafen. Was passiert dann? Wenn du nicht um zehn Uhr einschläfst, fühlst du dich einige Minuten lang sehr, sehr lethargisch, wirst immer schläfriger und schläfriger. Aber wenn du widerstehst und es bekämpfst, entsteht eine Reibung, und du entzweist dich: in den, der schlafen will, und in den, der nicht schlafen will. Jetzt kämpfen zwei Seiten in dir. Wenn du es durchstehst und nicht nachgibst, wirst du plötzlich entdecken, daß alle Schläfrigkeit wie weggeblasen ist und du plötzlich so frisch bist wie sonst nie am Morgen. Plötzlich ist aller Schlaf weg, du bist frisch, und selbst wenn du einschlafen wolltest, wäre es jetzt schwierig. Was ist geschehen? Es gab nur zwei Möglichkeiten: durch Reibung entsteht Energie.

Immer wird durch Reibung Energie erzeugt. Die ganze Wissenschaft beruht darauf, Reibung zu erzeugen, die wiederum Energie erzeugt. Alle Dynamos sind nur Reibungstechniken: Wie stellt man einen Kampf her, einen Krieg zwischen zwei Dingen? Du erzeugst einen Krieg: Dein Körper will einschlafen, du aber nicht. Eine Reibung entsteht, viel Energie wird erzeugt.

Wenn du nachgibst, ist das sehr schlecht, weil der Körper, wenn du nachgibst, den Kampf gewonnen hat, und das Bewußtsein ihn verloren hat. Wenn du es also versuchst, versuche es nur mit dem festen Vorsatz, nicht nachzugeben – sonst ist es besser, es gar nicht erst zu versuchen. Reibungsmethoden sind gefährlich: Wenn du sie einsetzt, dann *mußt* du gewinnen. Wenn du nicht gewinnst, bist du verloren, weil du dann dein Selbstbewußtsein verlierst. Dein Bewußtsein wird schwächer und der Körper stärker. Und wenn du sehr oft verlierst, dann wird die Möglichkeit zu gewinnen immer geringer.

Wenn du erst einmal irgendeine Reibungsmethode benutzt, dann bestehe darauf zu gewinnen. Verlieren kommt nicht in Frage, die Schlacht muß gewonnen werden. Und sobald du gewinnst, gelangst du auf eine neue Ebene. Jetzt kannst du sehen, daß, wenn du gewinnst, die Energie, die in der anderen Seite gesteckt hat, von dir absorbiert worden ist. Du bist stärker geworden. Und dann wird dich jeder Kampf stärker machen, immer stärker, bis ein Augenblick kommt, wo die ganze Energie des Körpers vom Selbst absorbiert wird.

Gurdjieff nutzte Reibung sehr tief, und zwar auf eine ganz unglaublich gefährliche Art. Er war schon ganz alt, nur wenige Jahre bis zu seinem Tod, da ließ er ein sehr gefährliches Autounglück passieren. Er selbst veranlaßte es – es war in Wirklichkeit gar kein Unfall. Im Leben eines Menschen wie Gurdjieff gibt es keinen Unfall. Er ist so bewußt, daß Unfälle nicht möglich sind. Aber er kann einen Unfall zulassen, oder er kann sogar einen arrangieren – und er arrangierte einen.

Er war ein schneller Fahrer, und in seinem ganzen Leben hatte es keinen einzigen Unfall gegeben. Und er war ein sehr gefährlicher Fahrer – für jeden, der mitfuhr, eine Zerreißprobe – jeden Augenblick. Er war absolut wahnsinnig, hielt nichts von Verkehrsregeln oder dergleichen. Er fuhr mal hier, mal da, und zwar so schnell wie möglich, und jeden Moment konnte alles mögliche passieren – aber es passierte nie.

Und eines Morgens, als er von seinem Ashram in Fontainebleau nach Paris fuhr, fragte ihn jemand: „Wann werden Sie zurück sein?"

Er antwortete: „Wenn alles so klappt, wie ich denke, dann am Abend; andernfalls – schwer zu sagen." Und am Abend, als er zurückkam, passierte ein Unfall. Und der Unfall war so schlimm und gefährlich, daß die Ärzte sagten, daß niemand ihn hätte überleben können. Unmöglich! Der ganze Wagen war in Stücke zerfetzt.

Aber Gurdjieff wurde gefunden. Er hatte sechzig Brüche im ganzen Körper – beinah tot. Aber man fand ihn bei vollem Bewußtsein unter einem Baum liegen, ganz weit vom Auto entfernt. Er war zu Fuß in den Schatten gelaufen und lag dort bei vollem Bewußtsein. Er war nicht ohnmächtig. Er wurde bei vollem Bewußtsein ins Krankenhaus gebracht. Er sagte, man solle ihm keine Anästhesie geben, er wolle voll bewußt bleiben.

Dies war die größte Reibung, die er je mit seinem Körper erzeugt hat: Der Körper ist genau am Rande des Todes; er hat die ganze Situation hergestellt und er will absolut wach bleiben.

Und er blieb wach und er erreichte in diesem Augenblick die größte Zentrierung, die ein Mensch erfahren kann: er zentrierte sich in seinem Bewußtsein – die irdische Seite war völlig getrennt. Sie wurde zum bloßen Vehikel: er konnte sie gebrauchen, war aber nicht damit identifiziert.

Das meint Jesus, wenn er sagt: *„Ich habe Feuer, Schwert, Krieg gebracht – auch wenn die Menschen vielleicht glauben, daß ich gekommen bin, um Frieden über die Erde zu bringen..."*

„Denn es werden fünf in einem Hause sein:
drei werden gegen zwei sein,
und zwei gegen drei;
der Vater gegen den Sohn,
und der Sohn gegen den Vater;
und sie werden als Einsame dastehen."

„Denn es werden fünf in einem Hause sein..." Dies ist ein Gleichnis: in deinem Körper gibt es *„fünf in einem Hause..."* – die fünf Sinne, die fünf *indriyas*. Tatsächlich hast du tief in dir fünf Körper, weil jeder Sinn sein eigenes Zentrum hat. Und jeder Sinn manipuliert dich ständig in die eigene Richtung: Das Auge sagt: „Schau dir die Schönheit an." Die Hand sagt: „Berühre dies, es ist so schön." Das Auge ist überhaupt nicht an der Berührung interessiert; die Hand ist kein bißchen daran interessiert, einen schönen Menschen zu sehen, einen schönen Körper oder einen schönen Baum.

Alle fünf Sinne existieren als fünf seperate Zentren, und dein Verstand ist nur ein Koordinator, der ständig zwischen diesen fünf koordiniert. Wenn ihr mich anschaut und mich hört, hört ihr von den Ohren aus und seht ihr von den Augen aus – die Augen hören nie, die Ohren schauen nie; wie also kommt ihr darauf, daß ihr den gleichen Menschen hört, den ihr auch seht? Wie kommt ihr zu diesem Schluß? Der Verstand koordiniert ständig, er ist ein Computer: alles, was die Augen eingeben, alles was die Ohren eingeben, kombiniert er und liefert euch das Endergebnis.

Dieselbe Methode der Reibung, die Gurdjieff benutzte, benutzte Jesus – und alle, die die innerste

Geheimgeschichte des Jesus-Lebens kennen, sagen, daß er nicht gekreuzigt wurde, sondern daß er seine Kreuzigung *arrangiert* hat, genauso wie Gurdjieff. Er *ließ* sich kreuzigen – es war ein Drama, das er selbst arrangierte.

Die, die ihn kreuzigten, glaubten, daß *sie* ihn töteten. Aber ein Mann wie Jesus kann nicht zum Sterben gezwungen werden. Er hätte ganz leicht entkommen können, denn es war durchaus bekannt, daß er verhaftet werden sollte. Er hätte sich aus der Hauptstadt entfernen können, oder das Land verlassen können; da gab's kein Problem – aber er ging geradewegs zur Hauptstadt. Es heißt, daß er die ganze Sache inszenierte, und daß Judas nicht sein Feind, sondern sein Freund war, der ihm half, der Jesus half, verhaftet zu werden. Das ganze Ding wurde von ihm arrangiert und kontrolliert.

Was am Kreuze stattfand, war der letzte innere Krieg, die letzte, größte Reibung: Während er stirbt, verliert er nicht sein Vertrauen ins Göttliche; während die Erde zur Erde zurückfällt, ist die Trennung absolut, total – er ist nicht im geringsten identifiziert. Er läßt es zu.

Gurdjieff hat oft gesagt, daß diese Kreuzigung ein Theaterstück war, und daß der Autor des Stückes in Wirklichkeit weder Pontius Pilatus noch der Hohe Priester der Juden war, sondern Jesus selbst. Er arrangierte es, und er setzte alles so wunderbar in Szene, daß man bis heute noch nicht entdeckt hat, noch nicht genau aufgedeckt hat, was passiert ist und wie es passiert ist.

Aber ihr könnt euch das nicht vorstellen, eure eigene Kreuzigung zu managen; aber genau das ist Religion: deine eigene Kreuzigung zu managen. Zum Kreuz zu gehen bedeutet, zum Höhepunkt der Reibung zu gehen – wo der Tod ist.

Jesus sagt: *„Denn es werden fünf in einem Hause sein: drei werden gegen zwei sein und zwei gegen drei..."* Es muß Reibung zustandekommen. Die Sinne müssen kämpfen, und der Kampf muß bewußtgemacht werden. Sie kämpfen ohnehin ständig miteinander, aber der Kampf ist nicht bewußt; ihr schlaft fest, und der Kampf geht weiter. Das Auge kämpft ständig mit dem Ohr, das Ohr kämpft ständig mit den Augen – weil sie miteinander konkurrieren.

Habt ihr schon bemerkt, daß ein Blinder besser hören kann als jemand, der Augen hat? Darum werden blinde Menschen wunderbare Musiker und Sänger. Wie kommt das? Sie haben eine größere Aufnahmefähigkeit für Ton und Rhythmus, haben eine größere Empfindsamkeit der Ohren. Warum? Weil das Auge nicht mehr Rivale ist. Weil die Energie, die von den Augen verbraucht wurde, jetzt für die Ohren zur Verfügung steht – sie sind die Rivalen.

Eure Augen verbrauchen 80 Prozent eurer Energie und überlassen den anderen vier Sinnen, die ausgehungert werden, nur 20 Prozent; sie kämpfen ständig. Die Augen sind zur höchsten diktatorischen Macht geworden. Ihr lebt durch die Augen, und einige Sinne sind völlig abgetötet: Viele Menschen haben überhaupt keinen Geruchsinn; dieser Sinn ist völlig abgestorben; es macht ihnen nichts aus – es ist ihnen nicht einmal bewußt, daß sie nicht riechen können. Das Auge hat die Nase regelrecht ausgebeutet, weil sie so nah ist, daß sie ausgebeutet werden kann. Kinder besitzen einen Geruchssinn, aber nach und nach geht er verloren, weil die Augen immer mehr Energie verbrauchen. Das Auge ist zum Mittelpunkt eures Daseins geworden – was nicht gut ist.

Reibungsmethoden setzen die Sinne gegeneinander ein. Viele Methoden benutzen den einen Sinn zugunsten eines anderen: so entsteht Kampf. Bei vielen Methoden hält der Schüler monatelang die Augen geschlossen. Die Energie kommt in Bewegung – man kann das spüren. Wenn du drei Monate lang völlig mit geschlossenen Augen lebst, wirst du wahrnehmen können, wie die Energie ständig zu den Ohren hinfließt, zur Nase hinfließt – vielleicht kommt dein Geruchssinn zurück, beginnst du zu riechen! Wenn du drei Monate lang die Ohren ständig verschließt und nur schaust und nicht hörst, dann wirst du sehen, daß es einen ständigen Energiefluß gibt.

Und wenn du sehen kannst, wie deine Sinne miteinander kämpfen, wirst du abgetrennt werden, weil du dann ein Zeuge wirst. Du bist nicht mehr die Augen, nicht mehr die Ohren, nicht mehr die Hände, nicht mehr der Körper – du bist ein Zeuge. Der Kampf spielt sich im Körper ab, und du bist ein Zuschauer. Dies ist die Bedeutung – und die tiefste Bedeutung – der Parabel. Aber sie ist auch noch in einem anderen Sinne wahr.

„Denn es werden fünf in einem Hause sein:
drei werden gegen zwei sein
und zwei gegen drei;
der Vater gegen den Sohn,
und der Sohn gegen den Vater;
und sie werden als Einsame dastehen."

Das ist auch noch in einem anderen Sinn wahr, nämlich daß in einer Familie von fünf Leuten drei gegen zwei sein werden, und zwei gegen drei; denn jedes Mal, wenn in einer Familie ein Religiöser auftritt, setzt Reibung ein, weil der religiöse Mensch der allergefährlichste Mensch für eine Familie ist. Die Familie kann alles mögliche tolerieren – außer Religion; denn wenn du erst einmal religiös wirst, identifizierst du dich nicht mehr mit dem Körper.

Und die Familie ist mit dem Körper verwandt: Dein Vater ist dein Vater aufgrund deines Körpers. Wenn du glaubst, daß du der Körper bist, dann bist du mit deinem Vater verwandt. Aber wenn du erst einmal erkennst, daß du nicht der Körper bist, wer ist dann dein Vater? Wie bist du mit ihm verwandt? Deine Mutter hat deinem Körper das Leben geschenkt – nicht *dir*. Du bist so identifiziert mit dem Körper, daß du glaubst, deine Mutter hätte *dir* das Leben geschenkt. Wenn du nicht damit identifiziert bist, wenn die Identifikation gebrochen ist, wer ist dann deine Mutter? Sie hat nicht dir zur Geburt verholfen, sondern nur diesem Körper, der sterben wird. Also hat dir deine Mutter nicht das Leben geschenkt. Vielmehr im Gegenteil: Deine Mutter hat dir einen weiteren Tod geschenkt. Dein Vater hat dir nicht das Leben geschenkt, er hat dir eine weitere Möglichkeit gegeben zu sterben. Sobald du nicht mit dem Körper identifiziert bist, hast du mit der Familie gebrochen, bist du entwurzelt.

So kann es die Familie ertragen, wenn du zu einer Prostituierten gehst. Das ist okay, nicht weiter schlimm; im Gegenteil, du wirst ja mehr und mehr mit dem Körper identisch. Wenn du Alkoholiker wirst, wenn du Trinker wirst, ist das okay, weil du immer mehr mit dem Körper identisch wirst. Das ist nicht weiter schlimm. Aber wenn du zum Meditierer wirst, wenn du ein *Sannyasin* wirst, dann ist es nicht okay. Dann wird es schwierig, weil du entwurzelt wirst. Dann ist die Macht der Familie nicht mehr über dir; dann bist du nicht mehr Teil der Familie, weil du nicht mehr Teil dieser Welt bist.

So sagt Jesus: „Vater wird gegen Sohn sein, Sohn gegen Vater; und ich bin gekommen, um zu trennen, zu teilen, Konflikt zu erzeugen und Reibung."

Dies stimmt. Ihr könnt einen Buddha verehren, aber fragt Buddhas Vater – er ist gegen ihn; fragt Buddhas Verwandte, sie sind gegen ihn – weil dieser Mann sich ihrer Kontrolle entzogen hat. Nicht nur das: Er hilft auch noch anderen, sich der Kontrolle der Gesellschaft, der Familie zu entziehen.

Die Familie ist die Grundeinheit der Gesellschaft. Wenn du über die Grenzen der Gesellschaft hinaus gehst, mußt du jenseits von der Familie gehen. Aber das bedeutet nicht, daß du sie hassen sollst – das ist nicht der Punkt; auch nicht, daß du dich gegen sie wenden sollst – auch das ist nicht der Punkt. Das passiert von allein: Sobald du anfängst, dich selbst zu finden, wird alles, was vorher war, gestört; es wird ein Chaos geben. Was sollst du also tun? Sie werden dich zurückzerren, sie werden versuchen, dich zurückzuholen, sie werden alles dransetzen. Was ist zu tun?

Es gibt zwei Wege: Der alte Weg ist, vor ihnen zu fliehen, ihnen keine Gelegenheit zu geben – aber ich glaube, daß es so nicht mehr geht. Der andere ist, bei ihnen zu bleiben, aber als Schauspieler – gebt ihnen nicht die Möglichkeit zu wissen, daß ihr euch ihrem Einfluß entzogen habt. Entzieht euch! Macht die Reise ins Innere, aber erfüllt äußerlich alle Formalitäten: berührt die Füße von Vater und Mutter und seid gute Schauspieler.

Die alte Methode steht nicht vielen offen. Das ist genau der Grund, warum die Erde nie religiös werden konnte – denn wieviele Menschen können schon die Gesellschaft verlassen? Und selbst wenn sie die Gesellschaft verlassen, muß die Gesellschaft sich um sie kümmern. Als Buddha hier war, oder Mahavira oder Jesus, verließen Tausende ihre Familien. Aber trotzdem, nur Tausende. Millionen bleiben zurück und müssen sich um sie kümmern. Die ganze Erde kann nicht religiös werden, wenn das die einzige Methode wäre. Und gut ist es auch nicht. Es kann auf schönere Art geschehen. Und die schöne Art ist, ein guter Schauspieler zu sein.

Ein *Sannyasin* muß ein guter Schauspieler sein. Mit „guter Schauspieler" meine ich, daß du dich überhaupt nicht einläßt, sondern nur die Förmlichkeiten weiter erfüllst. Tief in dir sind die Wurzeln abgeschnitten, aber du läßt dir überhaupt nicht anmerken, daß du keine Wurzeln mehr hast. Und wozu es auch merken lassen? Denn dann wollen sie dich nur wieder verändern. Gib ihnen keinerlei Chance; laß dies eine innere Reise sein und sei äußerlich völlig förmlich. Sie werden darüber froh sein, weil sie ja selbst in Förmlichkeiten leben. Sie leben äußerlich. Sie brauchen nicht deine innere Anbetung. Sie brauchen nicht deine innere Liebe – die bloße Schau genügt.

Das sind die zwei Wege: der eine ist der von Buddha und Jesus, der andere ist der von Janak und mir. Sei, wo immer du bist. Zeig nicht nach außen, daß du dabei bist, dich zu verändern und religiös zu werden, denn das kann Probleme machen. Und du bist vielleicht jetzt noch nicht stark genug. Schaffe innerlich Konflikte, nicht äußerlich. Innerlich ist mehr als genug; es wird dir das nötige Wachstum, die nötige Reife geben.

*"... der Vater gegen den Sohn,
und der Sohn gegen den Vater;
und sie werden als Einsame dastehen."*

Dieses Wort *Einsame* muß tief verstanden werden. Wenn du religiös wirst, wirst du einsam. Dann gibt es für dich keine Gesellschaft, dann bist du allein; und zu akzeptieren, daß du allein bist, ist die größte Transformation, die dir passieren kann, weil der Verstand Angst davor hat, allein zu sein. Der Verstand möchte den anderen, an den er sich klammern kann, an dem er sich festhalten kann.

Allein fühlst du ein Zittern, packt dich eine große Angst; allein rennst du augenblicklich in Richtung Gesellschaft – in den Club, die Konferenz, die Sekte, die Kirche; irgendwohin, wo es eine Menschenmenge gibt, wo du das Gefühl haben kannst, nicht allein zu sein; wo du dich in der Menge verlieren kannst. Das ist der Grund, warum die Masse so wichtig geworden ist. Geh zum Pferderennen, geh ins Kino – aber eine Masse muß sein, in der du nicht länger allein bist, in der du entspannen kannst.

Aber ein religiöser Mensch ist ein einsamer Mensch, weil er versucht, seinen höchsten Gipfel zu besteigen. Er darf sich nicht in anderen verlieren. Er muß sich erinnern, muß bewußter werden, muß wacher und aufmerksamer werden – und er muß die Wahrheit akzeptieren. Und die Wahrheit ist: daß jeder allein *ist* und es keine Möglichkeit gibt, irgendwie zusammen zu gehen. Dein Bewußtsein ist ein einsamer Gipfel; aber das ist gerade das Schöne, und du hast unnötig Angst davor. Stell dir den Everest unter lauter anderen Everests vor

– dann ist die ganze Schönheit weg. Der Everest ist schön und eine Herausforderung, *weil* er allein ist, ein einsamer Gipfel. Ein religiöser Mensch ist wie ein Everest: Er wird zu einem einsamen Gipfel, allein, und das lebt und genießt er.

Was nicht bedeutet, daß er nicht unter Leute geht; was nicht bedeutet, daß er nicht lieben wird. Im Gegenteil, nur er kann lieben. Im Gegenteil, nur er kann unter Leute gehen, weil nur er *ist*. Du *bist* nicht – wie also kannst du lieben? Er kann lieben, aber seine Liebe wird nicht wie eine Droge sein. Er wird sich nicht darin verlieren. Er kann teilen, er kann sich völlig hingeben und trotzdem er selbst bleiben. Er kann sich dir schenken und trotzdem nicht verlieren. Seine Bewußtheit bleibt der innerste Gipfel. Dort, in jenem Tempel, bleibt er allein. Niemand tritt dort ein, niemand *kann* dort eintreten.

Im innersten Kern deines Seins bist du allein – die Reinheit des Alleinseins und die Schönheit des Alleinseins...

Aber stattdessen hast du Angst. Denn du hast nur in der Gesellschaft gelebt – du wurdest in der Gesellschaft geboren, du wurdest durch die Gesellschaft erzogen – du hast vollkommen vergessen, daß du auch allein sein kannst. Es ist also sehr schön, ein paar Tage lang ins Alleinsein zu gehen, einfach, um deine Alleinheit zu spüren. Danach komm zum Marktplatz zurück, aber bring dein Alleinsein mit. Verlier dich dort nicht. Bleibe bewußt und wach. Geh in die Gesellschaft, geh in eine Menschenmenge hinein, aber *bleibe* allein. Du kannst, wenn du willst, in der Menge allein sein. Und du kannst sogar dann in der Menge sein, wenn du allein bist – wenn du willst. Du kannst in den Himalaja gehen und dort sitzen und an den Marktplatz denken – du bist Teil der Masse.

Es geschah, als Junnaid zu seinem Meister kam; er war allein, und der Meister saß in einem Tempel. Und Junnaid trat ein, und der Meister war allein, und er sagte: „Junnaid, komm allein! Bring nicht die Menschenmenge mit." Da drehte Junnaid sich um, natürlich, weil er dachte, daß noch jemand mit ihm gekommen war. Aber da war niemand. Der Meister lachte und sagte: „Schau dich nicht um, schau nach innen." Und Junnaid schloß die Augen und sah, daß der Meister wahr gesprochen hatte. Er hat seine Frau verlassen, aber im Geiste klammert er sich noch an sie; er hat seine Kinder verlassen, aber die Bilder sind immer noch da; und die Freunde, die ihm den letzten Abschied gegeben haben – sie stehen im Geiste noch da.

Der Meister sagt: „Geh hinaus! – Komm allein, denn wie kann ich zu dieser Menschenmenge reden?" Und so mußte Junnaid ein Jahr lang vor dem Tempel warten, um sich von dieser „Menschenmenge" zu befreien. Und nach einem Jahr rief der Meister: „Jetzt, Junnaid, bist du soweit, komm herein. Jetzt bist du allein, und ein Dialog ist möglich."

Du kannst die Menge mitnehmen; du kannst in der Menge sein, allein. Versuche es: Das nächste Mal, wenn du durch eine große Menschenmenge auf dem Markt gehst, fühl dich einfach allein – und du *bist* allein, also gibt es da gar kein Problem, du kannst es fühlen. Und sobald du fühlen kannst, daß du allein bist, bist du bereits ein Einsamer geworden. Und Jesus sagt: „Ich bin gekommen, um euch zu Einsamen zu machen, zu Alleinstehenden."

> *„Ich werde euch geben,*
> *was das Auge nicht gesehen hat,*
> *und was das Ohr nicht gehört hat,*
> *und was die Hand nicht berührt hat,*
> *und was nicht entstanden ist*
> *im Herzen des Menschen."*

Eure Augen können sehen, was außen ist; sie können nicht nach innen sehen, es gibt keinen Weg. Eure

Ohren können hören, was außen ist; sie können nicht nach innen hören, es gibt keinen Weg. Sie gehen nach außen, alle Sinne gehen nach außen. Es gibt keinen einzigen Sinn, der nach innen geht. Wenn also alle Sinne aufhören zu funktionieren, bist du plötzlich innen. Es gibt keinen Sinn, der nach innen geht.

Jesus sagt: *„Ich werde euch geben, was das Auge nicht gesehen hat –* aber werde erst ein Einsamer." Und genau das meine ich mit einem *Sannyasin*: ein Einsamer. Werde erst ein Sannyasin, erkenne erst, daß du allein bist – und fühle dich in dieser Alleinheit daheim. Hab keine Angst. Genieße es lieber, sieh lieber die Schönheit, die Stille, die Reinheit und die Unschuld. Kein Schmutz ist je dorthin gedrungen, weil niemand dies Heiligtum je betreten hat. Es ist von Ewigkeit her rein geblieben, es ist jungfräulich, niemand ist je dort gewesen.

Deine Jungfräulichkeit ist in dir verborgen. Werde ein Sannyasin, ein Einsamer, und dann, so sagt Jesus, *„werde ich euch geben, was das Auge nicht gesehen hat..."*

Wenn du ein Einsamer wirst, vollkommen allein, erkennst du plötzlich, was kein Auge sehen kann, was kein Ohr hören kann, und was die Hand noch nie berührt hat. Wie kannst du dein Selbst berühren? Du kannst den Körper berühren, aber das ist nicht das Selbst. Die Hand kann nicht nach innen dringen. Sie kann nicht dein Bewußtsein berühren – es gibt keinen Weg.

Und der letzte Satz ist der schönste, den je ein Mensch auf dieser Erde ausgesprochen hat:

> *„... und was nicht entstanden ist*
> *im Herzen des Menschen."*

Denn deine Seele ist sogar jenseits von deinem Herzen. Natürlich ist dein Herz sehr tief innen; aber gemessen an der Seele ist es dennoch äußerlich, ist das Herz nicht innerlich. Die Hände sind äußerlich, die Augen sind äußerlich, das Herz ist ebenfalls äußerlich, es liegt im Außenbezirk. Der innerste Kern ist nicht einmal das Herz. Hunger entsteht in deinem Körper, Liebe entsteht in deinem Herzen – nicht aber Gebet.

Gebet ist noch tiefer, tiefer als das Herz. Hunger ist ein körperliches Bedürfnis; Liebe ist ein Bedürfnis des Herzens. Gott ist ein Bedürfnis des Jenseits, nicht einmal des Herzens. Man muß den Geist transzendieren, man muß aber auch das Herz transzendieren. Man muß alle Außenzonen transzendieren. Nur die Mitte bleibt.

Und was ist es, das nicht im Herzen des Menschen entstanden ist? Gott ist nicht im Herzen des Menschen entstanden. Im Geist entsteht Wissenschaft, entsteht Philosophie; im Herzen entsteht Kunst, Dichtung – aber nicht Religion. Religion entsteht in einer tieferen Schicht. In der allertiefsten, jenseits von der es nicht weitergeht; in deiner genauen Mitte – die nicht einmal das Herz ist.

„Ich werde euch geben...
was nicht entstanden ist
im Herzen des Menschen."

Das, was jenseits und jenseits und jenseits ist. Du kannst es nicht greifen, du kannst es nicht sehen, du kannst es nicht hören, du kannst es nicht einmal fühlen. Hier transzendiert Jesus sogar noch diejenigen Mystiker, die vom Herzen her kommen.

Es gibt drei Typen von Mystikern: Erstens den Mystiker des Kopfes – sie sprechen in theologischen, philosophischen Begriffen, sie haben Beweise für Gott. Es gibt überhaupt keinen Beweis – oder alles ist ein Beweis. Aber man braucht es auch gar nicht zu beweisen, und man kann Gott ohnehin nicht beweisen, weil alle Beweise angefochten und alle Beweise widerlegt werden können.

Dann gibt es die Mystiker des Herzens: Sie sprechen von Liebe, vom Geliebten, vom Göttlichen, von Krishna; sie sprechen in Liedern, in Gedichten – sie sind romantisch. Ihre Suche ist tiefer als die des Kopfes, aber immer noch nicht tief genug.

Jesus sagt: „Ich werde euch etwas geben, was nicht einmal im Herzen entstanden ist, etwas, das keine Theologie erreichen kann und von dem keine Dichtung eine Ahnung hat; weder Logik noch Liebe, sondern wo beides aufhört – ich werde euch das geben, was nicht im Herzen des Menschen entstanden ist."

Dies ist die tiefste, die abgründigste Möglichkeit – und Jesus öffnet sie. Aber im Christentum geht sie verloren. Das Christentum begann, Theorien drumherum zu weben, es wurde eine Kopfangelegenheit daraus – nicht nur zu einer Herzensangelegenheit, sondern zu einer Kopfangelegenheit. Die Christen haben große Theologen hervorgebracht. Seht euch die „Summa Theologica" des Thomas von Aquin an, Hunderte von Bänden Theologie. Aber sie irrten, weil Jesus nicht im Kopf ist. Und wegen diesen Kopf-orientierten Theologen wurden Mystiker, die vom Herzen her kamen, aus der Kirche ausgestoßen. Sie gingen etwas tiefer. Meister Eckhart oder der Heilige Franziskus, sie wurden ausgestoßen. Man hielt sie für Narren oder für Verrücktgewordene oder für Ketzer – denn sie redeten vom Herzen, sie redeten von Liebe.

Aber Jesus wurde von beiden mißverstanden. Er ist weder Kopf-orientiert noch Herz-orientiert – er ist überhaupt nicht orientiert. Er sagt einfach: Wirf alle Orientierungen fort, wirf alles, was außen ist, fort und komme zum innersten Kern, wo nur *du* bist, wo nur das Sein pulsiert, wo nur die Existenz ist. *Du* kannst hinkommen; und wenn du hinkommst, dann wird jedes Geheimnis offenbart, sind alle Tore offen. Aber noch an der Tür kannst du es verfehlen. Wenn du Kopf-orientiert bleibst, magst du an der Tür stehenbleiben und theoretisieren, oder du magst an der Tür stehenbleiben und poetisieren – reden in Dichtung und Gesang.

Ich habe gehört, Mulla Nasrudin ging einmal zu

einem Psychiater und sagte: „Ich versteh nicht mehr, was los ist. Bitte, tun Sie etwas. Es ist unerträglich geworden. Jede Nacht habe ich denselben Traum, daß ich an einer Tür stehe, und ich drücke und drücke und drücke. Auf der Tür ist ein Schild und ich drücke und drücke ununterbrochen. Jede Nacht wache ich schweißgebadet auf und die Tür geht nie auf."

Der Psychiater schrieb alles genau auf. Nach einer halben Stunde fragte er: „Und jetzt sagen sie mir, Nasrudin, was steht denn auf der Tür, auf dem Schild?"

Und Nasrudin sagte: „Da steht ‚Ziehen'."

Wenn auf der Tür „Ziehen" steht, dann darfst du nicht immer drücken. Denn sonst bekommst du einen wiederkehrenden Traum, dann drückst du bis in alle Ewigkeit! Und da ist gar kein Problem, sieh einfach hin, was auf der Tür steht. Jesus sagt, auf der Tür steht weder Kopf noch Herz – es ist jenseits von beidem.

Tu also eines: Geh darüber hinaus. Werde weder ein Opfer der Logik, des Intellekts, noch werde ein Opfer der Gefühle, der Sentimentalität. Der Kopf ist ebenfalls im Körper, und das Herz ist ebenfalls im Körper – geh darüber hinaus. Was ist jenseits davon? Da ist einfach Existenz, da *bist* du nur.

Sein ist ohne alle Attribute. Dies „einfach sein" ist *dhyan*, dies „einfach sein" ist Meditation – und genau das steht auf der Tür.

Plötzlich öffnet sich die Tür, wenn du ein einfaches Sein bist – weder Gefühl noch Gedanke; keine Wolke um dich herum, unbewölkt; kein Rauch um die Flamme, einfach die Flamme – du bist eingetreten.

> *„. . . und was nicht entstanden ist*
> *im Herzen des Menschen."*

Das werde ich euch geben.

Kapitel 3

Das größte Wunder

Jesus sagte:
„Ich nahm meinen Platz ein inmitten der Welt,
und ich erschien ihnen im Fleische.
Ich fand sie alle betrunken,
Ich fand keinen von ihnen durstig.

Und meine Seele war betrübt
über die Söhne der Menschen,
denn sie sind blind in ihrem Herzen,
und sie sehen nicht,
daß sie leer in die Welt gekommen sind,
und leer wieder aus der Welt scheiden wollen.

Aber jetzt sind sie betrunken.
Wenn sie ihren Wein abgeschüttelt haben,
dann werden sie bereuen."

Jesus sagte:
„Wenn das Fleisch um des Geistes willen
ins Dasein gekommen ist,
so ist es ein Wunder.
Aber wenn der Geist um des Körpers willen
ins Dasein gekommen ist,
so ist es ein Wunder aller Wunder.
Aber ich wundere mich,
wie sich dieser große Reichtum
in solcher Armut niederlassen konnte."

Ein Jesus oder Buddha oder jeder, der erwacht ist, wird euch alle betrunken finden. Die Trunkenheit hat viele Formen, aber die Trunkenheit ist da. Ihr seid nicht bewußt, ihr seid nicht wach, ihr glaubt einfach, daß ihr wach und bewußt seid – euer Schlaf dauert an von der Geburt bis zum Tod.

Gurdjieff erzählte oft folgende kleine Geschichte:

Es war einmal ein Mann, der hatte Tausende von Schafen, und er hatte immer Probleme, weil die Schafe sich ständig verirrten und wilden Tieren zum Opfer fielen. Also fragte er einen weisen Mann. Der riet ihm, Wachhunde zu halten. Und so hielt er sich hundert Hunde, die die Schafe bewachen sollten. Sie ließen kein einziges Schaf entkommen, und wenn ein Schaf zu entkommen versuchte, dann töteten sie es.

Nach und nach wurden sie so mordlüstern, daß sie anfingen, die Schafe zu töten – sie wurden gefährlich. Und so ging der Mann wieder zu dem Weisen und sagte: „Die Sache ist gefährlich geworden. Die Beschützer sind zu Mördern geworden."

So geht es immer – schaut euch eure Politiker an: sie sind die Beschützer, die Wachhunde, aber sobald sie mächtig sind, fangen sie an zu töten.

Also sagte der weise Mann: „Dann gibt es nur einen Weg. Ich komme mit." Er kam; er hypnotisierte alle Schafe und sagte zu den Schafen: „Ihr seid wach, bewußt, völlig frei. Niemand ist euer Eigentümer."

Und so blieben die Schafe in diesem hypnotischen Zustand, und sie wollten nicht mehr ausreißen. Sie wollten nicht mehr fliehen, weil dies gar kein Gefängnis war, und sie alle glaubten, daß sie die Besitzer sind, Herren ihrer selbst. Selbst wenn ein Schaf einmal vom Herrn getötet wurde, dann dachten sie: „Dies ist sein Schicksal, nicht meines. Niemand kann mich töten. Ich habe eine unsterbliche Seele, und ich bin vollkommen frei. Ich brauche also nicht davonzulaufen."

Nun war kein Wachhund mehr nötig, und der Herr war erleichtert, weil die Schafe hypnotisiert waren.

Sie lebten in einem Halbschlaf, und genau das ist der Zustand, in dem ihr seid – in welchem Jesus euch findet, in welchem ich euch finde. Aber niemand hat euch hypnotisiert – es ist eine Autohypnose: Du bist sowohl der weise Mann, der die Schafe hypnotisierte, als auch das Schaf, das hypnotisiert wurde – du hast dich selbst hypnotisiert.

Es gibt eine bestimmte Methode, sich selbst zu hypnotisieren: Wenn man ununterbrochen ein und denselben Gedanken denkt, wird man davon hypnotisiert; wenn man ununterbrochen auf ein und dasselbe Ding schaut, wird man dadurch hypnotisiert; wenn man ununterbrochen über etwas nachbrütet, wird man davon hypnotisiert.

Es geschah einmal, daß ein französischer Dichter in die Vereinigten Staaten kam. Man zeigte ihm New York, und der Fremdenführer brachte ihn zum Empire State Building. Der Dichter sah erstaunt aus. Er sah wieder und wieder hin und sagte dann: „Das erinnert mich an Sex."

Der Fremdenführer war verwundert. Er hatte schon so manche Reaktionen gehört, aber das hier war etwas Neues. Niemand hatte beim Anblick des Empire State Building je kommentiert, daß es ihn an Sex erinnere. Und so fragte er: „Wenn Sie so nett sein wollen – können sie mir vielleicht erklären, warum es sie an Sex erinnert?"

Der Franzose sagte: „Alles erinnert mich an Sex."

Wenn du ununterbrochen an Sex denkst, wirst du hypnotisiert – dann ist alles sexuell für dich. Selbst wenn du in einen Tempel gehst, erinnert dich der Tempel an Sex. Wohin du gehst, ist egal, denn du nimmst deine Gedankenwelt mit, dein Geist erschafft eine eigene Welt um dich herum. Der eine ist vom Sex hypnotisiert, der andere ist vom Reichtum hypnotisiert, wieder ein anderer ist von der Macht hypnotisiert – aber jeder ist hypnotisiert. Und niemand hat dir das angetan – du hast es selbst getan, es ist dein Werk.

Aber du tust es schon so lange, daß du vollkommen vergessen hast, daß du beides bist: Zauberer und Schaf. Sobald ein Mensch erkennt, „ich bin der Zauberer und ich bin das Schaf", beginnt sich alles zu verändern, weil dann der erste Funke der Transformation gezündet hat. Von nun an kannst du nie wieder derselbe sein, weil die Hypnose immer mehr fortfällt. Ein Leck ist geschlagen, ein wenig Bewußtheit ist in dich eingedrungen.

Du magst verschiedene Hypnose-Objekte haben – finde heraus, welches das Hauptobjekt deiner Hypnose ist, was dich am meisten anzieht, was der Brennpunkt deines ganzen Daseins geworden ist. Und dann schau dir an, wie du dadurch hypnotisiert worden bist.

Die Methode der Hypnose ist Wiederholung: indem man sich ständig etwas anschaut oder ständig an etwas denkt. Wenn du zum Hypnotiseur gehst, wird er sagen: „Du schläfst jetzt ein, schläfst jetzt ein, schläfst jetzt ein, schläfst jetzt ein." Er wird ständig das gleiche mit einer monotonen Stimme wiederholen, und bald wirst du fest schlafen. Und er hat nichts weiter getan, als einfach nur etwas wiederholt. Indem du es wieder und wieder und wieder hörst, schläfst du ein – du hast dich selbst hypnotisiert.

Denk daran; denn du machst es ständig auch, und auch vonseiten der Gesellschaft geschieht dies ständig. Der ganze Mechanismus der Propaganda beruht auf Wiederholung. Politiker wiederholen gewisse Dinge ständig. Sie wiederholen sie, und sie kümmern sich nicht darum, ob ihr zuhört oder nicht. Aufs Zuhören kommt es nicht an – einfach wiederholen! Nach und nach werdet ihr überzeugt, überredet; nicht logisch, nicht rational – sie argumentieren nie mit euch – sondern nur die Wiederholung hypnotisiert euch.

Hitler wiederholte immerzu: „Alles Elend und der Untergang Deutschlands liegt an den Juden. Sobald die

Juden vernichtet sind, wird es kein Problem mehr geben. Euch gehört die ganze Welt; ihr seid eine besondere Rasse; ihr seid zum Herrschen geboren – ihr seid die Herrenrasse." Selbst seine Freunde glaubten am Anfang kein Wort, und er selbst glaubte am Anfang noch kein Wort, weil es eine so freche Lüge war.

Aber er machte weiter. Allmählich fingen die Leute an, es zu glauben – sie wurden hypnotisiert. Und als andere Menschen anfingen, davon hypnotisiert zu werden, wurde er selbst hypnotisiert, daß etwas Wahres dran sein müsse: „Wenn Millionen Menschen daran glauben, muß etwas Wahres dran sein." Da fingen auch seine Freunde an, es zu glauben und allmählich wurde es zu einer gegenseitigen Hypnose, bis schließlich ganz Deutschland darauf abfuhr.

Eines der intelligentesten Völker benahm sich völlig idiotisch. Warum? Was war mit dem deutschen Geist passiert? Einfach Wiederholung, Propaganda. Hitler hat in seiner Autobiographie „Mein Kampf" geschrieben, daß es einen einfachen Prozeß gibt, um eine Lüge in eine Wahrheit zu verwandeln: Du brauchst sie nur ständig zu wiederholen – und das wußte er aus eigener Erfahrung. Wenn du ständig eine bestimmte Sache wiederholst: du rauchst, und du rauchst jeden Tag, wird es zur Hypnose. Und dann – selbst wenn du erkennst, daß es nutzlos, sinnlos, dumm und gefährlich für die Gesundheit ist – kannst du nichts machen, weil es jetzt Autohypnose ist.

Mulla Nasrudins Frau las ihm einen Artikel gegen das Rauchen vor. Darin wurde die Meinung von Experten zitiert, daß Krebs und Tuberkulose und andere Krankheiten durch Rauchen verursacht werden. Er hörte zu und sagte dann: „Hör doch mit diesem ganzen Unsinn auf. Das ist alles albernes Zeug. Und ich sage dir, ich habe die Absicht, weiterzurauchen, bis ich sterbe!"

Müde sagte seine Frau: „Okay, dann mach was du willst. Aber wieso nimmst du an, daß du dann aufhörst?

Warum glaubst du, daß du, selbst wenn du stirbst, mit dem Rauchen aufhörst?"

Wirklich, wenn du unter Hypnose stehst, hört es nie auf. Der Tod macht nicht viel Unterschied. Im nächsten Leben fängst du wieder damit an, denn das nächste Leben fängt da an, wo das vorige abgebrochen wurde. Es ist eine Fortsetzung. Wenn also ein Kind geboren wird, ist es nicht wirklich ein Kind, sondern sehr, sehr alt, uralt. Es bringt alle seine uralten *karmas* mit, all die *samskaras* und Konditionierungen. Es fängt an als ein alter Mensch – mitsamt seiner Hypnose. Das ist es, was die Hindus *samskaras* oder *karmas* nennen.

Was sind *karmas?* Was ist die tiefste Bedeutung der Theorie des *karma? Karma* ist eine Methode der Selbsthypnose. Wenn du eine Handlung ständig wiederholst, wirst du davon hypnotisiert. Dann wird das *karma,* wird diese Handlung zum Herrn, und du bist nur ein Sklave.

Was hast du durch Sex gewonnen? Hat es dir irgend etwas gebracht? Oder ist es nur eine Wiederholung? Aber du hast es schon so lange wiederholt, daß es sich jetzt so anfühlt, als würde dir etwas fehlen, wenn du damit aufhörst. Wenn du damit weitermachst, hast du das Gefühl, nichts gewonnen zu haben. Wenn aber dadurch, daß du weitermachst, nichts gewonnen ist, dann wird dir auch nichts fehlen, wenn du damit aufhörst. Warum hast du also das Gefühl, daß dir dann etwas fehlt? Es ist einfach die alte Gewohnheit, ein *samskara,* eine Konditionierung, ein *karma.* Du hast es allzu oft wiederholt, und du bist jetzt davon hypnotisiert. Jetzt *mußt* du es wiederholen, es ist zu einer Besessenheit geworden, es ist zwanghaft.

Der eine ißt ständig: Er weiß, es ist schlecht, er leidet darunter, er ist ständig krank – und trotzdem, wenn er sich zum Essen setzt, kann er nichts dagegen tun. Es ist zwanghaft. Warum ist es ein Zwang? Weil er es schon so lange getan hat, daß er davon hypnotisiert wurde. Er ist betrunken.

Mulla Nasrudin kam eines Abends sehr spät nach Hause, es muß gegen drei Uhr morgens gewesen sein. Er klopfte, seine Frau war sehr wütend, aber Mulla sagte: „Warte! Gib mit erst fünf Minuten, laß mich erklären, dann kannst du anfangen. Ich saß mit einem sehr kranken Freund zusammen."

Die Frau sagte: „Sehr überzeugend. Aber sag mir mal den Namen von deinem Freund."

Mulla Nasrudin dachte und dachte und dachte und dann sagte er triumphierend: „Er war so krank, daß er ihn mir nicht nennen konnte."

Der Verstand kann, wenn er betrunken ist, viele Entschuldigungen finden. Aber all diese Entschuldigungen sind falsch, genauso falsch wie diese: „Der Freund war so krank, daß er ihn mir nicht nennen konnte." Ihr werdet für den Sex Ausreden finden, ihr werdet für das Rauchen Ausreden finden, ihr werdet für die Machtgier Ausreden finden, aber alle Ausreden sind lahm. Tatsache ist, daß ihr nicht bereit seid einzugestehen, daß es zwanghaft geworden ist, daß ihr an einer Besessenheit leidet, daß ihr unter Hypnose steht.

Das ist es, was ein Jesus findet: Jeder ist betrunken und fest eingeschlafen. Ihr findet es nicht, weil ihr selbst schlaft. Solange man nicht wach ist, kann man sich nicht bewußt machen, was um einen herum passiert: Die ganze Welt bewegt sich in Schlafwandelei. Darum existiert soviel Elend, soviel Gewalt, soviel Krieg. Es ist unnötig; aber es muß so sein, weil Menschen, die schlafen und betrunken sind, für nichts verantwortlich sein können. Wenn jemand zu Jesus kommt und ihn fragt: „Was soll ich tun, um mich zu verändern?", sagt Jesus: „Du kannst nichts tun, um dich zu ändern, außer du wachst auf." Was kannst du tun? Was kann ein Mensch, der fest schläft, an seinen Träumen ändern? Was kann er tun?

Zu Gurdjieff kamen die Leute auch immer mit der gleichen Frage – und Gurdjieff ist derjenige, der Jesus in unserem Zeitalter am ehesten vertritt – nicht etwa der Vatikan-Papst. Gurdjieff ist am ehesten sein Stellvertreter, weil er die gleiche Methode der Reibung, mit der auch Jesus gearbeitet hat, für richtig hielt und sie ausarbeitete. Er schuf alle möglichen Kreuze, an denen sich die Leute aufhängen und transformieren konnten. Gurdjieff sagte auch immer, daß du nichts tun kannst, bevor du nicht *bist*. Und wenn du nicht wach bist, bist du gar nicht da, dann glaubst du nur, daß du da bist. Dieser Glaube hilft nichts.

Sehen wir uns jetzt diese Jesusworte an. Sie sind alle sehr abgründig, tief, sehr bedeutsam, und können zu Orientierungslichtern auf eurem Weg werden. Vergeßt sie nicht!

Jesus sagte:
„Ich nahm meinen Platz inmitten der Welt ein,
und ich erschien ihnen im Fleische.
Ich fand sie alle betrunken,
Ich fand keinen von ihnen durstig..."

Und Jesus hat nie der Welt entsagt, er stand mitten unter uns allen. Er war kein Weltflüchtling, er ging zum Marktplatz, er lebte mit der Menge. Er redete zu Prostituierten, Arbeitern, Bauern, Fischern. Er ging nicht aus der Welt, er blieb hier, mitten unter euch. Er kennt die Welt besser als jeder, der davongelaufen ist.

Es ist kein Wunder, warum die Botschaft Christi so mächtig wurde – die Botschaft Mahavirs wurde nie so mächtig; aber Jesus bekehrte fast die Hälfte der Welt. Warum? Weil er in der Welt blieb, die Welt verstand – die Gewohnheiten, die Leute, das Denken. Er bewegte sich unter ihnen, er erfuhr, wie sie funktionieren – schlafend, betrunken – und er suchte Mittel und Wege, sie aufzuwecken.

Am letzten Abend, als Jesus gefangen wurde – oder arrangierte, daß er gefangen wurde – als das letzte Drama inszeniert wurde, ist einer seiner Jünger bei ihm. Und Jesus sagt: „Dies ist mein letzter Abend. Ich will mich daher tief ins Gebet versenken. Ich muß jetzt beten, und du mußt Nachtwache halten. Schlaf ja nicht ein! Ich werde kommen und nachschauen – und dies ist meine letzte Nacht!"

Jesus ging. Und nach einer halben Stunde kam er zurück. Der Jünger schlief fest. Er weckte ihn auf und sagte zu ihm: „Du schläfst, und ich hatte dir gesagt Wache zu halten, weil dies meine letzte Nacht ist. Bleib wach, denn ich werde nicht mehr da sein. Danach kannst du für immer und ewig schlafen. Aber noch bin ich da, bleib wenigstens in meiner letzten Nacht wach." Der Jünger sagte: „Verzeih mir, ich war so müde, daß ich nichts dafür konnte. Aber ich will es jetzt versuchen."

Jesus versenkte sich wieder ins Gebet. Nach einer halben Stunde kommt er zurück, und jener Jünger liegt in tiefem Schlaf. Er weckte ihn wieder auf und sagte: „Was tust du? Der Morgen ist nahe, und ich werde gefangen sein." Der Jünger sagte: „Verzeih mir, vergib mir, aber das Fleisch ist sehr stark und der Wille ist sehr schwach, und der Körper war so schwer und ich dachte: 'Was ist verkehrt daran, sich ein kleines Schläfchen zu gönnen? Bis du zurückkommst, werde ich wieder wach sein.'"

Ein drittes Mal kam Jesus, und wieder war der Jünger fest eingeschlafen... Aber dies ist die Situation aller Jünger. Viele Male bin ich zu euch gekommen und habe euch fest schlafend gefunden. Jedesmal, wenn ich zu euch kam, fand ich, daß ihr fest schlieft. Schläfrigkeit ist einfach zur zweiten Natur geworden. Was bedeutet Schläfrigkeit? Daß du dir nicht bewußt bist zu *sein* – dann ist alles, was du tust, unverantwortlich. Du bist wahnsinnig; alles, was du tust, tust du genau wie ein Trinker.

Mulla Nasrudin wurde ertappt. Als er aus dem Gerichtssaal herauskam, sagte er zu seinem Freund: „Ein hartes Urteil! Erst hat mir der Richter fünfzig Rupien aufgebrummt", denn er hatte eine fremde Frau auf der Straße geküßt, „und als er sich die Frau ansah, hat er mir noch einmal fünfzig dazugegeben, für Trunkenheit!" Denn diese Frau war schon fast keine Frau mehr – sie war so häßlich, daß niemand sie küssen kann, wenn er bei Verstand ist.

Und ihr alle habt die denkbar häßlichsten Dinge geküßt. Das ist nur möglich, weil ihr betrunken seid und schlaft. Habt ihr jemals über die Dinge nachgedacht, von denen ihr besessen seid? Wie häßlich! Könnt ihr etwas Häßlicheres finden als Macht? Könnt ihr etwas Häßlicheres finden als einen Menschen wie Hitler, Napoleon, Alexander? Aber das ist auch *euer* Ehrgeiz; tief drinnen würdet ihr gern so werden wie Napoleon, Alexander, Hitler: erfolgreich in der Welt, mächtig in der Welt. Aber könnt ihr etwas Häßlicheres finden als sie?

Macht ist das Allerhäßlichste, aber jeder will Macht, Herrschaft. Habt ihr die Häßlichkeit des Reichtums gesehen? Reichtum muß häßlich sein; er kann nicht schön sein, weil er auf Ausbeutung beruht. Es ist Blut dran, es ist Tod dran, viele haben ihr Leben lassen müssen... nur so wächst euer Konto. Ihr könnt nichts Häßlicheres finden, aber tief drinnen ist jeder auf der Suche nach Reichtum.

Wenn je das Jüngste Gericht kommt, wirst du erst zu fünfzig Rupien verurteilt, und wenn Gott sich die Dinge ansieht, die du geküßt hast, schlägt er nochmal fünfzig drauf. Denn du bist betrunken gewesen, sonst wäre es nie möglich gewesen.

Jesus sagt:
„Ich nahm meinen Platz inmitten der Welt ein,
und ich erschien ihnen im Fleische."

„Und ich war kein Geist..." – denn viele Meister suchen euch ständig im Geist auf. Buddha klopft immer noch an eure Tür, aber im Geiste. Und wenn ihr einen Menschen nicht erkennen könnt, der im Fleische gekommen ist, wie könnt ihr Buddha erkennen?

In diesem Jahrhundert, als H.P. Blavatsky entdeckte – oder vielmehr wiederentdeckte –, daß es Meister gibt, die im Geiste an Menschen weiterarbeiten und allen helfen, die auf der Suche sind, glaubte ihr niemand. Man dachte, sie wäre verrückt geworden, und die Leute sagten: „Gib uns Beweise – wo sind diese Meister?" Eine der größten Leistungen der Theosophie war die Wiederentdeckung der Meister. Denn jeder, der erleuchtet worden ist, bleibt in der Welt, weil es sonst nirgends einen Ort gibt, wo sie hingehen könnten. Dies ist die einzige Existenz, die es gibt. Er bleibt, aber ohne Körper, und sein Dasein arbeitet und hilft weiter, denn das ist seine Natur, er braucht es nicht erst zu *tun*.

Es ist genau wie ein Licht: Licht scheint, und es beleuchtet ununterbrochen alles, was in seiner Umgebung ist. Selbst wenn der Weg verlassen ist und niemand vorbeikommt, brennt das Licht weiter, weil das seine Natur ist. Wenn jemand den Weg entlang kommt, dann ist das Licht da, und das Licht führt ihn; nicht, daß von ihm aus etwas geschehen müßte – es ist einfach seine Natur. Jedesmal, wenn ein Wesen erleuchtet wird, bleibt es wegweisend. Aber du kannst einen solchen Menschen nicht im Geiste erkennen, wenn du ihn nicht im Körper erkennen kannst.

Jesus sagt: „Ich erschien ihnen im Fleische – ich war im Körper, sie konnten mich sehen, sie konnten mich hören, sie konnten mich fühlen, aber trotzdem verkannten sie mich. Sie verkannten mich, weil ich sie alle betrunken fand. Sie waren eigentlich gar nicht da, es war überhaupt kein Bewußtsein da. Ich habe an ihre Türen geklopft, aber sie waren nicht zuhause."

Wenn Jesus zu dir ins Haus kommt und anklopft – wirst du da sein, ihn zu empfangen? Du wirst irgendwo anders sein, du bist nie zuhause. Du wanderst überall auf der Welt herum, nur nicht nach Hause. Wo ist dein Zuhause? In dir, wo das Zentrum des Bewußtseins ist, dort ist dein Zuhause. Du bist niemals da, weil du nur in tiefer Meditation da bist, und wenn du in tiefer Meditation bist, kannst du Jesus sofort erkennen – ob er im Körper kommt oder körperlos, das spielt keine Rolle. Wenn du zuhause bist, wirst du sein Klopfen erkennen, aber wenn du nicht zuhause bist, was ist dann schon möglich? Jesus wird klopfen, und du wirst nicht da sein. Das ist die Bedeutung des Wortes „betrunken": nicht zuhause.

Tatsächlich greift ihr, sobald ihr euch vergessen wollt, zu Alkohol oder Drogen; immer wenn ihr euch vergessen wollt, trinkt ihr. Trinken bedeutet Vergessen, und alle Religion ist Erinnern. Darum sind alle Religionen so gegen das Trinken. Nicht, daß am Trinken an sich etwas verkehrt wäre; wenn du nicht auf dem Weg bist, ist nichts verkehrt daran. Aber wenn du auf dem Weg bist, dann kann es nichts Verkehrteres geben, weil der ganze Weg aus Selbst-Erinnern besteht – und Trinken ist Vergessen.

Aber warum wollt ihr euch selbst vergessen? Warum langweilt ihr euch so mit euch selbst? Warum könnt ihr nicht wach sein und euch dabei wohlfühlen? Was ist das Problem? Das Problem ist, daß wenn ihr wach und allein seid, ihr euch immer leer fühlt; ihr habt das Gefühl, niemand zu sein. Ihr fühlt eine Nichtigkeit innen, und diese Nichtigkeit wird zum Abgrund. Ihr bekommt Angst, ihr fangt an, davor wegzurennen.

Tief in deinem Innern *bist* du ein Abgrund, und darum rennst du ständig davon. Buddha nannte diesen Abgrund „Nicht-Selbst", *anatta*. Es ist niemand innen. Wenn du hinschaust, ist da eine riesiger, freier Raum, aber niemand da – nur ein innerer Himmel, ein unendlicher Abgrund, endlos, anfangslos. Sobald du hinschaust, wird dir schwindelig, fängst du an zu rennen, fliehst du augenblicklich. Aber wohin kannst du flüchten? Wo immer du hingehst, wird diese Leere mit dir sein, denn das bist *du;* das ist dein Tao, deine Natur. Man muß sich damit abfinden.

Meditation ist nichts anderes, als sich mit der eigenen inneren Leere abzufinden: sie zu erkennen, nicht zu fliehen; durch sie zu leben, nicht zu fliehen; durch sie zu *sein,* nicht zu fliehen. Dann wird plötzlich diese Leere zur Fülle des Lebens. Wenn du nicht fliehst, ist sie das Schönste, das Reinste, das es gibt, weil nur Leere rein sein kann. Wenn etwas da ist, ist Schmutz eingedrungen, wenn etwas da ist, dann ist der Tod eingedrungen; wenn etwas da ist, dann ist Begrenzung eingedrungen. Wenn etwas da ist, dann kann der Gott nicht da sein. Gott heißt: der große Abgrund, der endgültige Abgrund. Er ist da, aber ihr werdet nie trainiert hineinzuschauen.

Es ist genauso, wie wenn ihr in die Berge geht und ins Tal hinunterschaut: euch wird schwindelig. Dann möchtet ihr nicht hinschauen, weil euch die Angst packt, ihr könntet fallen. Aber kein Berg ist so hoch und kein Tal so tief wie das Tal, das in euch selbst existiert. Und jedesmal, wenn ihr nach innen blickt, wird euch schwindelig – ihr rennt augenblicklich davon, ihr schließt die Augen und fangt an zu laufen. Ihr rennt schon seit Millionen von Leben, aber ihr seid nirgendwo angekommen; ihr könnt nicht ankommen.

Man *muß* sich mit der inneren Leere abfinden. Sobald man sich damit abgefunden hat, verändert die Leere plötzlich ihre Natur – sie wird zum All. Dann ist sie nicht leer, nicht negativ; sie ist das Positivste von der Welt. Aber Akzeptieren ist die Tür.

Genau deswegen ist soviel Anziehungskraft in Alkohol, LSD, Marihuana – Drogen. Und es gibt viele Arten von Drogen: körperliche, chemische, geistige; Reichtum, Macht, Politik – alles ist eine Droge.

Schaut euch einen Politiker an: er steht unter Drogen, er ist betrunken von Macht; er geht nicht auf der Erde. Seht euch einen Mann von Reichtum an: glaubt ihr vielleicht, er geht auf der Erde? Nein, seine Füße berühren niemals die Erde, er ist sehr erhaben – er hat Reichtum. Nur arme Menschen laufen auf der Erde, nur Bettler – *er* fliegt am Himmel. Wenn du dich in eine Frau verliebst, bist du plötzlich hoch oben; plötzlich gehst du nicht mehr auf der Erde, eine Romanze hat angefangen. Deine ganze Daseinsqualität ist anders, weil du jetzt betrunken bist. Sex ist der tiefste Alkohol, den die Natur euch gegeben hat.

Jesus sagt:
„Ich fand sie alle betrunken,
ich fand keinen von ihnen durstig."

Dies muß verstanden werden, ein sehr feiner Punkt: wenn man von dieser Welt betrunken ist, kann man nicht durstig auf die andere sein. Wenn ihr von gewöhnlichem Alkohol betrunken seid, von gewöhnlichem Wein, könnt ihr nicht nach dem göttlichen Wein dürsten – unmöglich!

Wenn ein Mensch nicht von dieser Welt betrunken ist, entsteht ein Durst. Und dieser Durst läßt sich durch nichts stillen, was zu dieser Welt gehört; nur das Unbekannte kann ihn stillen, nur das Unsichtbare kann ihn stillen.

Und so sagt Jesus etwas sehr Widersprüchliches: „Ich fand sie alle betrunken, ich fand keinen von ihnen durstig." – Niemand war durstig, weil sie denken, sie hätten den Schlüssel, den Schatz, das Reich bereits gefunden. Jetzt gibt es keine Suche.

Gott ist eine Trunkenheit ganz anderer Art. Kabir hat gesagt: *„Aisi tari lagi* – Ich bin in solche Trunkenheit verfallen, daß sie durch nichts zu stören ist. Sie ist ewig." Fragt Omar Khayyam; er weiß es, er spricht vom Wein der anderen Welt. Fitzgerald mißverstand ihn vollkommen, weil er nicht von dem Wein spricht, den ihr hier bekommen könnt. Er spricht vom göttlichen Wein – der ein Sufi-Symbol für Gott ist. Sobald du betrunken von Gott bist, gibt es überhaupt keinen Durst mehr.

Aber diese Welt und ihr Wein kann euch nur vorübergehend Erleichterung schenken, kann euch nur kurze Vergessenslücken geben. Und der Unterschied ist diametral: wenn jemand von Gottes Wein betrunken ist, ist er total wach, bewußt, vollkommen da; wenn jemand von dieser Welt und ihren Weinen betrunken ist, dann ist er hypnotisiert, schläft er, bewegt er sich in tiefem Schlummer, lebt er im Schlaf – sein ganzes Leben ist ein langer Traum.

„Ich fand sie alle betrunken,
Ich fand keinen von ihnen durstig.
Und meine Seele war betrübt
über die Söhne der Menschen,
denn sie sind blind in ihren Herzen,
und sie sehen nicht,
daß sie leer in diese Welt gekommen sind,
und leer wieder aus der Welt scheiden wollen."

„Und meine Seele war betrübt..." – Ihr könnt das Leiden nicht verstehen, das einen Jesus oder einen Buddha überkommt, wenn er euch ansieht, wie ihr betrunken seid von dieser Welt, kein bißchen durstig nach dem Göttlichen, nach der Wahrheit; wie ihr in Lügen lebt und an Lügen glaubt, so als wären sie Wahrheiten – und wie ihr ganz umsonst leer ausgeht, alles vertut, für nichts und wieder nichts. Dann geschieht es, daß die kleinsten Dinge zu Barrieren werden können.

Es geschah einmal, daß ein Mann sehr krank wurde. Die Krankheit bestand darin, daß er ständig das Gefühl hatte, daß ihm die Augen aus dem Kopf traten und die Ohren dröhnten – ständig. Nach und nach wurde er verrückt, weil es vierundzwanzig Stunden am Tag anhielt. Er konnte nicht schlafen, er konnte seine Arbeit nicht verrichten, und so suchte er ärztlichen Rat.

Der eine Arzt schlug vor: „Lassen sie sich den Blinddarm wegnehmen." Und so wurde der Blinddarm weggenommen; aber nichts änderte sich. Ein anderer schlug vor: „Lassen sie sich alle Zähne ziehen." Und so wurden alle Zähne gezogen. Nichts passierte, und der Mann wurde einfach alt, das ist alles. Dann schlug jemand vor, daß seine Mandeln herausgenommen werden müßten. (Es gibt Millionen von Ratgebern, und wenn ihr anfangt, auf sie alle zu hören, werden sie euch umbringen.) Also wurden seine Mandeln herausgenommen, und nichts geschah. Dann suchte er den berühmtesten Arzt auf.

Der Arzt diagnostizierte ihn und sagte: „Es kann nichts geschehen, weil keine Ursache zu finden ist. Sie haben höchstens noch sechs Monate zu leben. Und ich muß ehrlich mit Ihnen sein, denn alles Machbare ist getan worden. Jetzt ist nichts mehr zu machen."

Der Mann kam aus der Praxis des Arztes und dachte: „Wenn ich nur noch sechs Monate zu leben habe, warum dann nicht gut leben?" Er war ein Geizkragen, und er hatte sein ganzes Leben nicht gelebt, und so bestellte er den neusten und größten Wagen; er kaufte sich einen schönen Bungalow und bestellte sich dreißig Anzüge; er ließ sich sogar Hemden nach Maß schneidern.

Er ging zum Schneider, der ihn maß, und sich notierte: „Ärmellänge 90, Kragenweite 41."

Der Mann sagte: „Nein, 39, ich habe immer 39 gehabt." Der Schneider maß nach und sagte: „41!" Der Mann sagte: „Aber ich habe immer 39 getragen!"

Der Schneider sagte: „Nun bitte, wenn Sie wollen. Aber ich will Ihnen eines sagen: Ihnen werden die Augen aus dem Kopf treten und sie werden Ohrensausen haben!" – Und das war die ganze Ursache seiner Krankheit!

Ihr verpaßt das Göttliche aus nicht sehr wichtigen Gründen. Nein! Nur Kragenweite 39 – und schon können die Augen nicht mehr sehen und treten aus dem Kopf; und die Ohren können nicht mehr hören, sie fangen zu sausen an. Die Ursache der Krankheit des Menschen ist einfach die, daß er an kleinen Dingen hängt.

Die Dinge dieser Welt sind sehr klein. Wenn du ein Königreich bekommst, was ist es? Etwas sehr Kleines. Wo sind die Königreiche der Geschichte? Wo ist Babylon? Wo ist Assyrien? Wo ist das Königreich des Pharao? Sie alle verschwanden, nur noch Ruinen – und diese Reiche waren riesig. Aber was war durch sie gewonnen? Was hat Dschingis Khan gewonnen? Was hat Alexander der Große gewonnen? Alle Königreiche sind nur triviale Dinge.

Und ihr wißt nicht, was euch entgeht – euch entgeht das Königreich Gottes. Selbst wenn ihr Erfolg habt, was bringt euch der Erfolg ein? Wohin bringt er euch? Seht euch die erfolgreichen Menschen an, diagnostiziert sie: Wohin hat es sie gebracht? Seht euch Leute an, die auf den Thronen des Erfolgs sitzen. Wohin hat es sie gebracht? Sie suchen genauso nach innerem Frieden – mehr als ihr. Sie haben genauso viel Angst vor dem Tod und zittern genauso wie ihr.

Wenn ihr euch eure erfolgreichen Leute genau anschaut, werdet ihr herausfinden, daß diese „Götter" ebenfalls tönerne Füße haben. Der Tod wird sie holen, und mit dem Tod verschwindet aller Erfolg, aller Ruhm. Die ganze Sache scheint ein Alptraum: so viel Mühe, so viel Unglück, so viel Entbehrung – und nichts ist gewonnen. Und am Ende kommt der Tod, und alles verschwindet wie eine Seifenblase. Und wegen dieser Seifenblase geht das, was ewig ist, verloren.

„Und meine Seele war betrübt
über die Söhne der Menschen,
denn sie sind blind in ihren Herzen,
und sie sehen nicht,
daß sie leer in die Welt gekommen sind,
und leer wieder aus der Welt scheiden wollen."

Leer seid ihr gekommen, aber nicht wirklich leer: voll von Wünschen. Leer werdet ihr gehen, aber nicht wirklich leer: wiederum voll von Wünschen. Aber Wünsche sind Träume; ihr bleibt leer. Sie haben keine Substanz in sich. Ihr werdet leer geboren und dann geht ihr in die Welt hinein und häuft Dinge an, in dem Glauben, daß diese Dinge euch die Erfüllung bringen werden. Ihr bleibt leer. Der Tod schnappt alles weg, und wieder geht ihr ins Grab, wiederum leer.

Auf welchen Punkt läuft dies ganze Leben hinaus? Auf welchen Sinn und welches Ergebnis? Was erreichst du dadurch? Dies ist die Betrübnis eines Jesus oder eines Buddha, der sich die Menschen ansieht. Sie sind blind, und warum sind sie blind? Wo ist ihre Blindheit? Es ist ja nicht so, daß sie nicht klug sind – sie sind allzu klug, klüger als nötig, klüger, als sie sich leisten können, klüger als ihnen gut tut. Sie sind sehr klug, sehr schlau. Sie meinen, sie kennen sich aus. Nicht, daß sie nicht sehen könnten. Sie können sehen, aber sie können nur das sehen, was von dieser Welt ist. Ihr Herz ist blind, ihr Herz kann nicht sehen.

Könnt ihr mit eurem Herzen sehen? Habt ihr jemals etwas mit eurem Herzen gesehen? Wie oft habt ihr gedacht: „Die Sonne geht auf und der Morgen ist schön." Und habt gedacht, das käme vom Herzen. Nein! Denn euer Verstand schnattert noch immer. „Die Sonne ist schön, der Morgen ist schön", und du magst einfach nur die Vorstellungen anderer wiederholen. Habt ihr wirklich gemerkt, daß der Morgen schön ist – *dieser* Morgen, das Phänomen, das sich *hier* abspielt? Oder sprecht ihr Wörter nach?

Geht zu einer Blume: Seid ihr wirklich hingegangen? Hat die Blume euer Herz berührt? Hat sie euch im tiefsten Kern eures Wesens berührt? Oder seht ihr nur die Blume an und sagt: „Gut, sie ist schön, hübsch." Das sind Worte, und fast wie tot, weil sie nicht vom Herzen kommen. Vom Herzen kommt nie ein Wort; da kommen Gefühle, aber nicht Worte. Worte kommen vom Kopf, Gefühl kommt vom Herzen. Aber da sind wir blind. Warum sind wir da blind? Weil das Herz auf gefährliche Wege führt.

Und so darf niemand mit dem Herzen leben. Eure Eltern haben dafür gesorgt, daß ihr mit dem Kopf lebt, nicht mit dem Herzen, weil das Herz euch in dieser Welt zum Mißerfolg führen könnte. Das tut es, und solange ihr nicht in dieser Welt scheitert, werdet ihr nicht nach der anderen dürsten.

Der Kopf führt in dieser Welt zum Erfolg. Er ist

schlau, berechnend, er ist ein Manipulator – er führt euch in den Erfolg. Daher lehrt euch jede Schule, jede Akademie und Universität, mehr „im Kopf" zu sein, „kopfiger" zu sein. Und die, die „kopfig" sind, bekommen die Goldmedaillen. Sie haben Erfolg, und sie bekommen jetzt die Schlüssel, in diese Welt einzutreten.

Aber ein Mensch mit Herz wird scheitern, weil er nicht ausbeuten kann. Er wird so liebevoll sein, daß er nicht ausbeuten kann. Er wird so liebevoll sein, daß er kein Geizkragen, kein Horter sein kann. Er wird so liebevoll sein, daß er hingehen und austeilen wird, und alles, was er hat, wird er geben, statt anderen etwas wegzuschnappen.

Er wird eine gescheiterte Existenz sein. Und er wird so wahr sein, daß er euch nicht täuschen kann. Er wird ehrlich und aufrichtig, authentisch sein; aber dann ist er auch ein Fremder in dieser Welt, wo nur gerissene Leute Erfolg haben können. Darum sorgen alle Eltern dafür, daß das Herz des Kindes, ehe es hinaus in die Welt geht, blind wird, völlig verschlossen.

Ihr könnt nicht beten, ihr könnt nicht lieben. Könnt ihr's? Könnt ihr beten? Ihr könnt beten – geht am Sonntag in die Kirche: dort beten Leute, aber alles ist unecht, sogar ihr Gebet kommt vom Kopf. Sie haben es auswendig gelernt, es ist nicht aus dem Herzen. Ihre Herzen sind leer, tot; sie fühlen überhaupt nichts. Die Leute „lieben", sie heiraten, es werden ihnen Kinder geboren – nicht aus Liebe. Alles kommt aus dem Kalkül, alles kommt aus dem Einmaleins. Aus Angst vor der Liebe, weil niemand weiß, wohin die Liebe euch führen wird. Niemand kennt die Wege des Herzens, sie sind geheimnisvoll. Mit dem Kopf seid ihr auf der richtigen Bahn, auf der Autobahn; mit dem Herzen geratet ihr in den Dschungel. Dort sind keine Straßen, keine Wegweiser, ihr müßt den Pfad selbst finden.

Mit dem Herzen bist du individuell, einsam. Mit dem Kopf bist du Teil der Gesellschaft. Der Kopf ist von der Gesellschaft trainiert worden. Er ist Teil der Gesellschaft. Mit dem Herzen wirst du ein Einsamer, ein Außenseiter. Jede Gesellschaft sorgt also dafür, daß das Herz getötet wird, und Jesus sagt:

> *„... denn sie sind blind in ihren Herzen,*
> *und sie sehen nicht,*
> *daß sie leer in die Welt gekommen sind*
> *und leer wieder aus der Welt scheiden wollen."*

Nur das Herz kann sehen, wie leer ihr seid! Was habt ihr gewonnen? Welche Reife, welches Wachstum hat sich eingestellt? Welche Ekstase ist gekommen? – immer noch keine Segnung? Eure ganze Vergangenheit ist eine morsche Sache. Und in der Zukunft werdet ihr nur die Vergangenheit wiederholen, was sonst könnt ihr tun? Dies ist die Betrübtheit eines Jesus, eines Buddha. Er ist unglücklich um euch.

> *„Aber jetzt sind sie betrunken.*
> *Wenn sie ihren Wein abgeschüttelt haben,*
> *dann werden sie bereuen."*

Dies gilt euch. Denkt nicht „sie" – „sie" bedeutet *ihr:* wenn ihr aus eurer Trunkenheit aufgerüttelt werdet, werdet ihr bereuen.

Dieses Wort „bereuen" ist sehr bedeutsam geworden. Das gesamte Christentum beruht auf Reue. Keine andere Religion hat so auf Reue gesetzt. Reue ist schön, wenn sie aus dem Herzen kommt, wenn ihr erkennt: „Ja, Jesus hat recht, wir haben unser Leben vertan."

Dieses Vertun ist die Sünde – nein, nicht Adam beging die Sünde! – dieses Vergeuden eures Lebens, der Möglichkeit, des Potentials, der Chance zu wachsen und gottgleich zu werden oder Götter zu werden; diese Zeitverschwendung, dieses Verschwenden mit sinnlosem Zeug, dieses Sammeln von wertlosem Kram.

Und wenn euch das bewußt wird, werdet ihr bereuen. Und wenn diese Reue aus dem Herzen kommt, wird sie euch reinigen. Nichts reinigt wie Reue. Und dies ist eins der schönsten Dinge im Christentum.

Im Hinduismus gibt es kein Geheimnis um die Reue. Sie haben diesen Schlüssel überhaupt nicht ausgearbeitet. Einzig das Christentum hat ihn. Wenn ihr total bereut, wenn es aus dem Herzen kommt, wenn ihr bitterlich weint und mit ganzem Wesen fühlt und bereut, daß ihr die gottgegebene Gelegenheit vertan habt – daß ihr nicht dankbar gewesen seid, daß ihr euch vergangen habt, daß ihr euch selbst, euer eigenes Wesen mißhandelt habt... dann fühlt ihr die Sünde. *Dies* ist die Sünde! – Nicht etwa, daß ihr jemanden ermordet habt oder daß ihr gestohlen habt; das ist nichts. Das sind kleine Sünden, die aus der Erbsünde hervorgegangen sind, daß ihr betrunken wart. Ihr macht die Augen auf, euer Herz ist von Reue erfüllt, und dann kommt ein Schrei, ein Aufschrei aus der Tiefe eures Wesens. Worte sind nicht nötig, ihr braucht nicht zu Gott zu sagen: „Ich bereue", und „Vergib mir!" Nicht nötig; euer ganzes Wesen wird zu Reue. Plötzlich seid ihr von aller Vergangenheit reingewaschen.

Dies ist einer der geheimsten Schlüssel, die Jesus der Welt gegeben hat. Denn die Jainas sagen, daß man alles abarbeiten muß, daß es ein langer Prozeß ist: Alles, was du in der Vergangenheit getan hast, muß wiedergutgemacht werden. Wenn du etwas Falsches in der Vergangenheit getan hast, muß es rückgängig gemacht werden. Es ist reine Mathematik: Wenn du eine Sünde begangen hast, mußt du etwas tun, um sie wiedergutzumachen. Und die Hindus sagen, daß du so viele Sünden begangen hast und in Unwissenheit lebst und so viele Handlungen aus Unwissenheit begangen hast, und die Vergangenheit so riesig ist, daß es nicht leicht ist, da herauszukommen. Noch sehr viele gute Taten sind nötig, erst dann kannst du die Vergangenheit bereinigen.

Aber Jesus hat einen schönen Schlüssel gegeben. Er sagt: „Bereut einfach, und die ganze Vergangenheit ist reingewaschen." Scheint etwas ganz Unglaubliches, denn wie soll das passieren? Und genau hier liegt der Unterschied zwischen den Hindus, Buddhisten, Jainas und den Christen. Die Hindus, Buddhisten und Jainas können niemals glauben, daß es nur durch Reue passieren kann, ...denn sie wissen nicht, was Reue ist. Jesus hat ihn ausgearbeitet: einen der ältesten Schlüssel überhaupt.

Aber versteht, was Reue ist. Es nur zu sagen, hilft nichts, und es nur halbherzig zu sagen, hilft auch nichts. Euer *ganzes* Wesen bereut, euer ganzes Wesen pulsiert, und ihr spürt es in jeder Pore, jeder Faser, daß ihr schlecht gehandelt habt – und schlecht gehandelt, weil ihr betrunken wart – wenn ihr jetzt bereut, ist plötzlich eine Transformation da. Die Vergangenheit verschwindet, und die Projektion der Zukunft aus der Vergangenheit verschwindet; ihr werdet auf das Hier und Jetzt zurückgeworfen, ihr werdet auf euer eigenes Dasein zurückgeworfen.

Und zum ersten Mal fühlt ihr das innere Nichts. Es ist nicht negativ leer; nur, der Tempel ist so riesig wie der Weltraum... Dir ist vergeben. Jesus sagt, dir wird vergeben, wenn du bereust.

Der Meister von Jesus war Johannes der Täufer. Seine ganze Lehre war: „Bereut! Denn das Jüngste Gericht ist nah!" Seine ganze Lehre war dies. Er war ein sehr wilder Mann, ein großer Revolutionär, und er ging von der einen Ecke seines Landes in die andere mit nur dieser einen Botschaft: „Bereut! Denn das Jüngste Gericht ist ganz nah!" Das ist der Grund, warum die Christen die Theorie der Wiedergeburt völlig aufgaben. Es war nicht so, daß Jesus nichts von der Wiedergeburt gewußt hat – er wußte davon, er wußte sehr wohl, daß es einen Zyklus ständiger Wiedergeburten gibt. Aber er ließ diese Vorstellung völlig aus, nur um der Reue Totalität zu verleihen.

Denn wenn es viele Leben gibt, kann eure Reue nicht total sein. Ihr könnt warten, ihr könnt aufschieben. Ihr könnt denken: „Wenn ich es in diesem Leben

verpaßt habe, macht das nichts; im nächsten Leben..."
Genau das haben die Hindus getan. Sie sind das faulste Volk der Welt, aufgrund dieser Theorie. Und die Theorie stimmt, das ist das Problem; sie können immer aufschieben, es ist keine Eile. Warum sich so abhetzen?

Darum haben sich Hindus nie um Zeit gekümmert. Sie haben nie Uhren erfunden; sich selbst überlassen, hätten sie nie eine erfunden. Eine Uhr ist also in der Welt der Hindus wirklich ein fremdes Element. Eine Uhr in einem Hindu-Haushalt paßt nicht. Denn die Uhr ist eine christliche Erfindung, weil die Zeit knapp ist, sie rennt – nicht die Uhr, sondern das Leben ist es, was euch durch die Finger rinnt. Dieser Tod wird endgültig sein, ihr könnt nichts aufschieben.

Lediglich um jedes Aufschieben zu verhindern, sagten Jesus und Johannes der Täufer, der sein Meister war, der Jesus in die Mysterien eingeweiht hatte... und ihre ganze Lehre hängt davon ab: „Bereut! Denn es gibt keine Zeit mehr, schiebt nicht länger auf, denn sonst seid ihr verloren." Sie geben der ganzen Sache Intensität.

Wenn ich plötzlich sage, daß heute der letzte Tag sein wird, und daß morgen die Welt verschwinden wird, und die Wasserstoffbombe fallen muß, und ich dann sage: „Bereue!" – dann wird sich dein ganzes Wesen sammeln, zentrieren, und du wirst hier und jetzt sein. Und dann wird ein Schrei aufkommen, ein Aufschrei, ein wilder Aufschrei aus deinem Sein. Er wird nicht in Worten kommen – er wird existentieller sein – er wird aus dem Herzen kommen. Nicht nur deine Augen werden weinen, dein ganzes Herz wird von Tränen erfüllt sein, dein ganzes Dasein wird von Tränen erfüllt sein: Du hast gefehlt.

Wenn diese Reue passiert – dies ist eine intensive Art des Wachwerdens – wird die ganze Vergangenheit bereinigt. Nicht nötig, sie wiedergutzumachen – nein, weil sie nie Wirklichkeit war. Es war ein Traum, du brauchst nichts wiedergutzumachen – werde einfach nur *wach*. Und mit dem Schlaf verschwinden alle

Träume und Alpträume. Sie waren in Wirklichkeit überhaupt nie da, es waren deine Gedanken.

Und sei nicht faul dabei – denn du hast schon viele Leben lang aufgeschoben. Du kannst es noch viele Leben lang: Für den Verstand ist Aufschub sehr verlockend. Der Verstand sagt immer „Morgen" – immer! Morgen ist seine Zuflucht. Morgen ist die Zuflucht von allem, was „Sünde" ist, und das Gute entsteht *in diesem Moment*.

Ich habe gehört, in einer Schule, einer christlichen Missionarsschule, gab es auch ein paar nicht-christliche Jungen, und sie hatten Bibelstunde mit den Gleichnissen und den Geschichten – und die mußten sie auswendig lernen. Eines Tages besuchte der Schulinspektor die Schule und fragte einen kleinen Jungen: „Wer war der erste Mann, und wer war die erste Frau?" Das Kind antwortete: „Adam und Eva."

Der Inspektor war erfreut und er sagte: „Aus welchem Land waren sie?" Und das Kind sagte: „Indien, natürlich."

Der Inspektor war etwas verwirrt, aber er fragte trotzdem: „Warum glaubst du, daß sie der indischen Nationalität angehörten? Warum glaubst du, daß sie Inder waren?"

Und der Junge sagte: „Ganz einfach! Sie hatten kein Dach über dem Kopf, nichts anzuziehen, nichts zu essen außer einem Apfel für alle beide – und sie glaubten immer noch, im Paradies zu sein. Sie waren Inder!"

Die Inder finden sich mit allem ab, was ist. Sie kümmern sich nicht, sie unternehmen nichts, weil sie denken: „Das Leben ist eine so lange Angelegenheit, warum sich Sorgen machen? Warum die Ruhe verlieren? Man braucht nicht zu rennen."

Das Christentum schuf Intensität durch die Vorstellung, daß es nur ein einziges Leben gibt. Und merkt euch gut: Die Hindus haben recht, was die Theorie betrifft, und die Christen haben unrecht, was die Theorie betrifft. Aber Theorie interessiert einen Jesus nie. Das Problem ist der menschliche Verstand, und wie er transformiert wird – und manchmal kann Wahrheit giftig sein, manchmal kann die Wahrheit euch faul machen.

Ich will euch ein anderes Beispiel geben, das helfen wird: Gurdjieff sagte immer, daß ihr keine ewige Seele habt, erinnert euch. Ihr könnt sie zwar erlangen, aber ihr habt sie nicht – ihr könnt sie verfehlen. Und wenn ihr sie nicht gewinnt, werdet ihr einfach so sterben, nichts wird überleben. Und Gurdjieff sagte, daß nur einer unter Millionen zu Seele kommt, und daß die Seele dann weiterlebt. Der Körper wird verlassen, aber die Seele bewegt sich weiter. Aber das ist nicht für jeden so.

Die Seele wird nicht mitgegeben, sie muß erarbeitet werden, sie ist eine Kristallisation. Wenn man sie sich erarbeitet hat, dann wird ein Mahavir, ein Buddha, ein Jesus ewig. Nicht aber ihr! – Gurdjieff hat oft gesagt: Ihr seid nur Gemüse! Ihr werdet aufgegessen, ihr werdet euch auflösen; ihr habt kein Zentrum, wer also kann überleben?

Wieder benutzte er die gleiche Taktik wie Jesus. Er hatte nicht recht, denn tatsächlich habt ihr eine Seele, eine ewige Seele. Aber die Theorie ist gefährlich, denn wenn ihr hört, daß ihr eine ewige Seele besitzt, daß ihr das *brahma* seid, dann schlaft ihr ein. Es wird eine Art Hypnose, daß ihr es schon seid – warum sich also noch die Mühe machen? Wozu dann noch eine spirituelle Disziplin? Wozu dann noch Meditieren? *„Aham brahmasmi* – Ich bin bereits Gott." Schlaf ein! Es gibt nichts mehr zu tun.

Theorien können töten, selbst wahre Theorien können töten. Gurdjieff hat unrecht, aber er hat mehr Mitgefühl. Und ihr seid solche Lügner, daß euch nur Lügen helfen können. Nur Lügen können euch aus euren Lügen herausholen. So wie wenn euch ein Dorn im Fleisch sitzt, und ein anderer Dorn nötig ist, um ihn herauszuholen.

Jesus wußte sehr wohl, er weiß von der Wiedergeburt – niemand wußte es so gut wie er. Aber er gab das ganze Konzept auf, weil er in Indien war! Er sah sich den indischen Geist an, sah, wie der ganze Geist aufgrund dieser Theorie der Wiedergeburt ein einziges Aufschieben geworden war. Er gab es auf.

Gurdjieff war ebenfalls in Indien und Tibet, und er sah sich den ganzen Unsinn an, der dort mit dem Glauben passiert ist, daß du bereits alles in dir hast, was du brauchst, daß du bereits göttlich *bist:* Man braucht gar nichts zu tun, und so halten sich Bettler für Kaiser – warum sich die Mühe machen? Gurdjieff begann, ähnlich zu lehren wie Jesus. Das Leitmotiv ist das gleiche: er sagte, daß niemand schon eine Seele hat; du kannst sie erzeugen, du kannst sie verfehlen, also halte sie nicht für selbstverständlich – erarbeite sie dir!

Nur wenn ihr euch große Mühe gebt, wird ein Zentrum geboren, und dieses Zentrum wird überleben – aber nicht so wie ihr seid, denn ihr seid nur Gemüse. Und da er sagte, daß ihr nur Gemüse seid, schuf er einen neuen Mythos. Er sagte: „Ihr seid Gemüse für den Mond, Futter für den Mond." Er machte einen Witz, aber einen sehr schönen Witz, und sehr bedeutsam.

Er sagt, alles auf der Welt ist Futter für irgend etwas anderes: dieses Tier frißt jenes auf, jenes Tier frißt wieder jemand anders. Alles ist Futter für etwas anderes. Wie kann da der Mensch eine Ausnahme sein? Der Mensch muß auch Futter für etwas sein, und Gurdjieff sagte: „Der Mensch ist Futter für den Mond. Und wenn der Mond sehr hungrig wird, gibt es Kriege." Wenn der Mond *sehr* hungrig ist, gibt es Kriege, weil er dann viele Menschen braucht. Aber das mit dem Mond ist ein Witz, er meinte es nicht ernst. Und Anhänger sind immer blind, sie haben sogar diesen Witz als Wahrheit verstanden. Gurdjieffs Anhänger sagen noch heute, dies sei eine der größten Wahrheiten, die Gurdjieff entdeckt hätte – wenn er zurückkommt, würde er lachen.

Er machte einen Witz, aber wenn Gurdjieff Witze macht, witzelt er mit Bedeutung.

Aber was er hervorheben wollte, was er betonen wollte war, daß ihr nur vegetiert, nur Gemüse seid –, so wie ihr seid. Mehr kann mit euch nicht geschehen: Nur der Mond kann euch essen. Könnt ihr etwas Dümmeres finden als den Mond? Wohl kaum. Als die Astronauten hinkamen, glaubten sie, am Ziel aller Träume und aller Dichtungen der Welt zu sein; denn der Mensch hatte seit eh und je daran gedacht, zum Mond zu fahren. Aber als sie ankamen, war dort nichts. Der Mond ist nichts. Ihr seid Futter für nichts. Der Mond ist nur ein toter Planet, und ihr seid das Futter eines toten Planeten, weil ihr tot *seid!*

Vergeßt nicht: Das Christentum, vor allem Jesus, weiß sehr wohl, daß es Inkarnation, Reinkarnation, Wiedergeburt gibt. Das Leben ist ein langes Kontinuum, dieser Tod wird nicht der letzte Tod sein. Aber sobald das ausgesprochen wird, entspannt ihr euch. Und die ganze Methode von Jesus beruht auf Reibung: Ihr dürft nicht entspannen, ihr müßt kämpfen, Reibung erzeugen, damit ihr euch kristallisieren könnt.

„Aber jetzt sind sie betrunken.
Wenn sie ihren Wein abgeschüttelt haben,
dann werden sie bereuen."

Jesus sagte:
„Wenn das Fleisch um des Geistes willen
ins Dasein gekommen ist,
so ist es ein Wunder.
Aber wenn der Geist um des Körpers willen
ins Dasein gekommen ist,
so ist es ein Wunder aller Wunder."

Ich glaube, daß Karl Marx dies übersehen hat! Ich frage mich, was er wohl gedacht hätte, wenn er auf diesen Ausspruch von Jesus gestoßen wäre. Jesus sagt: *„Wenn das Fleisch um des Geistes willen ins Dasein gekommen ist..."* und alle Religionen sagen das: Gott erschuf die Welt. Das bedeutet: das Fleisch ist aus dem

Geist gekommen, die Materie ist aus dem Geist gekommen; das Bewußtsein ist die Quelle, die Welt ist nur ein Nebenprodukt. Dann, sagt Jesus: „... *ist es ein Wunder!*" – ist es ein Mysterium.

„Aber wenn der Geist um des Körpers willen ins Dasein gekommen ist...", wie die Atheisten sagen, die Materialisten sagen, wie Karl Marx, Charvak und andere sagen... Marx sagt, daß das Bewußtsein ein Nebenprodukt der Materie sei. Genau das sagen alle Atheisten, daß die Welt nicht aus dem Geist geschaffen wurde, sondern das der Geist nur ein „Neben-Phänomen", ein Epi-Phänomen der Materie sei; er kommt aus der Materie, er ist nur ein Nebenprodukt... dann, sagt Jesus:

„Aber wenn der Geist um des Körpers willen
ins Dasein gekommen ist,
so ist es ein Wunder aller Wunder."

Das erste ist nur ein Wunder –, daß der Gott die Welt erschuf. Aber das zweite ist ein Wunder aller Wunder – wenn die Welt den Gott erschuf. Denn schon das erstere zu glauben, ist schwer, aber das zweite zu glauben, ist fast unmöglich.

Es ist möglich, daß das Niedere aus dem Höheren geboren wird, so wie ein Mensch ein Bild malen kann. Wir können sagen, daß das Gemälde vom Maler gekommen ist; es ist ein Wunder, ein schönes Gemälde. Aber wenn jemand sagt, daß der Maler aus dem Gemälde gekommen ist, ist es ein Wunder aller Wunder. Wie kann der Geist aus der Materie kommen, wenn er nicht bereits da ist? Wie kann eine Blume entstehen, wenn sie nicht bereits im Samenkorn ist? Aber jedenfalls Jesus sagt, daß beides Wunder sind.

Aber das dritte ist das größte Wunder, und dieses dritte ist:

„Aber ich wundere mich,
wie sich dieser große Reichtum
in solcher Armut niederlassen konnte."

Du bist arm, ein Bettler, weil du immer verlangst, immer forderst, mehr zu bekommen. Wünschen ist Betteln, und eine wünschende Haltung ist die Haltung eines Bettlers. Du magst ein Kaiser sein, das macht keinen Unterschied – du wirst nur ein großer Bettler, mehr nicht, ein wichtiger Bettler, mehr nicht. Aber fordern tust du weiter.

Es geschah: Ein mohammedanischer Mystiker, Farid, wohnte in der Nähe von Delhi in einem kleinen Dorf. Der Kaiser, Akbar, war einer von Farids Anhängern. Akbar pflegte ihn zu besuchen, und Farid war ein armer Fakir. Das Dorf erfuhr, daß Akbar häufig Farid besuchte, und einmal, nachdem Akbar dagewesen war, versammelten sich die Dorfbewohner und sagten zu Farid: „Akbar besucht dich doch öfters, kannst du ihn nicht um etwas bitten? Wir brauchen wenigstens eine Schule, ein Krankenhaus. Und es genügt ja, wenn du es nur erwähnst, dann wird es erfüllt; denn es ist schließlich der Kaiser selbst, der dich besuchen kommt."

Das Dorf war arm, ungebildet, und es gab kein Krankenhaus. Und so sagte Farid: „Okay, aber ich bin nicht sehr gut im Betteln, weil ich solange um nichts mehr gebeten habe. Aber wenn ihr es wünscht, so will ich gehen." Und so ging er.

Am Morgen erreichte er den Palast. Jeder wußte, daß Akbar sein Anhänger war, und so wurde er sofort vorgelassen. Akbar war in seinem Tempel, einem kleinen Tempel, den er sich gebaut hatte, wo er immer betete. Und auch jetzt betete er dort, verrichtete sein Gebet, und so blieb Farid am Eingang stehen und wollte ihn fragen, sobald er mit seinem Gebet fertig war.

Akbar hatte nicht bemerkt, daß Farid hinter ihm stand. Er sprach sein Gebet, und am Ende sagte er: „Allmächtiger Gott, mache mein Reich noch größer, gib mir noch mehr Reichtum."

Farid hörte dies und kehrte um. Als Akbar sein Gebet beendet hatte, drehte er sich um und sah Farid, wie er gerade die Stufen hinabstieg. Er rief: „Wie bist du hergekommen? Und warum gehst du schon?"

Farid sagte: „Ich war gekommen, um einem Kaiser zu begegnen, aber ich finde auch hier einen Bettler. Es ist also zwecklos. Und wenn *du* Gott bittest, warum sollte ich ihn dann nicht direkt bitten? Warum einen Zwischenträger? Und Akbar, ich dachte, du wärst ein Kaiser; aber ich habe mich getäuscht."

Akbar hat diese Geschichte in seiner Autobiographie wiedererzählt und er sagt: „In jenem Augenblick verstand ich: ganz egal, wieviel man bekommt, der Verstand fordert mehr und mehr und mehr."

Jesus sagt, daß es das Wunder aller Wunder ist...
„...*wie sich dieser große Reichtum*" – des Göttlichen Seins, der Göttlichkeit Gottes – „*...in dieser Armut niederlassen konnte.*"

Betrunkene Menschen, schlafend, arm, ständig bettelnd, ihr ganzes Leben lang; bittend um häßliche Dinge, streitend um häßliche Dinge, besessen auf krankes und elendes Zeug – und Gott hat dies zu seinem Tempel gemacht, hat sich darin niedergelassen, hat *in euch* sein Heim eingerichtet! Jesus sagt, daß dies das beste – das unmögliche, unbegreifliche – Mysterium ist. Wunder aller Wunder! Nichts kann das übersteigen.

Dies ist die Betrübtheit eines Buddha, eines Jesus: euch anzusehen – Kaiser, die betteln und die das Reich Gottes besitzen; die um wertlose Dinge bitten, die ihre Zeit verschwenden – dein Leben, deine Energie, deine Chance.

Bereue! Sieh dir an, was du getan hast. Es wird so dumm aussehen, daß du nicht einmal glauben kannst, daß du das alles getan hast. Die ganze Sache wird dir wie Unsinn vorkommen.

Schau dir an, was du mit deinem Leben angefangen hast, *schau dir an, was du selbst mit dir angestellt hast.* Du bist nur eine Ruine, und die Ruine verfällt mit jedem Tag. Und am Ende wirst du nur noch eine Ruine sein, total ruiniert. Und in deinem bettelnden Herzen, in deinem bettelnden Geist lebt der König, wohnt der Höchste. Dies ist ein Wunder!

Und ein Jesus fühlt sehr viel, darum ist er so traurig, kann er nicht lachen. Nicht, weil ihm das Lachen schwer fiele – er kann euretwegen nicht lachen. Er ist so traurig, er fühlt so sehr für euch, daß er sich ständig Methoden, ständig Schlüssel ausdenkt, um euch aufzuschließen, um euch zu dem zu machen, was ihr bereits seid, um euch erkennen zu machen, wer ihr seid.

Geht diese Worte durch und merkt euch dieses eine Schlüsselwort: „Bereut." Und wenn ihr schließlich erkennt, daß Reue der Schlüssel ist, wird sie eure gesamte Vergangenheit bereinigen. Plötzlich werdet ihr wieder frisch und jungfräulich.

Und wenn du frisch bist, ist Gott da. Weil Gott nichts anderes ist als deine Frische, deine Jungfräulichkeit.

Kapitel 4

Ohne Scham und Furcht

Jesus sagte:
„Verschwende keinen Gedanken
vom Morgen bis zum Abend,
und vom Abend bis zum Morgen,
auf das, was du anziehen sollst."

Seine Jünger sagten:
„Wann wirst du uns offenbart werden
und wann werden wir dich sehen?"

Jesus sagte:
„Wenn ihr eure Kleider ablegt, ohne beschämt zu sein,
und eure Kleider nehmt und sie unter eure Füße tut
wie die kleinen Kinder, und auf sie tretet –
dann werdet ihr den Sohn des Lebendigen sehen,
und ihr werdet euch nicht fürchten."

Der Mensch lebt nicht so, wie er ist, sondern so, wie er gern sein möchte: nicht mit seinem ursprünglichen Gesicht, sondern mit einem angemalten, falschen Gesicht. Das ist das ganze Problem. Wenn du geboren wirst, hast du ein eigenes Gesicht – niemand hat es gestört, niemand hat es verändert, aber früher oder später fängt die Gesellschaft an, an deinem Gesicht zu arbeiten. Sie fängt an, das ursprüngliche, das natürliche Gesicht zu verstecken, mit dem du geboren wurdest; und dann werden dir viele andere Gesichter gegeben, für verschiedene Anlässe, weil ein einziges Gesicht nicht genügt.

Die Situationen wechseln, also brauchst du falsche Gesichter, Masken. Vom Morgen bis zum Abend, vom Abend bis zum Morgen werden Tausende von Gesichtern benutzt. Wenn du einen Mann auf dich zukommen siehst, der Macht hat, wechselst du die Maske. Wenn du einen Bettler, auf dich zukommen siehst, bist du anders. Die ganze Zeit, von Augenblick zu Augenblick, ist ein ständiger Wechsel im Gesicht.

Man muß sich das bewußt machen. Denn es ist so mechanisch geworden, daß man es gar nicht bewußt zu machen braucht, das Gesicht verändert sich ganz von allein. Wenn ein Diener hereinkommt, schaut man ihn nicht einmal an. Man tut so, als wäre er kein Mensch, als würde er nicht existieren, als wäre niemand hereingekommen. Aber wenn der Boß kommt, ist man plötzlich auf den Beinen, hat man ein lächelndes Gesicht, strahlt man mit weit geöffneten Augen, als wäre Gott selbst ins Zimmer getreten.

Beobachte dein Gesicht, den Wechsel, der ständig stattfindet. Schau in den Spiegel und denk an die vielen Gesichter, die du parat hast. Schau in den Spiegel und hole das Gesicht hervor, das kommt, wenn du dich deiner Frau näherst; betrachte das Gesicht, das kommt, wenn du deine Geliebte siehst; betrachte das Gesicht, das kommt, wenn du gierig bist, wenn du wütend bist; mache das Gesicht, das kommt, wenn du dich sexuell fühlst; mach das Gesicht, das kommt, wenn du enttäuscht, frustriert bist. Und beobachte alles im Spiegel: du wirst entdecken, daß du nicht *ein* Mensch bist – du bist eine Menschenmenge. Und manchmal ist es sogar schwierig zu erkennen, daß all diese Gesichter dir gehören. Ein Spiegel kann ein großer Segen sein. Du kannst im Spiegel meditieren, kannst deine Gesichter ändern und sie anschauen. Dies wird dir eine Ahnung davon geben, wie unecht dein ganzes Leben geworden ist. Und keins dieser Gesichter ist *du*.

Im Zen ist es eine der tiefsten Meditationen, das ursprüngliche Gesicht zu finden – das du hattest, bevor du auf diese Welt kamst, und das du haben wirst, wenn du diese Welt verläßt. Denn du kannst all diese Gesichter nicht mitnehmen. Sie sind Täuschungsmanöver, Techniken der Selbstverteidigung, Panzer um dich her. Diese Gesichter müssen fallengelassen werden. Nur dann kannst du Jesus sehen, denn wenn du dein ursprüngliches Gesicht siehst, hast du Jesus gesehen.

Jesus ist nichts als dein ursprüngliches Gesicht. Buddha ist nichts als dein ursprüngliches Gesicht. Buddha ist nicht außerhalb von dir. Jesus auch nicht. Wenn du alles fallen läßt und nackt bist – nur das ursprüngliche Du, ohne jede Veränderung, ohne jede Einschränkung – dann bist du Jesus, wird Jesus in seinem absoluten Glanz offenbart. Es ist nicht der Sohn des Josef, der offenbart werden muß. Plötzlich wirst du Jesus. Und nur Gleich kann Gleich erkennen – vergiß dieses Gesetz niemals: erst wenn du wie Jesus bist, kannst du ihn erkennen; wie willst du ihn sonst erkennen? Du spürst dein eigenes inneres Wesen, und kannst dann auch das innere Sein eines anderen erkennen.

Das Licht kann das Licht erkennen, das Licht kann nicht die Dunkelheit erkennen. Und wie will die Dunkelheit das Licht erkennen? Wenn du unecht bist, kannst du einen wirklichen Menschen nicht erkennen, und Jesus ist der wirklichste Mensch, der allerwirklichste Mensch, überhaupt. Er ist kein Lügner, er ist authentisch, und wenn du mit deinem Leben ununterbrochen lügst – deine Worte, deine Gesten, alles ist

Lüge – wie kannst du dann Jesus erkennen? Es ist unmöglich. In deiner ganzen Nacktheit wirst du den inneren Jesus erkennen; nur dann wird der äußere erkennbar. Der innere muß zuerst erkannt werden, weil das Erkennen nur aus deiner innersten Daseinsquelle kommen kann. Es gibt keinen anderen Weg.

Eine der ältesten jüdischen Weisheiten sagt: du beginnst Gott erst dann zu suchen, wenn du ihn gefunden hast. Scheint paradox, ist aber absolut wahr. Denn wie willst du ihn zu suchen anfangen, wenn du ihn nicht schon gefunden hast, in dir selbst gefunden hast, in dir selbst erkannt hast? Erst dann beginnt die Suche, aber dann ist eine Suche eigentlich nicht nötig. Die Suche beginnt und endet am gleichen Punkt; der erste Schritt ist der letzte Schritt.

Nur *ein* Schritt existiert zwischen dir und dem Göttlichen. Es sind nicht zwei Schritte, also ist auch kein Weg da. Nur ein Schritt: Laß alle Falschheiten fallen, die du dir selbst aufgebürdet hast, wirf alle geborgten Masken weg.

Aber warum haben wir Gesichter? Woher das Bedürfnis und woher die Angst, sie fallenzulassen? Man muß den ganzen Mechanismus verstehen, nur dann werden euch diese Worte klar werden.

Erstens: Du hast dich niemals selbst geliebt – sonst hättest du nicht das Bedürfnis. Du haßt dich, und wenn du dich selbst haßt, wirst du dein Gesicht verstecken. Wie kannst du dann dein Gesicht anderen offenbaren, wenn du dich selbst haßt? Du selbst haßt es, und du selbst magst es nicht sehen. Wie kannst du es anderen zeigen?

Wie kommt es, daß du dich selbst haßt? Die gesamte Konditionierung der Gesellschaft beruht darauf, dich mit Haß gegen dich selbst zu erfüllen, dir Selbstbeschuldigungen, Schuldgefühle einzuflößen. Die Religionen, die Priester, die Gesellschaft, alle Formen der Ausbeutung kommen aus dieser Grundsaat: ihr sollt euch selber hassen.

Warum zu einem Priester gehen, wenn du dich nicht selber haßt? Wozu? Sobald du haßt, fühlst du dich schuldig; sobald du haßt, fühlst du, daß eine Transformation nötig ist; sobald du haßt, glaubst du, daß irgendeine Hilfe nötig ist, irgendjemand nötig ist, der dich verändert, der dich liebenswert macht, liebenswürdig. Deine Eltern sagen zu dir: „Du bist verkehrt: dies ist verkehrt, das ist verkehrt!" Unentwegt sagen sie: „Tu dies nicht, tu das nicht!"

Ich habe gehört: Ein kleiner Junge wollte einmal am Strand im Sand spielen. Seine Mutter sagte: „Nein. Der Sand ist naß, und du wirst dir die Kleider verderben." Dann wollte der kleine Junge ans Wasser gehen. Die Mutter sagte: „Nein, absolut nein. Da ist es glitschig und du könntest ausrutschen." Dann wollte der kleine Jungen herumrennen und springen, und die Mutter sagte: „Nein! Du könntest dich unter den Leuten verirren." Nun wollte das Kind ein Eis, weil der Eisverkäufer gerade kam. Die Mutter sagte: „Nein! Da bekommst du immer Halsschmerzen, und es ist nicht gut für deine Gesundheit." Und dann sagte sie zu jemand, der dabei stand: „Haben Sie je ein so neurotisches Kind gesehen?"

Nicht das Kind ist neurotisch – die Mutter ist neurotisch. Im Sand zu spielen, ist nicht neurotisch, ans Wasser zu gehen, ist nicht neurotisch, herumzurennen ist nicht neurotisch; aber ein neurotischer Mensch sagt immer „Nein". Ein neurotischer Mensch kann nicht „Ja" sagen, weil ein neurotischer Mensch sich selbst keine Freiheiten erlauben kann. Wie könnte also ein neurotischer Mensch *dir* Freiheit erlauben? Und diese Mutter... und fast alle Mütter sind so – und alle Väter. Denk daran, wenn du Mutter oder Vater wirst, sie alle sind gleich. Die Freiheit wird getötet und das Kind wird in das Gefühl hineingezwängt, daß es neurotisch ist, daß es verkehrt ist. Auf jede seiner Regungen erhält es als Antwort: „Nein!"

Ich habe von einem kleinen Kind gehört, das zum

ersten Mal zur Schule ging und nach Hause kam. Als seine Mutter fragte, „Was hast du heute dort gelernt?" antwortete es: „Als erstes habe ich gelernt, daß ich nicht ‚Du darfst nicht' heiße. Ich hatte immer gedacht ich hieße ‚Du darfst nicht' – ‚Du darfst nicht dies, du darfst nicht das, du darfst nichts!'. Da habe ich geglaubt, daß ich ‚Du darfst nicht' heiße. In der Schule habe ich heute gelernt, daß das gar nicht mein Name ist."

Wenn du neurotisch bist – und diese ganze Gesellschaft ist neurotisch – entsteht eine Neurosenkette von einer Generation zur anderen. Sie geht weiter und weiter, und bis heute war keine Gesellschaft fähig, eine unneurotische Gesellschaft oder ein nicht-neurotisches Zeitalter zu schaffen. Nur manchmal haben es ein paar Einzelne geschafft, aus dem Gefängnis auszubrechen, aber selbst das geschieht nur sehr selten, weil das Gefängnis so groß ist und so starke Grundmauern hat.

Das Establishment ist so alt! Es wird von der ganzen Vergangenheit gestützt, und wenn ein kleines Kind geboren wird, ist es fast unvorstellbar, daß es fähig sein wird, gesund und nicht neurotisch zu sein.

Es ist praktisch unmöglich, weil alle drumherum wahnsinnig sind, und alle werden es zwingen, so zu sein, wie sie selbst. Sie werden seine Freiheit töten und sie werden ihm das Gefühl geben, im Unrecht zu sein, immer unrecht zu haben. Das führt zu einer Verdammung, einer Selbstverdammung – du fängst an, dich selbst zu hassen. Und merk dir: Wenn du dich selbst haßt, kannst du keinen anderen Menschen lieben. Unmöglich! Wie kannst du einen anderen lieben, wenn du dich selbst haßt? Wenn die Quelle vergiftet ist, wird sie alle deine Beziehungen vergiften. Du wirst also nie in der Lage sein, irgend jemand zu lieben.

Und vergiß nicht – das ist das zweite, was als logische Konsequenz folgt:‚ Wie kannst du glauben, daß irgend jemand dich lieben wird, wenn du dich selbst haßt? Wenn *du* dich nicht lieben kannst, wer soll dich dann lieben? Also weißt du tief drinnen, daß niemand dich lieben wird; und selbst wenn jemand es versucht, glaubst du es ihm nie. Du hast ständig den Verdacht, daß er dich betrügt. Wie kann jemand *dich* lieben? Du kannst dich ja nicht einmal selbst lieben. Wenn jemand dich liebt, bist du selbst skeptisch und voller Zweifel, du kannst nicht vertrauen und du wirst immer Mittel und Wege finden zu beweisen, daß der andere dich gar nicht liebt. Und wenn es bewiesen ist, fühlst du dich wohl, dann hat alles seine Richtigkeit.

Dieser Haß ist die Basis aller falschen Gesichter – du fängst an, dich zu verstecken. Kleider existieren nicht wegen des Klimas, das spielt kaum eine Rolle. Sie existieren vor allem, um den Körper zu verstecken, sie existieren, um die Sexualität zu verstecken, sie existieren, um das Tier in euch zu verstecken. Aber das Tier ist Leben – alles, was in euch lebendig ist, ist tier-haft. Außer eurem Kopf ist alles tier-haft. Und so muß alles versteckt werden, außer dem Kopf. Nur der Kopf, das Denken, ist nicht tier-haft; darum ist er erlaubt. Die Gesellschaft wäre sehr froh, wenn der ganze Körper abgeschnitten wäre und nur der Kopf existieren würde.

Und genau das versuchen sie; und die Experimente haben schon Erfolg gehabt. Es ist möglich, daß der ganze Körper wegfällt, und nur das Hirn weiterfunktioniert. Das Hirn funktioniert einfach durch mechanische Hilfe: ein mechanisches Herz schlägt weiter, ein mechanisches Blutsystem hält das Blut weiter in Bewegung, durchblutet das Hirn. Und das Gehirn existiert ohne den Körper. Die Wissenschaftler machen so viele Experimente, und sie sind in Verwirrung, was das Gehirn nun eigentlich denkt, weil der Körper nicht mehr da ist – das Gehirn mag träumen, Gedanken denken, Systeme schaffen.

Das haben sie erst vor ein paar Jahren mit Erfolg durchgeführt. Aber die Gesellschaft hat das gleiche Experiment schon auf andere Weise erfolgreich abgeschlossen: Euer ganzer Körper ist von eurem Bewußtsein abgeschnitten, und nur euer Kopf ist erlaubt.

Wenn ihr plötzlich eurem Körper ohne den Kopf begegnen würdet, bin ich sicher, daß ihr ihn nicht als euren Körper erkennen könntet. Wenn ihr plötzlich eurem eigenen Körper ohne Kopf begegnen würdet, würdet ihr dann diesen Körper als euren eigenen erkennen können? Ihr habt ihn nie gesehen; selbst im Badezimmer habt ihr nie euren eigenen Körper gesehen. Die Kleider sind alles. Nicht nur der Körper steckt in ihnen, sondern auch der Geist.

Zwei kleine Schulkinder gingen an einer großen Wand vorbei und sie wollten wissen, was sich hinter der Wand abspielte. Sie fanden ein kleines Loch, aber es war schwer zu erreichen, und so stellte sich der eine Junge auf die Schultern des anderen Jungen und schaute durch das Loch und sagte: „Wunderbar! Da sind viele Leute und sie spielen, aber sie sind alle nackt. Es scheint ein Nudisten-Club zu sein."
Der andere Junge wurde aufgeregt und sagte: „Erzähl mir mehr. Männer oder Frauen?"
Der kleine Junge, der oben stand, sagte: „Das kann ich nicht sagen, sie haben keine Kleider an."

Einen Mann kann man an seinen Kleidern als Mann erkennen, eine Frau ist an ihren Kleidern als Frau zu erkennen. Der kleine Junge hat recht. Er sagt: „Woher soll ich wissen, was sie sind? Sie haben keine Kleider an." Kleider sind eure Identität. Darum kann kein König dulden, daß ihr Kleider wie er trägt – Nein! Wenn gewöhnliche Leute anfangen, Kleider zu tragen wie der König, wo bleibt dann er? Das darf nicht sein, weil er etwas besonderes darstellen muß.
Kleider sind Ausweise. Und sie werden so schwer an euch, daß ihr euch nicht mal im Traum nackt seht, ihr seht euch immer mit euren Kleidern. Das will etwas heißen – es ist sehr tief eingesunken. Selbst im Traum seht ihr euch niemals selbst nackt, die Gesellschaft nackt. Nein! Kleider sind bis ins Unbewußte eingesunken, denn ein Traum ist etwas Unbewußtes. Zumindest

im Traum solltet ihr natürlich sein, aber selbst da seid ihr nicht natürlich – Masken, Gesichter, auch hier.

Dieses ganze Getue, diese Pseudo-Persönlichkeit ist deshalb da, weil ihr euch im Grunde selber haßt. Ihr möchtet euch verkriechen, niemand darf wissen, wie euer wirkliches Selbst aussieht, denn wie sollen sie es tolerieren können, wenn sie es kennen? Wie können sie es lieben, wie können sie es schätzen? Ihr seid zu Schauspielern geworden. Das ist die Basis für diese Jesus-Worte.

Jesus sagte:
„Verschwende keinen Gedanken
vom Morgen bis zum Abend,
und vom Abend bis zum Morgen
auf das, was du anziehen sollst."

Denke nicht über Gesichter, Kleider, unechte Dinge nach. Bleibe du selbst, so wie du bist; akzeptiere dich, so wie du bist. Schwierig, sehr schwierig; denn du brauchst nur an dich selbst zu denken, so wie du bist – und du fühlst dich plötzlich *unwohl.*

Woher kommt dieses sich-unwohl-fühlen? Weil die Lehrer es dich gelehrt haben, und diese Lehrer große Lebensvergifter sind. Sie sind in Wirklichkeit keine Lehrer, sie sind Feinde. Sie lehren: „Dies ist tierisch, das ist tierisch – und du bist ein *Mensch.*" Was meinen sie damit? Sie meinen damit: „Verleugne alles, was in dir tierisch ist." Und ich sage euch, daß der Mensch nicht etwas Anti-Tierisches ist, der Mensch ist das höchste Tier überhaupt. Kein Anti – sondern das Höchste, der absolute Gipfel. Wenn du die Animalität leugnest, leugnest du deine eigentliche Lebensquelle. Und dann wirst du immer unecht sein.

Wenn du eine Frau liebst und deine Animalität verleugnest, was willst du dann tun? Genau darum haben so viele Menschen fast jede Fähigkeit zur Liebe verloren. Es mag euch überraschen: Ich glaube, im Osten haben etwa neunundneunzig Prozent aller Frauen niemals einen Orgasmus gekannt. Das war auch im Westen so, aber das ändert sich jetzt. Neunundneunzig Prozent haben nie eine sexuelle Ekstase erfahren, weil ihnen das nie erlaubt wurde. Den Männern war es erlaubt, ein wenig tierisch zu sein, aber niemals den Frauen. Sie müssen sich in der Liebe steif und tot stellen, fast wie eine Leiche. Sie dürfen keine Gefühle zeigen. Sie dürfen nicht zeigen, daß sie Spaß daran haben – weil nur schlechte Frauen es genießen. Eine Prostituierte darf es genießen, aber nie eine verheiratete Frau.

Wenn eine verheiratete Frau den Sex genießt und ekstatisch wird, dann fühlt sich der Ehemann beleidigt, daß seine Frau nicht sehr sittlich ist; denn sie sollte sich wie eine Göttin, nicht wie ein Tier aufführen. Aber sich wie eine Göttin zu benehmen, ohne eine Göttin zu *sein,* ist zwangsläufig Getue. Die Frau legt sich also hin, tot wie eine Leiche, emotionslos.

Habt ihr je über das Wort „Emotion" nachgedacht? Es kommt aus der gleichen Wurzel wie „Motor", „Motorik", Bewegung. Wenn du in einer Emotion bist, ist dein ganzes Wesen in Bewegung. Es ist aufgeregt, es pulsiert, es ist lebendig, es ist wild. Nein, eine Frau darf nicht wild sein, nicht lebendig sein. Sie muß leichenhaft bleiben, tot. Dann ist sie eine gute Frau. Dann hat sie die Animalität transzendiert. Aber wenn ihr den Sex leugnet und sagt, daß das animalisch ist, dann müßt ihr ihn verstecken.

In Amerika bekam vor drei oder vier Jahren ein Spielzeugfabrikant große Schwierigkeiten, und der Fall ging bis hinauf zum Obersten Bundesgericht. Und das Problem war: Er hatte ein paar Spielzeuge hergestellt mit Penis und Vagina – realistisch. Ein Mädchen muß eine Vagina haben, wenn sie ein Gesicht hat, ein Junge muß einen Penis haben, wenn er ein Gesicht hat! Spielzeuge mit Sexualorganen – da bekam er Schwierigkeiten! Und er mußte seine Produktion einstellen. Er hatte etwas sehr Schönes getan, aber die Gerichte ließen es nicht zu, und die Gesellschaft ließ es nicht zu.

Warum haben eure Spielzeuge keine Sexualorgane,

wenn sie sonst alles haben? Ihr möchtet, daß das Kind nichts davon merkt? Damit erzeugt ihr ein falsches Gesicht. Warum regten die Leute sich so über diese Spielzeuge auf? Spielzeuge sind Spielzeuge! Aber Priester, Missionare, sogenannte „gute Menschen" – das waren Leute, die verrückt spielten, und sie brachten den Mann vor Gericht. Dabei hatte er etwas sehr Schönes getan, eine historische Tat. Kinder *müssen* den ganzen Körper kennen, weil der ganze Körper schön ist. Warum ihn verstecken, warum ihn beschneiden? Das ist die Angst, die tiefe Angst vor der Animalität. Aber ihr *seid* Tiere, es ist eine Tatsache: Ihr könnt sie hinter euch lassen, aber ihr könnt sie nicht zerstören. Zerstörung kann nur eines bedeuten: daß ihr das zerstört, ihr ein falsches Gesicht zeigt, daß eure Maske unecht ist, daß eure Göttlichkeit Lüge ist.

Wenn ihr das transzendiert, was da ist, dann wird eure Göttlichkeit etwas Authentisches sein. Aber Tanszendieren heißt Akzeptieren, heißt, hindurchzugehen mit Bewußtheit, ohne sich darin zu verlieren; heißt, hindurchzugehen und darüber hinauszugehen. Und es zu leugnen, heißt, sich nie darauf einzulassen, niemals hindurchzugehen, einfach drum herum zu gehen. Im Leben kann man nichts umgehen; und wenn du es umgehst, wirst du immer unreif und kindisch bleiben, wirst du niemals ein Erwachsener sein. Das Leben muß gelebt werden – nur dann wächst du. Es kommt ein Augenblick, wo du den Sex transzendierst, aber dieser Augenblick kommt durch Kennenlernen, dieser Augenblick kommt durch die Erfahrung; dieser Augenblick kommt dadurch, daß du dein Bewußtsein und deine Liebe vertiefst – nicht durch Leugnung, nicht durch Verdrängung.

Jesus sagt:
„Verschwende keinen Gedanken
vom Morgen bis zum Abend,
und vom Abend bis zum Morgen,
auf das, was du anziehen sollst."

Zieh gar nichts an. Damit sage ich nicht, geh hin und laufe nackt in der Stadt herum, sondern zieh dir nichts an: sei einfach du selbst! Ganz gleich, wie dich das Leben geschaffen hat, akzeptiere es, genieße es, heiße es willkommen! Feiere es! Sei dem Göttlichen dankbar, daß es dich zu dem gemacht hat, was du bist. Lehne es nicht ab, denn wenn du etwas in dir selbst ablehnst, hast du Gott abgelehnt; denn er ist der Schöpfer, er hat dich so erschaffen, wie du bist.

Natürlich, er weiß mehr als du. Wenn du irgend etwas in dir ablehnst, hast du den Schöpfer abgelehnt, kritisierst du das Universum, die Existenz selbst. Das ist albern, dumm, aber solche Leute sind sehr ehrbar geworden. Jesus sagt, denke nicht darüber nach, was du anziehen sollst. Bewege dich einfach spontan im Leben. Geh auf das Leben ein, aber bringe nichts Unechtes zwischen dich und den Fluß des Lebens.

Lebe von Augenblick zu Augenblick ohne zu denken, denn Denken ist die tiefste Maske. Wenn du zu einer Frau gehst, übst du schon vorher im Kopf, was du sagen wirst: „Ich liebe dich", oder „Es gibt niemand wie dich". Wenn du erst probst, liebst du nicht. Denn sonst ist es nicht nötig. Und Liebe spricht für sich. Liebe fließt von allein; die Dinge werden von allein geschehen. Die Blumen werden blühen, aber von sich aus – eine Probe ist nicht nötig.

Mark Twain wurde einmal von einem Freund etwas gefragt. Er kam aus einer Vortragshalle, wo er gerade eine schöne Rede gehalten hatte. Der Freund fragte ihn: „Wie war's? Hat dir deine Rede gefallen – dir selbst?" Mark Twain sagte: „Welche Rede? Denn da gibt es die, die ich vorbereitet hatte, und die, die ich tatsächlich gehalten habe, und dann noch die, die ich gerne gehalten hätte – von welcher Rede sprichst du?"

Aber so ist euer ganzes Leben: Ihr bereitet etwas vor, ihr liefert etwas anderes und wolltet im Grunde wieder etwas ganz anderes liefern.

Wie kommt das, woher kommt soviel Spaltung? Weil ihr nicht spontan seid. Jemand, der spontan ist, braucht nur eines und sonst nichts – und das ist, wach und bewußt zu sein. Dann wird er aus seinem Bewußtsein heraus antworten. Ihr bereitet euch vor, weil ihr unbewußt seid, nicht wißt, was ihr tut. Ihr habt Angst, ihr seid furchtsam, denn wer weiß, wie die Situation tatsächlich sein wird? „Werde ich ihr gerecht werden oder nicht?" Die Angst! Dann werdet ihr unecht. Aber Jesus sagt: „Verschwendet keinen Gedanken auf das, was ihr anziehen sollt."

Seine Jünger sagten:
„Wann wirst du uns offenbart werden
und wann werden wir dich sehen?"

Jesus sagte:
„Wenn ihr eure Kleider ablegt, ohne beschämt zu sein,
und eure Kleider nehmt und sie unter eure Füße tut
wie die kleinen Kinder, und auf sie tretet –
dann werdet ihr den Sohn des Lebendigen sehen,
und ihr werdet euch nicht fürchten."

Versucht, jedes einzelne Wort zu verstehen. Die Jünger fragten: „Wann wirst du uns offenbart werden...?" Jesus ist da, offenbart in all seinem Glanz. Er ist für sie gegenwärtig, vor ihnen. Sie fragen Jesus selbst: *„Wann wirst du uns offenbart werden...?"* Sie glauben, Jesus würde sich verstecken.

Einmal wurde Buddha gefragt... Er kam durch einen Wald. Trockenes Laub lag auf dem Weg, Blätter fielen, der Wind blies, und die gefallenen welken Blätter machten viele Geräusche. Und Ananda fragte – es war sonst niemand da, weil einige Jünger schon vorausgegangen waren und ein paar andere nachfolgten, aber im Augenblick war nur Ananda bei Buddha. Er sagte: „Ich wollte dich immer schon etwas fragen: Hast du alles offenbart, was du hast? Oder verbirgst du uns etwas?"

Buddha sagte: „Meine Hand ist eine offene Hand – ein Buddha hat keine Faust. Schau dir diesen Wald an: So, wie er sich offenbart hat, ist nichts verborgen. Ich bin genau so offen wie dieser Wald, und ein Buddha hat keine Faust." Dann nahm er ein paar welke Blätter in seine Faust und sagte: „Jetzt ist meine Faust geschlossen. Du kannst diese Blätter nicht sehen." Menschen, die mit ihrem Wissen geizen – Menschen, die es nicht gerne mit anderen teilen – sie sind wie Fäuste.

Dann öffnete Buddha seine Hand wieder, die Blätter fielen nieder, und er sagte: „Aber die Hand Buddhas ist nicht wie eine Faust, er ist offen. Ich habe alles offenbart. Und wenn du das Gefühl hast, daß noch etwas verborgen ist, dann liegt es an dir, nicht an mir."

Jesus ist da, gegenwärtig. Die Jünger fragen: *Wann wirst du uns offenbart werden...* Er ist offenbart! *...und wann werden wir dich sehen?* Sie denken, Jesus versteckt sich. Nein, Jesus versteckt sich nicht. Vielmehr im Gegenteil, die Jünger sind nicht offen, sie sind verschlossen; ihre Augen sind nicht offen. Sie verstecken sich, nicht Jesus.

Die Wahrheit ist nicht verborgen – *ihr* seid verschlossen. Die Wahrheit ist überall offenbart, jeden Augenblick. Die Wahrheit läßt sich ihrer ganzen Natur nach nicht verstecken. Nur Lügen versuchen sich zu verstecken, nicht die Wahrheit. Nur Lügen tun geheimnisvoll. Die Wahrheit ist immer wie eine offene Hand, sie ist niemals wie eine Faust. Aber ihr seid verschlossen.

„Das Problem liegt bei euch", sagte Jesus. *„Wenn ihr eure Kleider ablegt, ohne euch zu schämen..."* – denn ihr könnt wohl eure Kleider ablegen, aber trotzdem Schamgefühle haben – dann ist diese Nacktheit keine wirkliche Nacktheit, ist diese Nacktheit nicht unschuldig. Scham ist Schläue.

Im Christentum ist die Scham die Erbsünde. Ihr kennt die Geschichte, was mit Adam und Eva geschah. In welchem Augenblick passierte die Sünde? Man hat sich ständig darüber Gedanken gemacht, in welchem Augenblick genau die Sünde passierte. Sie durften nicht die Frucht vom Baum der Erkenntnis essen, aber sie fühlten sich versucht. Das ist natürlich: Sobald etwas verboten ist, kommt die Versuchung – so benimmt sich der Verstand. Aber der Verstand kennt noch einen anderen Trick: Er führt dich in Versuchung, aber er macht immer jemand anders verantwortlich. Sobald etwas verboten ist, reizt das den Verstand, wird eine Einladung daraus. Der Verstand will wissen, seine Nase hineinstecken, nachforschen.

Adam und Eva wurden durch sich selbst versucht – es ist niemand anders da. Aber die Geschichte erzählt, daß der Teufel, Satan, sie versuchte. Das ist ein Trick des Verstandes: die Verantwortung auf jemand anders zu schieben. Und dieser „Teufel" ist nichts als ein Sündenbock, dieser Teufel ist nichts als ein Trick des Verstandes, um alle Verantwortung von sich zu schieben. *Du* fühlst die Versuchung, aber der Teufel ist der Versucher, also bist du nicht verantwortlich. Er hat dich überredet, dich verführt, also ist er der Sünder, nicht du. Aber die Versuchung kam aus dem Verbot, und das war der Trick. Die Geschichte ist wunderbar:

Gott sagte: „Ihr dürft die Frucht von diesem Baum nicht essen!" Wenn sie voller Vertrauen gewesen wären, dann hätten sie den Baum gemieden. Aber sie waren nicht voller Vertrauen. Sie sagten: „Warum? Warum verbietet uns Gott diesen Baum? Und dieser Baum ist der Baum der Erkenntnis?" Der Verstand muß ihnen gesagt haben: „Wenn ihr davon eßt, werdet ihr wie die Götter werden, weil ihr dann Wissende werdet. Und Gott verbietet es euch, weil er eifersüchtig ist. Er verbietet es euch, weil er nicht will, daß ihr werdet wie die Götter. Ihr werdet Wissende sein. Dann wird nichts vor euch verborgen bleiben." Aber die Geschichte sagt, daß der Teufel sie versuchte und sagte: „Er hat sie euch verboten, weil er eifersüchtig ist und Angst hat." Dies war nur eine Situation, in der Adam und Eva beweisen konnten, ob sie Vertrauen hatten oder nicht – nichts weiter.

Aber der Verstand überredete sie – der Verstand ist

„der Teufel". Der Teufel kam in Form einer Schlange, und die Schlange ist das älteste Symbol der Schläue – der Verstand ist die Schlange, das Allerschlauste überhaupt. Adam und Eva machten beide den Teufel verantwortlich, schoben die Verantwortung auf den Teufel – und Adam schob die Verantwortung außerdem auf Eva. Der Mann hat immer gesagt, daß die Frau die Versucherin ist, und da haben die Männer seit eh und je die Frauen verdammt. In allen Schriften der Welt ist die Frau der Versucher: sie führt euch in Versuchung, sie verführt euch, und sie ist die Ursache aller Übel. Und so verdammen eure sogenannten Heiligen immerzu die Frauen.

Das ist die Methode des Verstandes – Eva sagt: „Der Teufel"; Adam sagt: „Eva"; und wenn ihr den Teufel fragt, wenn ihr ihn irgendwo zu fassen bekommt, wird er sagen: „Gott! – denn warum hat er es überhaupt erst verboten? Das schuf das ganze Problem. Denn sonst wäre der Garten Eden zu groß gewesen mit all seinen Millionen von Bäumen, so daß Adam und Eva niemals von allein auf diesen Baum der Erkenntnis gestoßen wären. ,Verboten!' – sie wußten, dies ist der Baum, und der ganze Garten wurde uninteressant, ihr ganzes Interesse konzentrierte sich auf ihn – Gott ist Schuld!"

Aber die Geschichte ist schön und enthält Millionen von Dimensionen. Sie kann auf viele, viele Weisen interpretiert werden – das ist das Schöne an einem Gleichnis. Sie pflückten die Frucht vom Baum, aßen davon und *schämten sich augenblicklich ihrer Nacktheit*. Wo genau lag die Sünde? Daß sie Gott nicht gehorchten? Wenn du den Papst im Vatikan fragst, wird er sagen: „Daß sie Gott nicht gehorchten." Denn Priester hätten euch gerne immer gehorsam, nie ungehorsam.

Wenn ihr die Philosophen fragt, nicht die Theologen, werden sie sagen: „Daß sie die Frucht der Erkenntnis aßen." Denn indem du anfängst zu denken, fangen die Schwierigkeiten an. Das Leben ist unschuldig ohne das Denken: Kinder sind unschuldig, weil sie nicht denken können; Bäume sehen so schön aus, weil sie nicht denken können. Der Mensch sieht häßlich aus, weil sein Verstand ständig belastet und verspannt ist vor lauter Sorgen und Gedanken und Träumen und Fantasien, und er ist ständig bedrückt – alle Anmut ist verlorengegangen. Wenn ihr also die existentialistischen Philosophen befragt, werden sie sagen, daß es am Baum der Erkenntnis liegt.

Aber wenn ihr die Psychologen befragt, deren Ansatz am tiefsten geht, werden sie sagen: „Daß sie sich schämten." Denn sobald du Scham fühlst, hast du angefangen, dich selbst zu hassen. Wenn du dich schämst, hast du dich selbst zurückgestoßen – aber das kommt durch Wissen. Kinder können sich nicht schämen, sie laufen ohne weiteres nackt herum, da gibt es kein Problem. Ihr zwingt sie, sich mehr und mehr zu schämen: „Lauf nicht nackt herum!" Je mehr sie Wissende werden, desto mehr werden sie sich verstecken.

Jesus sagt:
„Wenn ihr eure Kleider ablegt,
ohne beschämt zu sein..."

Aber was taten Adam und Eva? Sie hielten Feigenblätter vor ihre Geschlechtsorgane: die erste Kleidung war erfunden, die Welt hatte angefangen. Wie könnt ihr wieder in den Garten Eden hineinkommen? Werft eure Feigenblätter fort! Genau das sagt Jesus; er sagt, daß dies der Weg zurück ins Paradies ist. Dies ist der Weg zurück: *„Wenn ihr eure Kleider ablegt, ohne beschämt zu sein..."* Denn ihr könnt eure Kleider ablegen und trotzdem schamhaft bleiben; dann ist tief im Innern Kleidung da: du versteckst dich, bist nicht offen. Blöße ist nicht gleich Nacktheit, du magst entblößt sein, aber nicht nackt.

Nacktheit hat eine tiefere Dimension: sie bedeutet „keine Scham", kein Gefühl der Schamhaftigkeit; sie bedeutet, daß du deinen Körper in seiner Ganzheit, so wie er ist, akzeptierst. Keine Verdammung im Geiste, keine Gespaltenheit im Körper, ein einfaches Akzeptieren – und es ist Nacktheit. Mahavir entblößt sich nicht, er ist nicht Mitglied eines Nudisten-Clubs; er ist nackt, er ist nackt wie ein Kind. In einem Nudisten-Club ist man nicht nackt. Selbst eure Blöße ist Kalkül, ist Manipulation vom Kopf her. Ihr revoltiert, ihr rebelliert, ihr verstoßt gegen die Gesellschaft. Weil die Gesellschaft an Kleider glaubt, werft ihr die Kleider fort. Aber es ist eine Reaktion, und dann seid ihr nicht unschuldig wie ein Kind. Jesus sagt:

„... und eure Kleider nehmt und sie unter eure Füße tut wie die kleinen Kinder, und auf sie tretet – dann werdet ihr den Sohn des Lebendigen sehen, und ihr werdet euch nicht fürchten."

Erstens also mußt du deine Nacktheit akzeptieren, so wie du vor Gott bist, genau wie ein kleines Kind vor Vater und Mutter, ohne Scham. Du darfst vor dem Göttlichen keine Scham haben – dann wirst du real sein. Solange Scham da ist, werden Masken benutzt, müssen Masken benutzt werden.

Und etwas zweites: Wenn das Gefühl der Schamhaftigkeit verschwindet, „werdet ihr euch nicht fürchten". Beides ist miteinander verquickt: Wenn du dich schämst, hast du Angst; wenn du dich nicht schämst, hast du überhaupt keine Angst. Die Angst verschwindet mit der Scham, und wenn Scham und Angst zugleich verschwinden, sind deine Augen offen – und dann wirst du den Sohn Gottes sehen, oder „den Sohn des Lebendigen"; dann wird Jesus dir offenbart sein, dann kannst du einen Buddha erkennen.

Es kommen Leute zu mir und sie fragen: „Wie können wir erkennen, ob ein Meister erleuchtet ist oder nicht?" So wie ihr seid, könnt ihr einen erleuchteten Meister nicht erkennen. Es ist, als würde ein Blinder fragen, wie er erkennen kann, ob das Licht an oder aus ist. Wie kann ein Blinder das erkennen? Zum Erkennen braucht man Augen, und die Augen des Blinden sind verschlossen. Ihr könnt nicht erkennen, ob ein

Mensch sich erkannt hat oder nicht, erleuchtet ist oder nicht, ob er wirklich ein Christus ist oder nicht – ihr könnt es nicht erkennen. Denn sonst – wie hätte Jesus gekreuzigt werden können, wenn die Menschen ihn erkannt hätten?

Sie behandelten ihn sehr schlecht. Sie stellten ihn wie einen Narren hin, sie zwangen ihn, lächerlich auszusehen. An dem Tag, als er sein Kreuz nach Golgatha trug, war er umringt von Soldaten, Straßenjungen, einer ganzen Menge von Leuten, die ihn mit Steinen und Schmutz bewarfen und ihren Spaß dabei hatten: „Dies ist der ‚König Israels', dies ist der ‚Sohn Gottes', dieser Junge des Zimmermanns – er ist verrückt geworden!" Zum Spaß setzten sie ihm eine Krone aus Dornen auf den Kopf und sagten: „Schaut! Hier seht ihr den ‚König von Israel', hier seht ihr den ‚Sohn Gottes'!"

Und als er gekreuzigt wurde, war der letzte Scherz der, daß er von zwei Dieben flankiert wurde. Er wurde gekreuzigt als Verbrecher – mit zwei Dieben zusammen. Und nicht nur die Menge, selbst diese Diebe machten sich über Jesus lustig. Einer der Diebe sagte: „Jetzt, wo wir alle gekreuzigt werden, vergiß uns nicht, denk an uns in deinem ‚Reich Gottes'. Wir werden mit dir zusammen gekreuzigt, laß uns also nicht im Stich, denn du bist ‚der Sohn'! Wenn wir also im Reich Gottes ankommen, laß bitte auch für uns gesorgt sein. Und du kannst das ja – du kannst ja alles!" Auch sie machten sich lustig. Jesus sollte wie ein Narr erscheinen.

Wie können wir es verpassen, einen Jesus zu erkennen? Wir haben unsere Augen geschlossen. Und die Augen sind geschlossen, weil ihr Kleider tragt – und nicht nur ihr, sondern auch andere: Kleider, Scham, Angst, Selbsthaß, Selbstverurteilung, Schuld – Schichten über Schichten von Kleidern.

Jesus sagte:
„Wenn ihr eure Kleider ablegt ohne beschämt zu sein,
und eure Kleider nehmt, und sie unter eure Füße tut
wie die kleinen Kinder..."

Wenn ein kleines Kind anfangs gezwungen wird, zum ersten Mal Kleider anzuziehen, rebelliert es. Es sträubt sich, weil sie seine Freiheit beschränken und es irgendwie verfälschen. Sein Widerstand ist natürlich, aber ihr könnt es zwingen, ihr könnt es dazu bringen. Ihr sagt: „Wenn wir aus dem Haus gehen, mußt du diese Kleider anziehen. Wenn wir zurückkommen, brauchst du es nicht mehr; denn in Gesellschaft sind Kleider nötig – sonst kannst du nicht mit uns kommen." Und es möchte gerne mitkommen, also muß es die Kleider anziehen.

Aber sobald es zurück ist, wird es genau dies tun: Es wird die Kleider ausziehen, und nicht nur ausziehen, es wird auch auf ihnen herumtrampeln: die Kleider machen es unecht. Sie sind die Feinde, sie machen es unecht. Es ist nicht mehr es selbst, wenn diese Kleider da sind. Jetzt ist es wieder frei. Es wird diese Nacktheit feiern, indem es die Kleider abwirft und sie unter seine Füße tut, auf sie tritt und die Nacktheit feiert. Wenn ihr das tut, so wie Kinder:

„... dann werdet ihr den Sohn des Lebendigen sehen, und ihr werdet euch nicht fürchten."

In eurer Nacktheit ist keine Angst, weil Angst etwas ist, das euch zusätzlich gegeben wurde – Angst wird durch Scham erzeugt. Viele Religionen haben Angst erzeugt, damit ihr euch schuldig fühlt, euch schämt und dann Angst bekommt. Daraus wird eine Neurose geboren und dann geht ihr genau zu den gleichen Leuten, die diese Schuld und Angst in euch hervorgerufen haben, geht ihr genau zu den gleichen Leuten, um zu erfahren, wie ihr damit fertigwerden sollt! Sie können euch nicht helfen, weil sie ja selbst die Erzeuger der Angst sind. Sie werden sagen: „Bete zu Gott und sei gottesfürchtig." Sie können euch nicht über die Angst hinweghelfen. Jesus kann euch über die Angst hinweghelfen, aber dann muß alles bis auf die Grundmauern abgerissen werden. Dies ist die Grundmauer: Akzeptiere dich nicht, und du wirst immer Angst haben.

Akzeptiere dich, und es wird keine Angst dasein. Denke nicht in den Bahnen des Dürfens und Nicht-Dürfens, des Sollens und Nicht-Sollens, und du wirst niemals Angst haben. Sei real und vertraue der Realität, kämpfe nicht mit der Realität. Wenn Sex da ist, ist er da, akzeptiere ihn; wenn Wut da ist, ist sie da, akzeptiere sie. Versuche nicht, das Gegenteil zu erzeugen: „Ich bin wütend, das ist nicht gut; ich darf nicht wütend sein. Ich muß voller Vergebung sein. Ich bin sexuell, das darf ich nicht sein, ich muß enthaltsam sein." *Stelle nicht das Gegenteil her.* Denn wenn du das Gegenteil herstellst, versuchst du, Masken herzustellen. Die Wut bleibt sowieso, deine Nachsicht wird nur ein falsches Gesicht sein; der Sex geht nicht weg und dringt nur tiefer und tiefer ins Unbewußte, und auf deinem Gesicht wird eine Maske von *brahmacharya* sein. Das wird nicht helfen.

Ich habe gehört: Ein Wissenschaftler arbeitete daran, das Geheimnis der Diamanten herauszufinden. Er arbeitete hart und fast alle Schlüssel waren schon beisammen, außer einem einzigen Punkt. Sollte er auch noch diesen einen finden, würde er der reichste Mann der Welt werden. Aber er arbeitete hart und konnte diesen einen Schlüssel nicht entdecken. Da schlug ihm jemand vor: „Du verschwendest dein Leben und deine Zeit. Ich habe von einer Frau in Tibet gehört, einer sehr weisen Frau, und sie weiß alle Antworten. Geh doch zu ihr und stell ihr einfach die Frage in dieser Angelegenheit, teile ihr dein Problem mit, und sie wird dir die Antwort geben. Warum verschwendest du deine Zeit hier?"

Der Mann reiste nach Tibet, aber es dauerte viele Jahre. Es war sehr schwierig, zu der weisen Frau zu gelangen. Er mußte viele Entbehrungen auf sich nehmen und oft stand sein Leben auf dem Spiel. Aber schließlich kam er an. Eines Morgens klopfte er an die

Tür, und die weise Frau machte auf. Sie war eine sehr schöne Frau, wie er noch nie eine gesehen hatte. Und nicht nur war sie schön, sondern ihr ganzes Wesen war einladend – in ihren Augen funkelte ein „Komm her!". Sie sagte: „Okay, du bist also da. Mein Mann ist fortgegangen, aber die Regel ist: Du darfst nur eine einzige Frage stellen, und ich werde sie beantworten. Eine Frage nur, vergiß das nicht – keine zweite Frage." Der Wissenschaftler stieß hervor: „Wann kommt dein Mann zurück?"

Das ist die *eine* Frage, die er zu fragen gekommen war. Irgendwo tief unten im Unbewußten muß Sex das Problem gewesen sein, das wirkliche Problem. Seine Arbeit an Diamanten, seine Suche nach dem Geheimnis der Diamanten muß eine Ablenkung gewesen sein. Tief drunten im Unbewußten muß er gedacht haben: „Wenn ich erst der reichste Mensch auf der Welt bin, werden alle Frauen, alle schönen Frauen, mein sein." – Irgendwo, auch wenn er sich dessen vielleicht nicht bewußt war.

Du kannst an der Oberfläche weiter arbeiten, ohne eine Ahnung vom Unbewußten zu haben. Aber im richtigen Moment wird es kommen, wird es explodieren. Flucht ist sinnlos. Nur Transformation kann helfen, und zu einer Transformation gehört ein tiefes Akzeptieren deines Wesens, so wie du bist, ohne jedes Urteil, ohne zu sagen: „Dies ist gut, das ist schlecht.", ohne jede Wertung. Sei kein Richter! Vertraue einfach deiner Natur und fließe mit ihr und versuche nicht, stromaufwärts zu schwimmen – genau das bedeutet Nacktheit.

Geh mit dem Leben, in tiefem Vertrauen, ganz gleich, wohin es dich führt. Setze dir nicht dein eigenes Ziel; wenn du dir ein eigenes Ziel setzt, wirst du unecht. *Das Leben hat kein Ziel.* Wenn *du* ein Ziel hast, bist du gegen das Leben. Das Leben bewegt sich nicht wie ein Geschäft, es bewegt sich wie Dichtung; das Leben geht nicht vom Kopf aus, es geht vom Herzen aus – es ist eine Liebesgeschichte. Vertrauen gehört dazu, Zweifel wird nicht helfen. Das Leben ist nicht wissenschaftlich, es ist irrational. Das Leben glaubt nicht an Aristoteles und an die Logiker, es glaubt an die Liebe, an die Dichter, es glaubt an die Mystiker. Es ist ein Mysterium, das wir leben, nicht ein Rätsel, das wir lösen – es ist kein Denksport, es ist kein mathematisches Problem. Das Geheimnis ist offen, nur *du* bist verschlossen. Es ist überall offenbar: auf jedem Baum, auf jedem Blatt, in jedem Strahl der Sonne liegt es zutage – nur du bist verschlossen.

Warum bist du verschlossen? Du akzeptierst das Leben in dir nicht, wie also kannst du das Leben außerhalb von dir akzeptieren? Akzeptiere! Fange beim Zentrum deines Seins an. Akzeptiere dich so, wie du bist, und dann wirst du alles akzeptieren, wie es ist. Und mit dem Akzeptieren kommt die Transformation: *Du wirst nie wieder der gleiche sein, sobald du einmal akzeptiert hast.*

Die Transformation kommt von allein, sie kommt von sich aus. Aber sie kommt immer nur in einem Zustand des Loslassens. Genau das sagt Jesus: „Sei nackt, so daß du gelöst sein kannst. Laß alles fallen, was dir die Gesellschaft gegeben hat – das ist der Sinn von ‚Kleidung'. Die Gesellschaft hat dir nicht das Leben geschenkt. Sie hat dir nur die Kleidung geschenkt. Die Gesellschaft hat dir nicht das Selbst gegeben, sie hat dir das Ego gegeben. Laß die Kleidung fallen, und das Ego verschwindet. Stell dir vor, daß du nackt durch die Straße gehst."

Ein Mann namens Ebrahim kam zu seinem Meister – Ebrahim war König gewesen, und dann begann die Suche. Er kam zu dem Meister, und der Meister sagte: „Bist du bereit, alles zu akzeptieren?"

Ebrahim sagte: „Dazu bin ich hergekommen – befiel, und ich werde es tun."

Der Meister sah ihn an und sagte: „Okay, laß deine Kleider fallen!"

Den Jüngern wurde unbehaglich zumute, weil Ebrahim ein großer König war. Und dies ging zu weit und war unnötig. Von ihnen war so etwas niemals verlangt worden, warum also für den König eine so harte Aufgabe? Einer der Jünger flüsterte sogar dem Meister ins Ohr: „Dies geht zu weit, sei nicht so hart – das hast du nie von uns verlangt!"

Aber der Meister sagte: „Und nimm deine Schuhe in die Hände und geh auf die Straße und schlage dir mit den Schuhen auf den Kopf. Geh nackt in der ganzen Stadt herum."

Diese Stadt war seine eigene Hauptstadt, aber Ebrahim gehorchte! Nackt ging er durch die Hauptstadt und schlug sich mit seinen eigenen Schuhen auf den Kopf. Und es heißt, als er zurückkam, war er erleuchtet.

Was geschah? Er ließ seine Kleider fallen. Und er war ein Mann von großem Potential, darum verlangte der Meister so viel. Ein Meister verlangt nur so viel, wie dir jeweils möglich ist. Je mehr Potential du besitzt, desto mehr wird er verlangen; aber wenn du ganz arm bist, wird er nicht so viel verlangen. Ebrahim war ein Mann von großem Potential. Er selbst wurde zu einem großen Meister. *Was geschah?* Folgendes geschah: die Kleider fielen, so wie es Jesus zu seinen Jüngern sagt; das Ego fiel – alles, was euch die Gesellschaft gegeben hat.

Oft fällt das Ego von selbst, weil es eine Last ist, aber dann wieder ladet ihr es euch auf den Kopf und macht weiter. Viele Male scheitert ihr, viele Male habt ihr keinen Erfolg. Viele Male fällt das Ego von selbst. Aber dann werdet ihr – zwar zerbeult und frustriert, geschlagen und gebrochen – die Last doch wieder mit ein wenig Hoffnung weiterschleppen.

Hier eine Geschichte, die ich gehört habe. Eines Tages kam der Löwe zum Tiger und sagte: „Wer ist der Herr dieses Waldes?"

Der Tiger sagte: „Natürlich, Meister, bist du es, bist du der König!"

Da ging der Löwe zum Bären, packte ihn und fragte: „Wer ist der Herr? Wer ist der Boß?"

Der Bär sagte: „Natürlich gibt es da gar keine Frage. Du bist der König aller Tiere. Du bist der Chef."

Und dann ging der Löwe zum Elefanten und stellte die gleiche Frage: „Wer ist hier der Chef?"

Der Elefant packte den Löwen und warf ihn zur Seite, mindestens fünfzig Fuß weit. Der Löwe schlug auf einen Felsen auf, stand blutend und verbeult und schwach wieder auf und sagte: „Auch wenn du nicht die richtige Antwort weißt, brauchst du dich noch lange nicht so zu benehmen."

Genau das habt ihr auch getan. Aber ihr werdet euch nicht fallen lassen, ihr werdet ebenfalls sagen: „Auch wenn du nicht die richtige Antwort weißt, brauchst du dich noch lange nicht so zu benehmen. Warum bist du so grob? Du brauchst doch einfach nur zu sagen: ‚Ich weiß die Antwort nicht.'"

Wenn du erkennen kannst, daß alles, was dir die Gesellschaft gegeben hat, im Mißerfolg abfällt, kann der Mißerfolg zum Anfang des größten Erfolges werden, der im Leben möglich ist. Das ist der Grund, warum der Mensch nur im Scheitern religiös wird – falls er das Scheitern erkennen kann. Es ist sehr schwer, religiös zu werden, solange du Erfolg hast. Dann gibt dir die Kleidung so viel! – Warum sich die Mühe machen, nackt zu sein? Dann ist die Kleidung eine so gute Investition! Aber im Scheitern wird dir plötzlich die Nacktheit bewußt, die da ist. Nichts kann sie jetzt verbergen. Du kannst dich nur selbst täuschen.

Nutzt eure Fehlschläge! Und wenn ihr gegen einen Felsen geworfen werdet, voller Beulen und blutend, dann wiederholt nicht die Dummheit des Löwen. Erkennt, daß es in dieser Welt keinen Erfolg gibt. Es kann keinen geben, weil dieses ganze Theater so unecht ist, und wie könnt ihr mit falschen Gesichtern Erfolg haben? Selbst eure Napoleons, eure Attilas, eure Alexander, eure Dschingis Khans sind alle gescheiterte Existenzen.

Ein Jesus siegt, weil er in seiner Ursprünglichkeit dasteht, weil er in seiner Natur dasteht. Versucht, dies nicht nur zu verstehen, sondern laßt nach und nach eure Kleider fallen und werdet nackt; und dann werdet ihr rein sein. Dann werdet ihr jenen Apfel fortgeworfen haben, den Adam und Eva aßen; dann ist die Tür des Paradieses wieder offen.

Die Christen sagen, daß mit Adam und Eva die Menschheit aus dem Paradies hinausgeworfen wurde; mit Jesus stehen die Türen wieder offen – ihr könnt eintreten. Aber das wird nicht dadurch geschehen, daß ihr einfach nur Christen seid. Ihr werdet Jesus erkennen müssen. Und dieses Erkennen kommt nur, wenn ihr euch selbst als Jesus erkannt habt – weniger als das ist nicht genug.

Kapitel 5

Heuchelei: der Grundstein jeder Kirche

Jesus sagte zu ihnen:
„Wenn ihr fastet,
werdet ihr euch versündigen,
und wenn ihr betet
werdet ihr verdammt werden.
Und wenn ihr Almosen gebt,
werdet ihr eurem Geist Böses antun.

Und wenn ihr in irgendein Land geht,
und durch die Gegenden wandert,
und sie euch dort willkommen heißen,
dann eßt, was sie euch vorsetzen,
und heilt die Kranken unter ihnen.

Denn was in euren Mund hineingeht,
das wird euch nicht verunreinigen,
aber was aus eurem Mund herauskommt,
das wird euch verunreinigen."

Dies ist ein sehr seltsamer Ausspruch, aber auch sehr wichtig. Er wirkt seltsam, weil der Mensch nicht real ist, weil er in Falschheit lebt. Was immer er also tut, wird falsch sein.

Wenn du betest, wirst du aus falschen Gründen beten; wenn du fastest, wirst du aus falschen Gründen fasten – weil du falsch bist. Es geht also nicht darum, das Richtige zu tun, sondern es geht darum, das Richtige zu *sein*. Wenn dein Sein richtig ist, dann ist alles, was du tun wirst, automatisch richtig; aber wenn dein Sein nicht richtig ist, nicht im Zentrum, nicht authentisch ist, dann kannst du tun, was du willst – es wird falsch sein.

Schließlich ist es nicht entscheidend, was du tust, sondern wer du bist. Wenn ein Dieb beten geht, wird sein Beten falsch sein; denn wie kann ein Gebet aus dem Herzen eines Menschen kommen, der alle Leute betrogen hat – bestohlen, belogen, geschädigt? Wie ist ein Gebet aus dem Herzen eines Diebes möglich? Es ist unmöglich. Beten kann dich verändern, aber woher soll das Beten kommen? Es wird aus dir kommen. Wenn du krank bist, wird dein Gebet krank sein.

Mulla Nasrudin bewarb sich einmal um einen Job. In der Bewerbung erwähnte er viele Qualifikationen. Er sagte: „In meiner Universität war ich der erste. Mir wurde die Vizekanzlerschaft einer Nationalbank angeboten. Aber ich habe abgelehnt, weil ich mich nicht für Geld interessiere. Ich bin ein ehrlicher Mensch, ein wahrheitsliebender Mensch. Ich habe keinen Ehrgeiz, das Gehalt ist mir egal; ich bin mit allem zufrieden, was man mir gibt. Und ich liebe Arbeit – 65 Stunden pro Woche."

Als der Personalchef, der das Interview führte, sich die Bewerbung ansah, war er überrascht und sagte: „Herrgott! Haben sie denn gar keine Schwächen?"

Nasrudin sagte: „Nur eine: Ich bin ein Lügner!"

Aber diese eine reicht für alle. Nicht nötig, andere

Schwächen zu haben, eine genügt. Es sind nicht viele Schwächen in dir, du hast nur eine Schwäche – aus dieser einen stammen alle. Und du mußt dir deine Schwäche merken, denn ganz gleich wo du hingehst, sie wird dir wie ein Schatten folgen; ganz gleich was du tust – sie wird darauf abfärben.

Das Entscheidende an Religion ist nicht, was man tut, das Entscheidende ist, was man ist. *Sein* heißt: dein innerster Kern. Tun heißt: deine oberflächlichen Beschäftigungen an der Peripherie. Tun heißt: deine Beziehung zu anderen, zur äußeren Welt; und *Sein* heißt: du, wie du bist, ohne Beziehungen – so, wie du innen bist.

Du kannst *sein,* ohne etwas zu *tun.* Aber du kannst nicht sein ohne das Sein. Das Tun ist zweitrangig, entbehrlich. Der Mensch kann inaktiv bleiben, braucht nichts zu tun, aber der Mensch kann nicht sein ohne das Sein – somit ist das Sein das Wesentliche. Jesus, Krishna, Buddha – sie alle sprechen vom Sein: Und die Tempel, Kirchen, Moscheen, Organisationen, Sekten, die sogenannten Gurus und Lehrer und Priester, sie alle sprechen vom Tun. Wenn du Jesus fragst, wird er von deinem Sein reden, und wie du es transformieren kannst. Wenn du den Papst im Vatikan fragst, wird er von dem reden, was du tun sollst, von Moral. Die Moral beschäftigt sich mit dem Tun, die Religion mit dem Sein.

Dieser Unterschied muß so klar wie möglich gesehen werden, weil alles andere davon abhängt. Wann immer ein Mensch wie Jesus geboren wird, mißverstehen wir ihn. Und das Mißverständnis kommt daher, daß wir nicht auf diesen Unterschied achten. Er spricht vom Sein, und wir hören ihm zu und deuten es so, als würde er vom Tun reden.

Wenn ihr das versteht, wird dieser Spruch sehr klar, sehr nützlich. Er kann zu einem Licht werden. Ansonsten ist er sehr seltsam und widersprüchlich und wirkt antireligiös. Als Jesus sprach, müssen seine Worte auf die Priester so gewirkt haben, als wären sie antireligiös

– darum kreuzigten sie ihn. Sie hielten ihn für den Mann, der die Religion zerstören wird.

Schaut euch den Spruch an – anscheinend klingt es so. Jesus sagte zu seinen Jüngern:

*"Wenn ihr fastet,
werdet ihr euch versündigen..."*

Und wir haben immer nur gehört, daß die Religion uns das Fasten lehrt, weil es heißt, daß man gereinigt wird, wenn man fastet. Die ganze Religion der Jainas beruht auf dem Fasten. Wenn sie diesen Spruch von Jesus hören würden, würden sie sagen: „Dieser Mann ist gefährlich. Gut, daß die Juden ihn gekreuzigt haben!"

Auch die Juden waren beunruhigt: Solche Aussprüche sind rebellisch, und ihre ganze Moral stand auf dem Spiel. Wenn man den Leuten sagt: *"Wenn ihr fastet, werdet ihr euch versündigen..."*, wird das Fasten zur Sünde! *"...und wenn ihr betet, werdet ihr verdammt werden."*, – hat man je gehört, daß man verdammt wird, wenn man betet? Was ist Religion dann? Für uns heißt Religion, zur Kirche gehen und Gott anbeten. Und Jesus sagt:

*"...wenn ihr betet,
werdet ihr verdammt werden;
und wenn ihr Almosen gebt,
werdet ihr eurem Geist Böses antun."*

Ein höchst seltsamer Spruch, aber sehr bedeutsam. Jesus sagt hier, daß ihr überhaupt nichts richtig machen könnt, so wie ihr seid. Die Betonung liegt nicht auf Fasten oder Nicht-Fasten; die Betonung liegt nicht auf Almosen oder keine Almosen; die Betonung liegt auf Beten oder Nicht-Beten – die Betonung liegt auf: Was immer du im Augenblick bist – so wie du bist, muß alles schiefgehen.

Könnt ihr beten? Ihr mögt in den Tempel gehen,

weil das leicht ist, aber ihr könnt nicht beten. Zum Beten gehört eine andere Qualität – und diese Qualität habt ihr nicht. Ihr könnt euch also nur selber vormachen, daß ihr betet. Geht und schaut euch im Tempel die Leute an, die da beten: sie machen sich nur selbst etwas vor, sie haben nicht diese Qualität der Andacht. Wie könntet ihr beten? Wenn man die Qualität der Andacht hat – wozu dann in den Tempel oder die Kirche gehen?

Dann ist, wo immer du bist, die Andacht da: du bewegst dich, du gehst – und es ist Andacht! Du ißt, du liebst – und es ist Andacht! Du schaust, du atmest – und es ist Andacht! Denn die Qualität der Andacht ist da, sie ist da wie das Atmen. Dann kannst du keinen Augenblick im Nicht-Beten sein, doch dann brauchst du nicht erst in den Tempel oder in die Kirche zu gehen. Kirchen und Tempel sind für die da, die sich selber betrügen wollen, für die, die nicht die Qualität der Andacht haben und trotzdem glauben möchten, daß sie beten.

Ein Mann lag im Sterben, ein Sünder. Er war nie in den Tempel gegangen, hatte nie gebetet, hatte nie auf das gehört, was die Priester sagen; aber im Augenblick des Todes bekam er es mit der Angst zu tun. Er bat den Priester zu kommen – er bettelte. Als der Priester kam, hatte sich eine Menge versammelt. Viele Leute standen herum, weil der Sünder ein großer, ein erfolgreicher Mann war. Er war ein Politiker, er hatte Macht, er hatte Geld. Und so hatten sich viele Menschen versammelt.

Der Sünder bat den Priester näherzukommen, weil er ihm etwas im Vertrauen sagen wollte. Der Priester kam näher und der Sünder flüsterte ihm ins Ohr: „Ich weiß, daß ich ein Sünder bin, und ich weiß genau, daß ich nie in die Kirche gegangen bin. Ich bin kein Kirchgänger. Ich bin überhaupt kein religiöser Mensch, ich habe nie gebetet; ich weiß also sehr wohl, daß die Welt mir nicht vergeben wird. Aber hilf mir und mach mir ein bißchen Hoffnung und sag mir, daß Gott mir vergeben wird. Die Welt wird mir nicht vergeben, das weiß ich, und daran läßt sich jetzt nichts ändern – aber sag mir nur das eine: daß Gott mir vergeben hat!"

„Nun", sagte der Priester, „vielleicht, schließlich hat er dich nicht so kennengelernt, wie wir dich kennengelernt haben. Vielleicht wird er es tun, weil er dich nicht so kennt, wie wir dich kennen." Aber wenn du die Welt nicht betrügen kannst, wie kannst du dann Gott betrügen? Wenn du den gewöhnlichen Geist nicht täuschen kannst, wie kannst du dann den göttlichen Geist täuschen? Es ist nur ein Trost, ein Beruhigungsmittel: „Vielleicht." Aber dieses „Vielleicht" ist absolut falsch; hänge dich nicht an ein „Vielleicht"!

Beten ist eine Eigenschaft, die zum Sein gehört und nicht zur Persönlichkeit. Persönlichkeit ist alles, was du je getan hast. Es ist eine Beziehung mit anderen. Dein Sein ist das, was dir zugefallen ist – es hat nichts mit dem zu tun, was du tust, es ist ein Geschenk Gottes. Beten gehört zum Sein: Es ist eine Qualität, es ist nichts, was du tun kannst.

Was ist Fasten? Wie kannst du fasten? Und warum fasten die Menschen? Dieser Ausspruch von Jesus ist sehr tief, tiefer als jede Aussage Mahaviras über das Fasten. Jesus spricht eine sehr tiefe psychologische Wahrheit aus; und diese Wahrheit ist, daß der Verstand immer ins Extrem fällt: Ein Mensch, der zu sehr vom Essen besessen ist, kann leicht fasten. Es mag seltsam klingen, paradox, daß jemand, der zuviel ißt, leicht fasten kann, daß jemand, der zu gierig aufs Essen ist, leicht fasten kann. Aber nur so ein Mensch kann leicht fasten. Jemand, der in seiner Ernährung immer ausgeglichen ist, wird es praktisch unmöglich finden zu fasten – warum? Um dies zu beantworten, müssen wir näher auf die Physiologie und die Psychologie des Fastens eingehen.

Zunächst zur Physiologie, weil das die äußere Schicht ist. Wenn du zuviel ißt, sammelst du zu viele

Reserven an, sammelst du zuviel Fett an. Dann kannst du leicht fasten, weil das Fett nichts anderes als ein Speicher ist, ein Vorrat. Frauen können leichter fasten als Männer, und ihr wißt das. Wenn ihr euch umschaut nach Leuten, die häufig fasten, vor allem unter Jainas, werdet ihr sehen, daß auf einen fastenden Mann fünf Frauen kommen. Das ist das Verhältnis. Der Mann kann nicht fasten, aber die Frau sehr wohl. Warum? Weil der weibliche Körper mehr Fett ansammelt. Es ist leichter, wenn du viel Fett hast, weil du während des Fastens dein eigenes Fett aufzehren mußt. Darum verlierst du täglich ein oder zwei Pfund Gewicht. Wohin geht das Gewicht? Du verzehrst dich selbst. Es ist eine Art Menschenfresserei.

Also gibt es da kein großes Problem für Frauen, sie können leichter fasten, sie sammeln mehr Fett an als Männer. Darum sind ihre Körper runder. Fette Menschen können sehr leicht fasten, sie können auf Diät halten, sie sind immer auf der Suche nach einer neuen Diät. Ein Mann, ein normal gesunder Mann, kann soviel Fett ansammeln, daß er drei Monate fasten kann, ohne zu sterben; neunzig Tage – soviel Vorrat läßt sich speichern. Aber wenn du mager und dünn bist – was bedeutet, daß du ausgewogene Mengen gegessen hast, nur soviel, wie zur täglichen Körperaktivität nötig ist, und daß du nicht viel Fett angesetzt hast – kannst du nicht fasten. Darum tritt der Kult des Fastens immer nur in den Kreisen der Reichen auf, niemals unter Armen.

Achtet einmal darauf: Wenn ein Armer ein religiöses Fest feiert, gibt es ein Festmahl; und wenn ein Reicher ein religiöses Fest feiert, fastet er. Die Jainas sind die reichsten Leute in Indien. Daher ihr Fasten. Aber ein Muslim, ein armer Muslim oder ein armer Hindu hält ein Festmahl, wenn ein religiöser Tag kommt, weil er das ganze Jahr über hungrig ist, und wie kann er den religiösen Festtag durch noch mehr Fasten feiern? Er fastet bereits das ganze Jahr lang, und der religiöse Festtag muß anders sein als die gewöhnlichen Tage.

Dies also ist der einzige Unterschied: er wird sich neue Kleider anziehen und er wird einen guten Festschmaus halten und sich vergnügen und Gott dafür danken. Das ist die Religion des armen Mannes.

Heute wird sich das Fasten und der Kult des Fastens in Amerika sehr schnell entwickeln. Er ist bereits voll im Gange, weil Amerika so reich geworden ist und die Leute so viel essen, daß jetzt von irgendwoher das Fasten fällig wird. In Amerika nehmen alle Fastenkulte galoppierend zu – auch wenn sie anders heißen mögen. Aber physiologisch gesehen muß der Körper mehr Fett haben als nötig, dann wird das Fasten leicht.

Zweitens psychologisch gesehen: Man muß vom Essen besessen sein. Essen muß dein Laster sein: du wirst zuviel essen, ständig essen und immer mehr ans Essen *denken*. Eine solche Psyche hat dann irgendwann zuviel vom Essen und davon, ans Essen zu denken. Wenn du zuviel an etwas denkst, wird es dir irgendwann zuviel. Wenn du von etwas zuviel bekommst, hängt es dir bald zum Hals heraus. Dann wird das Gegenteil attraktiv: Du hast zuviel gegessen, jetzt mußt du fasten. Durch Fasten wirst du wieder fähig, Geschmack am Essen zu finden, kommt dein Appetit zurück – das ist die einzige Möglichkeit.

Und der Verstand hat ein Grundgesetz: Er kann leicht ins Gegenteil umschlagen, aber nicht in der Mitte verharren. Gleichgewicht ist für den Verstand das Schwierigste überhaupt; die Extreme sind immer leicht. Du bist ein Fresser? – Du kannst ein Faster werden. Denn das ist das andere Extrem – aber du kannst nicht in der Mitte bleiben. Du kannst dich nicht richtig ernähren, nicht die richtige Diät halten. Nein! Entweder diese Seite oder die andere – der Verstand neigt immer zum Extrem. Es ist genau wie das Pendel einer Uhr: es geht nach rechts, dann nach links, dann nach rechts; aber wenn es in der Mitte stehen bleibt, dann bleibt die Uhr stehen, dann kann die Uhr unmöglich weitergehen.

Wenn dein Verstand in der Mitte stehenbleibt, dann

bleibt das Denken stehen, dann bleibt die Uhr stehen. Aber wenn du ins Extrem gehst, macht früher oder später das Gegenteil wieder Sinn; es wird attraktiv, und du mußt hin.

Jesus versteht dies gut, sehr gut. Und er sagt:

*„Wenn ihr fastet,
werdet ihr euch versündigen..."*

Was ist Sünde? In der Terminologie von Jesus jedes Extrem: ins Extrem zu gehen, ist Sünde. Wenn du einfach in der Mitte bleibst, bist du jenseits von aller Sünde. Warum? Warum ist es Sünde, ins Extrem zu gehen? Ins Extrem zu gehen ist Sünde, weil du mit dem Extrem zur eine Hälfte gewählt hast und die andere Hälfte geleugnet hast – und die Wahrheit ist das Ganze. Wenn du sagst: „Ich will zuviel essen", hast du die eine Hälfte gewählt. Wenn du sagst: „Ich will überhaupt nichts essen", hast du wieder nur die Hälfte gewählt, hast du *etwas* gewählt. In der Mitte gibt es keine Wahl: Du ernährst den Körper, und du bist weder auf die eine noch auf die andere Art besessen; du bist überhaupt nicht besessen, du bist nicht neurotisch. Der Körper bekommt, was er braucht, aber du bist nicht von seinen Bedürfnissen überlastet.

Dies Gleichgewicht heißt: Alle Sünde hinter sich lassen. Sobald du aus dem Gleichgewicht bist, bist du ein Sünder. Nach der Vorstellung von Jesus ist jeder, der zu sehr in der Welt ist, ein Sünder; aber wenn er ins andere Extrem geht, der Welt entsagt, sich zu sehr gegen die Welt wendet, dann ist er wieder ein Sünder. Ein Mensch, der die Welt akzeptiert, ohne diesen oder jenen Weg zu wählen, transzendiert sie.

Akzeptieren heißt Transzendieren. Wählen heißt, daß du dich eingemischt hat, daß das Ego ins Spiel kommt, daß du jetzt kämpfst.

Und jedesmal, wenn du in ein Extrem gehst, mußt du ständig kämpfen. Denn ein Extrem kann nie entspannt sein – nur in der Mitte kannst du entspannt sein.

Im Extrem wirst du immer verspannt sein, voller Angst, voller Sorge. Nur in der Mitte, wo du ausgewogen bist, ist keine Angst da, keine Qual, bist du zuhause; du hast keine Sorgen, weil es keine Spannung gibt. Spannung bedeutet Extrem. Du hast viele Extreme ausprobiert, darum bist du so verspannt.

Entweder du bist hinter den Frauen her, und dann drehen sich deine Gedanken ständig nur um Sex, oder du bist allzusehr gegen sie, und dann drehen sich die Gedanken genauso um Sex. Wenn du für den Sex lebst, dann hast du nur Sex im Kopf; er raucht dir davon. Wenn du gegen ihn bist, ein Feind des Sex, dann hast du ihn auch im Kopf – denn Freunde vergißt man nicht, Feinde noch viel weniger. Manchmal kann man Freunde vergessen, aber Feinde niemals. Sie sind immer da; wie kannst du deinen Feind vergessen? Leute also, die sich ständig in der Welt des Sex bewegen, sind von Sex erfüllt. Und geht und schaut in die Klöster, wo sich Leute befinden, die ins andere Extrem gegangen sind – sie sind ständig beim Sex, ihr ganzes Denken ist sexuell geworden.

Iß zuviel, sei so sehr aufs Essen versessen, als wäre dein ganzes Leben nur fürs Essen da, und deine Gedanken werden nur noch ums Essen kreisen. Faste danach, und wieder werden die Gedanken nur noch ums Essen kreisen. Und wenn deine Gedanken ständig mit etwas beschäftigt sind, wird eine Last daraus. Die Frau ist nicht das Problem, der Mann ist nicht das Problem – das Problem ist, daß der Sex ständig in den Gedanken kreist; das Essen ist nicht das Problem; du ißt, und basta! Aber wenn sich alles nur noch ums Essen dreht, dann ist es ein Problem.

Und wenn dir Dinge ständig im Kopf herumgehen, verpufft der Kopf ständig seine Energie; der Kopf stumpft ab, wird gelangweilt, wird so überlastet, daß dir das Leben einfach sinnlos erscheint. Wenn der Kopf entlastet ist, schwerelos, frisch, dann tritt Intelligenz ein, dann schaust du mit frischen Augen auf die Welt, mit einem frischen Bewußtsein, unbeschwert. Dann ist die ganze Schöpfung schön – diese Schönheit ist Gott. Dann ist die ganze Schöpfung lebendig – diese Lebendigkeit ist Gott. Dann ist die ganze Schöpfung ekstatisch, jeder Augenblick davon, jedes kleine Stückchen davon ist selig – diese Seligkeit, Ekstase ist Gott.

Gott ist keine Person, die irgendwo auf dich wartet: Gott ist eine Offenbarung in *dieser* Welt. Wenn der Kopf still ist, klar, unbelastet, jung, frisch, ungetrübt – für einen ungetrübten Geist ist Gott überall. Aber euer Geist ist tot, und ihr habt ihn abgetötet durch einen ganz besonderen Prozeß. Dieser Prozeß ist: von einem Extrem zum anderen zu gehen und von diesem Extrem wieder zu einem anderen, ohne je in der Mitte zu bleiben.

Ich habe von einem Betrunkenen gehört, der eine Straße entlang lief, eine sehr große Straße, sehr breite Straße. Er fragte einen Mann: „Wo ist die andere Straßenseite?" Sie war so breit, und es wurde schon Nacht, und das Tageslicht schwand, und er war vollkommen betrunken. Er konnte nicht gut sehen, und so fragte er: „Wo ist die andere Seite?" Der Mann nahm sich seiner an und half ihm auf die andere Seite.

Als er auf der anderen Seite angekommen war, fragte er wieder einen anderen Mann: „Wo ist die andere Seite?" Der Mann versuchte, ihn auf die andere Seite zu führen. Der Trinker blieb stehen und sagte: „Moment mal! Was sind das hier eigentlich für Leute? Erst war ich da drüben und hab gefragt, wo die andere Seite ist, da haben sie mich hierher gebracht; und jetzt frage ich Sie, wo die andere Seite ist, und jetzt sagen Sie, sie ist da drüben. Und Sie wollen mich jetzt da drüben hinbringen. Was sind das eigentlich für Leute hier? *Wo* ist die andere Seite?"

Wo du bist, ist egal: Das entgegengesetzte Extrem wird zur anderen Seite – und damit attraktiv. Denn Entfernung erzeugt Anziehungskraft. Ihr könnt euch nicht vorstellen, was für eine Anziehungskraft Sex für

einen Menschen hat, der versucht, im Zölibat zu leben
– ihr könnt es euch einfach nicht vorstellen! Ihr könnt
euch nicht vorstellen, welche Anziehungskraft das
Essen für einen Menschen hat, der fastet. Ihr könnt es
euch nicht vorstellen, weil man es erfahren haben muß
– ständig nur *eines* im Kopf zu haben: Essen, Sex. Und
das kann noch bis zum Ende so weitergehen. Selbst
wenn du stirbst, und es gibt noch ein neues Extrem,
wirst du davon besessen sein.

Wie kann man sich auf diese Art gut und entspannt
fühlen? Geh nicht ins Extrem; das ist der Sinn dieses
Spruches: Geh nicht ins Extrem! Jesus weiß sehr wohl,
daß ihr eßsüchtig seid – fangt also nicht an zu fasten, das
wird nicht helfen:

> *„Wenn ihr fastet,*
> *werdet ihr euch versündigen,*
> *und wenn ihr betet,*
> *werdet ihr verdammt werden, . . ."*

Was ist Beten? Normalerweise denken wir, Beten
heißt, um irgend etwas bitten, etwas fordern, sich
beschweren: ihr habt Wünsche, und Gott soll euch helfen, sie zu erfüllen. Ihr könnt an Gottes Tür gehen und
um etwas bitten; ihr geht als Bettler. Für euch heißt
Beten betteln: aber Beten kann niemals Betteln sein;
Beten kann nur Dankbarkeit sein, aus dankbarem Herzen geschehen. Aber das ist etwas völlig anderes: Wenn
ihr betet, um zu betteln, ist das Gebet nicht der Zweck,
sondern nur das Mittel. Das Gebet ist nicht wichtig,
weil ihr ja nur betet, um etwas zu bekommen – und dieses etwas, worum es geht, ist das Wichtige, nicht das
Beten. Und viele Male geht ihr beten, und euer
Wunsch wird nicht erfüllt. Dann hört ihr auf zu beten
und sagt: „Zwecklos!" Für euch ist es nur ein Zweck!

Beten kann niemals ein Mittel sein. Genausowenig
wie Liebe niemals ein Mittel sein kann. Liebe ist der
Zweck: du liebst nicht, um einem anderen Zweck zu
dienen; Liebe an sich ist der Wert – du liebst einfach! Es

ist so beseligend! Es führt nicht über sich selbst hinaus, es soll kein Ergebnis dabei herauskommen. Es ist kein Mittel zu irgendeinem Zweck, sondern Liebe ist Selbstzweck! Und Beten ist Liebe – du gehst einfach hin und genießt es, ohne zu bitten, ohne zu betteln.

Das Beten selbst, ganz für sich genommen, ist so schön, du fühlst dich dabei so ekstatisch und glücklich, daß du einfach hingehst und dem Göttlichen deinen Dank zeigst, daß es dich existieren läßt, daß es dich atmen läßt, daß es dich sehen läßt – was für Farben! Es hat dir erlaubt zu hören, es hat dir erlaubt, bewußt zu sein. Du hast es nicht verdient, es ist ein Geschenk. Du gehst mit einem tiefen Gefühl der Dankbarkeit in den Tempel, einfach um dich zu bedanken: „Was immer du mir gegeben hast – es ist zuviel. Ich habe es niemals verdient!" Verdienst du überhaupt etwas? Kannst du finden, irgend etwas verdient zu haben? Wenn es dich nicht gäbe, könntest du sagen, daß dir irgendein Unrecht geschehen ist? Nein! Alles, was du hast, ist einfach ein Geschenk, kommt aus der göttlichen Liebe. Du verdienst es nicht.

Gott fließt über von seiner Liebe. Wenn du dies verstehst, wird eine Eigenschaft in dir geboren: die Eigenschaft dankbar zu sein. Dann gehst du einfach hin, um ihm deinen Dank zu zeigen, dann fühlst du einfach Dankbarkeit. Dankbarkeit ist Beten, und es ist so schön, sich dankbar zu fühlen, daß es mit nichts zu vergleichen ist. Es gibt nichts im Vergleich dazu. Beten ist der Höhepunkt deines Glücks. Es kann nicht Mittel zu irgendeinem anderen Zweck sein.

Jesus sagt: *„...und wenn ihr betet, werdet ihr verdammt werden..."* – weil euer Beten falsch sein wird. Jesus weiß sehr wohl, daß ihr, wenn ihr zum Tempel geht, immer nur hingeht, um etwas zu betteln, zu bitten. Es wird ein Mittel sein, und wenn ihr aus eurem Beten ein Mittel macht, ist es eine Sünde.

Was ist eure Liebe? Denn über den Vergleich mit der Liebe könnt ihr verstehen, was beim Beten passiert. Liebst du einen Menschen – wirklich? Liebst du ihn, oder passiert etwas anderes? Eine gegenseitige Befriedigung? Wenn du einen Menschen liebst, *liebst* du wirklich diesen Menschen? Gibst du von Herzen? Oder beutest du nur den anderen im Namen der Liebe aus?

Ihr benutzt den anderen im Namen der Liebe. Es mag sexuell sein, es mag ein anderer Zweck dahinter stecken. Aber ihr benutzt den anderen. Und wenn der andere sagt: „Nein, benutze mich nicht!" – bleibt eure Liebe dann weiterhin da, oder wird sie verschwinden. Dann werdet ihr sagen: „Wozu das ganze?" Wenn der andere dich schätzt, wenn eine schöne Frau dich schätzt, ist dein Ego befriedigt. Eine schöne Frau schaut zu dir auf, und du fühlst zum ersten Mal, daß du ein Mann bist. Aber wenn sie dich nicht besonders schätzt, nicht zu dir aufschaut, verschwindet die Liebe. Wenn ein schöner Mann, ein starker Mann, zu dir als einer schönen Frau aufschaut, dich ständig zu schätzen weiß, fühlst du dich befriegt, weil dein Ego befriedigt ist.

Dies ist gegenseitige Ausbeutung – ihr nennt es Liebe. Und wenn es die Hölle ist, ist das kein Wunder; es *muß* zur Hölle werden, weil Liebe nur der Name ist, und sich unter dem Namen etwas anderes verbirgt. Liebe kann niemals die Hölle sein, Liebe ist der Himmel schlechthin. Wenn du liebst, bist du glücklich, und dein Glück wird zeigen, daß du liebst.

Aber seht euch Liebende an: sie scheinen nicht glücklich zu sein – nur am Anfang, wenn sie alles noch planen und sich gegenseitig – ahnungslos und unbewußt – Netze überwerfen, um einander zu fangen. Aber ihre Poesie und ihre Romantik und all ihr Unsinn ist nur dazu da, einander zu fangen. Sobald der Fisch im Netz ist, sind sie unglücklich, dann haben sie das Gefühl, in Gefangenschaft zu sein. Ihre Egos werden einander zur Fessel, und beide versuchen, sich gegenseitig zu besitzen und zu beherrschen.

Diese Liebe wird zur Verdammnis. Wenn deine Liebe falsch ist, kann dein Beten nicht richtig sein, denn Beten bedeutet, das Ganze zu lieben – und wenn du bei einem ganz gewöhnlichen Menschen in der Liebe versagt hast, wie kannst du dann in deiner Liebe zum Göttlichen Erfolg haben?

Liebe ist nur ein Schritt auf das Beten zu. Du mußt es lernen. Wenn du einen Menschen lieben kannst, kennst du ein Geheimnis. Der gleiche Schlüssel paßt auch zum Göttlichen, natürlich millionenfach vergrößert und multipliziert. Sein Ausmaß ist riesig, aber der Schlüssel bleibt der gleiche. Liebe ist ein Zweck in sich, und es ist kein Ego in ihr. Wenn du egolos bist, *ist* Liebe. Dann gibst du einfach, ohne zu fragen, ohne jede Gegengabe. Du gibst einfach, weil das Geben so schön ist, und du teilst, weil das Teilen so wunderbar ist – und es geschieht ohne Kuhhandel. Wenn kein Kuhhandel dabei ist, kein Ego, fließt Liebe – dann bist du nicht mehr gefroren, dann schmilzt du. Dieses Schmelzen muß erlernt werden, weil du nur dann beten kannst.

Jesus sagt zu seinen Jüngern:

> *„... wenn ihr betet,*
> *werdet ihr verdammt werden..."*

Er kennt seine Jünger sehr gut.

> *„... und wenn ihr Almosen gebt,*
> *werdet ihr eurem Geist Böses antun."*

Habt ihr jemals beobachtet, was in euch passiert, wenn ihr einem Bettler etwas gebt? Geschieht es aus Freundlichkeit oder aus Ego? Wenn du allein auf der Straße bist und ein Bettler kommt, sagst du: „Geh weg!" Denn weil niemand da ist, der sehen kann, was du mit dem Bettler tust, fühlt sich dein Ego in keiner Weise angegriffen. Aber auch Bettler sind gut in Psychologie; sie werden dich niemals anbetteln, wenn du allein auf der Straße bist, und niemand ist in der Nähe. Dann gehen sie an dir vorbei – das ist nicht der richtige Moment. Aber wenn du mit ein paar Freunden zusammengehst, wissen sie dich zu packen. Sie werden dich auf dem Markt packen, wenn viele Menschen zusehen. Denn jetzt wissen sie, wenn du „Nein!" sagst, denken die Leute, wie unfreundlich du bist, wie grausam. Also gibst du jetzt etwas, um dein Ego zu retten. Du gibst nicht *dem Bettler,* es geschieht nicht aus Freundlichkeit. Und vergiß auch nicht, daß jedesmal, wenn du etwas gibst, der Bettler hingehen wird und anderen Bettlern erzählen wird, daß er dich getäuscht und zum Narren gehalten hat. Er wird dich auslachen, weil auch er weiß, warum du gegeben hast. Es hat nichts mit Freundlichkeit zu tun.

Freundlichkeit gibt aus einem anderen Grund: du empfindest das Unglück des anderen, du empfindest es so tief, daß du Teil davon wirst. Nicht nur empfindest du das Unglück, du fühlst auch die Verantwortlichkeit – daß du selbst irgendwie verantwortlich bist, wenn ein Mensch unglücklich ist. Denn das Ganze ist verantwortlich für die Teile: „Ich unterstütze die Gesellschaft, welche Bettler erzeugt. Ich helfe einer Gesellschaft, einer spezifischen Regierung, einer Struktur, welche Ausbeutung erzeugt; ich bin Teil davon und dieser Bettler ist ein Opfer." Du fühlst nicht nur Freundlichkeit, du fühlst auch Verantwortung: du *mußt* etwas tun. Und wenn du diesem Bettler gibst, wirst du nicht wollen, daß er dir dankbar ist. Vielmehr wirst du, wenn es aus Freundlichkeit geschieht, ihm dankbar sein; denn du weißt, wie nichtig dies ist.

Die Gesellschaft geht weiter, und du hast viel in diese Gesellschaft investiert, die dieses Bettlertum erzeugt. Und du weißt, daß du Teil dieses Establishments bist, in welchem es deshalb Arme gibt, weil die Reichen nicht ohne die Armen existieren können. Und du weißt sehr wohl, daß du ebenfalls Ambitionen hast, reich zu werden. Du empfindest die ganze Schuld, du empfindest die Sünde – aber dann ist Geben etwas vollkommen anderes. Wenn du das Gefühl hast, etwas Großartiges getan zu haben, nur weil du diesem Bettler zwei Pfennig gegeben hast, dann, so sagt Jesus:

„...hast du deinem Geist Böses angetan", denn du weißt nicht, was du tust.

Gib aus deiner Liebe heraus, gib aus deiner Freundlichkeit heraus. Aber dann gibst du nicht „einem Bettler", dann ist es kein „Almosen", dann teilst du einfach nur mit einem Freund. Wenn der Bettler zu einem Freund wird, ist alles ganz anders: Du bist nicht höher als der Bettler, du vollbringst keine große Tat an dem Bettler, das Ego ist nicht erfüllt. Im Gegenteil, du hast das Gefühl: „Ich kann nichts tun – die paar Pfennige zu geben, das ist keine große Hilfe."

Es geschah einmal: Ein Zen-Meister lebte in einer Hütte auf einem weit abgelegenen Berg, viele Meilen entfernt von der Stadt. Eines Nachts, es war Vollmond, kam ein Dieb herein. Der Meister machte sich große Sorgen, weil es gar nichts zu stehlen gab, außer einer einzigen Decke, und diese Decke hatte er sich umgelegt. Was also war zu tun? Er machte sich so große Sorgen, daß er, als der Dieb eintrat, die Decke direkt neben die Tür legte und sich selbst in einer Ecke versteckte.

Der Dieb sah sich in der ganzen Hütte um, aber in der Dunkelheit konnte er die Decke nicht sehen – es war nichts da. Frustriert, enttäuscht wollte er gerade umkehren. Da rief der Meister: „Warte! Nimm die Decke mit! Und es tut mir sehr leid, daß du einen so langen Weg hinter dir hast und die Nacht so kalt ist und es im Haus nichts gibt. Wenn du das nächste Mal kommst, laß es mich bitte vorher wissen. Ich werde etwas vorbereiten. Ich bin ein armer Mann, aber ich werde ein paar Vorbereitungen treffen, damit du stehlen kannst. Nur *verzeih mir bitte,* denn sonst werde ich sehr traurig sein: bitte nimm diese Decke und sag nicht nein!" Der Dieb konnte nicht glauben, was da passierte. Er hatte Angst; dieser Mann kam ihm seltsam vor, so hatte sich bisher noch niemand benommen. Er nahm einfach die Decke und rannte davon.

Der Meister schrieb in jener Nacht ein Gedicht. An seinem Fenster sitzend – die Nacht ist kalt und der Vollmond steht am Himmel – schrieb er ein Gedicht, und der Kern des Gedichtes war: „Was für ein schöner Mond! Ich wünschte, ich könnte diesem Dieb diesen Mond schenken!" Und Tränen flossen ihm aus den Augen, er weinte bitterlich und fühlte: „Dieser arme Mann ist von so weit her gekommen!"

Dann wurde der Dieb gefangen. Ihm wurden andere Verbrechen vorgehalten, aber auch diese Decke wurde bei ihm gefunden. Diese Decke war sehr berühmt – jeder wußte, daß sie diesem Zen-Meister gehörte. Und so mußte der Zen-Meister vor Gericht erscheinen. Der Richter sagte zu ihm: „Du brauchst nur zu sagen, daß diese Decke dir gehört, das wird reichen. Dieser Mann hat diese Decke aus deiner Hütte gestohlen – sag einfach nur ja, das genügt."

Der Meister sagte: „Aber er hat sie niemals gestohlen, er ist kein Dieb. Ich kenne ihn gut. Er hat mich einmal besucht, das stimmt, aber er hat nichts gestohlen – dies ist mein Geschenk, diese Decke habe ich ihm selbst gegeben. Und ich fühle mich immer noch schuldig, daß ich nicht mehr zu geben hatte. Die Decke ist alt, praktisch wertlos; und dieser Mann ist so gut, daß er sie entgegengenommen hat. Nicht nur das, in seinem Herzen empfand er Dankbarkeit mir gegenüber."

Jesus sagt:

„... *und wenn ihr Almosen gebt,*
werdet ihr eurem Geist Böses antun."

Denn ihr werdet aus den verkehrten Gründen geben. Man kann etwas Gutes aus den falschen Gründen tun, und dann verfehlt man es, dann verfehlt man es total.

„*Und wenn ihr in irgendein Land geht*
und durch die Gegenden wandert,
und sie euch dort willkommen heißen,
dann eßt, was sie euch vorsetzen
und heilt die Kranken unter ihnen."

Zwei Dinge sagt Jesus zu seinen Jüngern – erstens: „Ganz gleich was sie euch geben, nehmt es entgegen, stellt keine Bedingungen."

Der Buddhismus hat sich sehr weit verbreitet – fast die halbe Welt wurde buddhistisch; aber die Jaina-Mönche kamen nicht über Indien hinaus, und so blieben die Jainas auf dieses Land beschränkt, es gibt nicht mehr als dreißig *lakhs* (drei Millionen). Mahavira und Buddha waren vom gleichen Kaliber, warum also konnten die Jainas ihre Botschaft nicht außer Landes schicken? Das lag am Jaina-Mönch; denn er weigert sich, er hat Bedingungen: es muß eine ganz besondere Art von Speise sein, auf eine ganz besondere Art zubereitet, auf eine ganz besondere Art dargereicht. Wie kann er da das Land verlassen? Selbst in Indien kann er nur durch solche Städte ziehen, wo Jainas wohnen, denn er wird keine Speise von anderen entgegennehmen. Aufgrund dieser Eßmarotte wurde Mahavira nutzlos für die Welt, hatte die Welt von einem großen Mann keinen Nutzen.

Jesus sagt zu seinen Jüngern: „... Geht in gleich welches Land und durchzieht die Gegenden, *und wenn sie euch dort willkommen heißen, dann eßt, was immer sie euch vorsetzen* – stellt keine Bedingungen, daß ihr nur eine ganz bestimmte Nahrung zu euch nehmen werdet."

Ihr solltet ohne Bedingungen durch die Welt gehen. Wenn ihr Bedingungen stellt, seid ihr eine Last. Deshalb waren Jesus-Jünger nie eine Last: Sie essen alles, was ihnen gegeben wird, sie tragen alles, was sie an Kleidern bekommen, sie leben in jedem Klima, mit allen möglichen Menschen zusammen, mischen sich mit allen und jedem. Darum konnte sich das Christentum wie ein Feuer ausbreiten: es liegt an der Haltung des Jüngers – er stellt keine Bedingungen.

Zweitens sagt Jesus, daß sie nur eines tun sollen:

„... *und heilt die Kranken unter ihnen.*"

Er sagt nicht: „Lehrt sie die Wahrheit." Nein! Das ist

Unsinn! Er sagt nicht: „...Zwingt sie, an meine Botschaft zu glauben. Das ist Unsinn! Heilt einfach die Kranken! Denn wenn ein Mensch krank ist, wie soll er die Wahrheit verstehen? Wie soll er sie verstehen können? Wenn seine Seele krank ist, wie kann er meine Botschaft empfangen? Heilt den Kranken! Macht ihn ganz, das ist alles." Sobald er heil und gesund ist, kann er auch die Wahrheit verstehen.

„Seid Diener, Heiler – helft den Menschen einfach, heil zu werden." Psychologisch ist jeder krank. Physiologisch mag nicht jeder krank sein, aber jeder ist krank, was seine Psyche betrifft, und psychisch ist eine tiefe Heilung nötig. Jesus sagt: „Seid Therapeuten; geht hin und heilt ihren Geist."

Versucht zu verstehen, was das Problem mit der Psyche ist: Gespalten ist sie krank, ungespalten ist sie geheilt. Wenn es im Psychischen viele Widersprüche gibt, ist sie krank, ist sie wie eine Menschenmasse, ein wahnsinniger Mob. Aber wenn es in der Psyche nur eines gibt, ist sie geheilt – weil durch das Eine eine Kristallisation zustandekommt. *Solange die Psyche noch nicht „ver-eint" ist,* bleibt sie krank.

Es gibt gewisse Momente, wo sich auch *deine* Psyche „vereint". Manchmal kommen zufällig ganz bestimmte Augenblicke: Eines Morgens stehst du auf, es ist früh am Morgen, alles ist frisch, und die Sonne geht gerade auf; das Ganze ist so schön, daß du dich sammelst. Du vergißt den Markt, wo du hinmußt, du vergißt das Büro, wo du hinmußt, du vergißt, daß du ein Hindu oder ein Mohammedaner oder ein Christ bist, du vergißt, daß du ein Vater, eine Mutter oder ein Sohn bist – du vergißt diese Welt. Die Sonne ist so schön und der Morgen so frisch, du verlierst dich darin, du wirst eins damit. Einen einzigen Augenblick lang ist dein Geist, wenn du eins bist, geheilt und gesund; du spürst, wie sich ein Glücksgefühl über dein ganzes Wesen ausbreitet. Es kann zufällig kommen, aber du kannst es auch bewußt herbeiführen.

Wann immer der Geist eins ist, kommt augenblicklich eine höhere Qualität zum Ausdruck, und das Niedere legt sich. Es ist genau wie in einer Schule: Wenn der Direktor in der Schule ist, dann arbeiten die Lehrer gut und die Schüler lernen gut und es herrscht Ordnung. Aber wenn der Direktor ausgegangen ist, dann sind die Lehrer die höchste Autorität und es gibt nicht mehr soviel Ordnung, weil die Lehrer tun und lassen können, was sie wollen. Eine niedere Energie beginnt zu wirken – sie fangen an zu rauchen, sie trinken zwischendurch Tee und sie fangen an zu plaudern. Trotzdem sind die Schüler, solange die Lehrer noch da sind, diszipliniert. Aber eine Klasse wird zum Chaos, wenn der Lehrer hinausgeht; sie wird zur Masse, zur wahnsinnigen Masse. Der Lehrer betritt die Klasse – plötzlich verändert sich alles; eine „höhere Kraft" ist eingetreten, das Chaos verschwindet.

Ein Chaos zeigt lediglich, daß die höhere Kraft fehlt. Wenn kein Chaos da ist, wenn Harmonie herrscht, zeigt das nur, daß die höhere Kraft präsent ist. Euer Geist ist ein Chaos – ein höherer Punkt ist nötig, eine höhere Kristallisation ist nötig. Ihr seid genau wie Schulkinder, eine Klasse, wahnsinnige Klasse, und der Lehrer ist nicht da. Jedesmal wenn ihr euch konzentriert, wird augenblicklich eine höhere Funktion wirksam.

So sagt Jesus: „Heilt!" Das Wort „heilen" kommt aus derselben Wurzel wie das Wort „heil"; und das Wort „heilig" kommt ebenfalls von der gleichen Wurzel wie die Worte „heilen" und „heil". Heile einen Menschen, und er wird heil und ganz, und wann immer ein Mensch heil und ganz wird, ist er heilig. Dies ist der ganze Prozeß. Die Psyche ist in einem kranken Zustand, weil es in ihr kein Zentrum gibt. Hast du in deinem Innern ein Zentrum? Kannst du sagen: „Dies Zentrum bin ich?" Jeden Augenblick verändert es sich: am Morgen bist du wütend; dann hast du das Gefühl, daß du diese Wut bist; am Nachmittag wirst du liebevoll, dann glaubst du: „Diese Liebe bin ich." Am Abend bist du frustriert und dann denkst du: „Diese

Frustration bin ich." Gibt es in dir irgendein Zentrum? Oder bist du nur eine wogende Masse?

So wie du bist, ist noch kein Zentrum da – und ein Mensch ohne ein Zentrum ist krank. Ein heiler Mensch ist ein Mensch mit einem Zentrum. Jesus sagte: „Gebt den Menschen ein Zentrum!", so daß ständig in dir ein Zentrum ist. Auch wenn um dich herum ein Chaos wogt, bleibst du zentriert, vierundzwanzig Stunden am Tag; eines bleibt ununterbrochen gleich – dieses Kontinuum wird zu deinem Selbst.

Seht es einmal so: es gibt drei Schichten der Existenz. Die eine Schicht ist die der Objekte, die objektive Welt; von allen Seiten liefern dir deine Sinne Informationen über sie – deine Augen sehen, deine Ohren hören, deine Hände berühren. Die objektive Welt ist die erste Schicht der Existenz, und wenn du dich in sie verlierst, gibst du dich mit dem Oberflächlichsten zufrieden. Eine zweite Schicht existiert in deinem Inneren, die Schicht der Psyche: Gedanken, Gefühle, Liebe, Wut, Empfindungen – das ist die zweite Schicht. Die erste Schicht ist allen gemeinsam – wenn ich einen Stein in der Hand habe, könnt ihr alle ihn sehen – es ist eine gemeinsame Objektivität. Aber niemand kann sehen, was im Inneren deines Geistes ist.

Wenn ihr mich seht, seht ihr nie mich, sondern seht nur meinen Körper; wenn ich euch sehe, sehe ich nie euch, sondern sehe nur euren Körper. Niemand kann sehen, was in dir vorgeht. Ein anderer kann dein Verhalten sehen: wie du handelst, was du tust, wie du reagierst. Er kann Wut auf deinem Gesicht sehen, das Rotwerden, die Grausamkeit, die dich übermannt, die Gewalt in deinen Augen, aber er kann nicht die Wut im Inneren deines Geistes sehen. Er kann die liebende Geste sehen, die du mit deinem Körper machst, aber er kann nicht die Liebe sehen. Und vielleicht machst du nur eine Geste, es ist vielleicht gar keine Liebe da. Du kannst andere täuschen, indem du nur schauspielerst, und genau das ist bisher geschehen.

Dein Körper kann von jedem anderen wahrgenommen werden, nicht aber dein Geist. Die objektive Welt ist gemeinsam, und das ist die Welt der Wissenschaft. Die Wissenschaft sagt, daß sie die einzige Wirklichkeit ist. Denn: „Wir können nichts über deine Gedanken wissen – niemand weiß, ob sie existieren. Nur du behauptest, daß es sie gibt, aber sie sind nicht gemeinsam, nicht objektiv; wir können nicht mit ihnen experimentieren, wir können sie nicht sehen. Du berichtest von ihnen, aber du kannst uns ja auch täuschen oder dich selbst täuschen – wer weiß?"

Eure Gedanken sind keine Dinge, aber ihr wißt sehr wohl, daß sie existieren. Nicht nur Dinge existieren, auch Gedanken existieren. Aber Gedanken sind persönlich, privat, sie sind nicht gemeinsam.

Die äußere Schicht, die erste Schicht, die Wirklichkeit der Oberfläche, führt in die Wissenschaft. Die zweite Schicht, die der Gedanken und Gefühle, führt in die Philosophie, die Dichtung. Aber ist dies alles? Materie und Geist? Wenn dies alles ist, dann könnt ihr niemals zentriert sein, weil der Geist ein ständiger Strom ist. Er hat kein Zentrum: Gestern hattest du bestimmte Gedanken, heute hast du andere Gedanken, morgen wirst du wieder andere Gedanken haben – es ist wie ein Fluß, es gibt kein Zentrum darin.

Im Geist könnt ihr kein Zentrum finden: Gedanken wechseln, Gefühle wechseln, es ist ein Strom. Dann müßt ihr immer krank bleiben, euch unwohl fühlen, könnt ihr niemals ganz sein! Aber es gibt auch noch eine weitere Schicht der Existenz, die tiefste.

Zuerst kommt die objektive Welt – die Wissenschaft und ihre Welt. Dann kommt die Gedankenwelt – Philosophie und Dichtung, Gefühle, Gedanken. Schließlich ist da noch eine dritte Welt, und die gehört der Religion an. Und das ist die des Zeugen – dessen, der sich die Gedanken anschaut, dessen, der sich die Dinge anschaut.

Dieser eine ist *eins,* es gibt keine zwei. Ob du ein Haus siehst oder die Augen schließt und das Bild des

Hauses in dir siehst, der Schauende bleibt der gleiche. Ob du die Wut anschaust oder die Liebe anschaust, der Schauende bleibt der gleiche. Ob du traurig bist oder glücklich, ob das Leben zu Poesie wird, oder ob das Leben zum Alptraum wird, das macht keinen Unterschied – der Schauende bleibt der gleiche, der Zeuge bleibt der gleiche. Der Zeuge ist das einzige Zentrum, und dieser Zeuge ist die Welt der Religion.

Wenn Jesus sagt: „Geht hin und heilt Menschen", sagt er damit: „Geht hin und gebt ihnen ihr Zentrum, macht Zeugen aus ihnen. Dann werden sie sich weder in die Welt verstricken, noch werden sie sich in ihre Gedanken verstricken; sie werden in ihrem Sein wurzeln." Und sobald du im Sein wurzelst, verändert sich alles, verändert sich die Qualität – dann kannst du beten.

Aber dann betest du nicht mehr aus falschen Gründen, dann wird dein Gebet reine Dankbarkeit. Dann betest du nicht wie ein Bettler, sondern wie ein Kaiser, der zuviel von allem hat. Dann wirst du *geben*. Aber du wirst nicht dem Ego zuliebe geben, du wirst aus Mitgefühl geben. Du wirst geben, weil das Geben so schön ist und dich so selig macht. Dann kannst du fasten, aber dieses Fasten wird nicht vom Essen beherrscht sein, dieses Fasten wird vollkommen anders sein.

Genau das ist Mahaviras Fasten: vollkommen anders. Du wirst manchmal den Körper so sehr vergessen, daß du nicht einmal merkst, daß Hunger da ist; du wirst dich so sehr vom Körper entfernen, daß der Körper dir nicht mehr mitteilen kann, daß du hungrig bist. Das Wort für Fasten im Sanskrit ist sehr schön: das Wort heißt *upawas*. Der Wortsinn hat überhaupt nichts mit Essen oder Nicht-Essen zu tun, auch nichts mit Fasten. Das Wort bedeutet einfach „dir selbst näher leben"; *upawas* bedeutet „dir selbst näher wohnen", „dir selbst näher sein". Es kommt ein Augenblick, wo du so in dir zentriert bist, daß der Körper vollkommen vergessen ist, so als wäre gar kein Körper da. Dann kannst du den Hunger nicht fühlen, und das Fasten geschieht von allein – aber es ist ein Geschehen, es ist kein Tun.

Du kannst in diesem zentrierten Zustand viele Tage lang verharren. Das ist einmal Ramakrishna passiert: Er geriet manchmal in Ekstase und blieb sechs oder sieben Tage lang wie tot. Sein Körper bewegte sich dann überhaupt nicht, sondern behielt die gleiche Stellung; wenn er gerade gestanden hatte, blieb er die ganze Zeit stehen. Die Jünger mußten ihn dann zum Liegen bringen, und sie mußten ihn zwangsernähren, mit etwas Wasser, etwas Milch – aber es war, als wäre er gar nicht da. Das heißt Fasten: Weil du nicht länger im Körper bist.

Obwohl du im Körper bist, bist du dann nicht mehr im Körper. Aber dies kannst du nicht *tun*. Wie könntest du es *tun?* Denn alles Tun geschieht durch den Körper. Du mußt den Körper benutzen, um etwas zu tun. Dieses Fasten kann nicht getan werden, weil dieses Fasten Körperlosigkeit bedeutet. Es kann passieren – es passiert einem Mahavira, einem Jesus, einem Mohammed. Es kann auch dir passieren.

Jesus sagt: „Geht unter die Menschen,

eßt, was sie euch vorsetzen,
und heilt die Kranken unter ihnen.

Denn was in euren Mund hineingeht,
das wird euch nicht verunreinigen,
aber was aus eurem Mund herauskommt,
das wird euch verunreinigen."

Dies ist ein sehr bedeutsamer Spruch. Kümmert euch also nicht so darum, ob die Nahrung rein ist oder nicht, oder ob ein *shudra,* ein Unberührbarer, sie berührt hat, oder ob eine menstruierende Frau vorbeigekommen ist und die Speise mit ihrem Schatten verunreinigt hat. Es geht nicht darum, was ihr einnehmt, es geht darum, was ihr ausgebt – denn das, was ihr ausgebt, zeigt eure Qualität; es kommt darauf an, wie ihr das transformiert, was ihr in euch aufnehmt.

Ein Lotus wird im Schlamm geboren; der Schlamm wird verwandelt, wird zum Lotus. Der Lotus sagt nie: „Ich will diesen Schlamm nicht essen, er ist schmutzig." Nein, darum geht es nicht. Wenn du ein Lotus bist, ist nichts schmutzig. Wenn du die Anlage zu einem Lotus hast, wenn du diese transformierende Kraft besitzt, diese Alchemie, dann kannst du im Schlamm bleiben, und es wird ein Lotus geboren werden. Und wenn du nicht die Qualität eines Lotus hast, dann wird aus dir, selbst wenn du im Gold lebst, nur Schlamm hervorkommen. Was hineingeht, ist nicht das Wesentliche. Das Wesentliche ist, daß alles, was hineingeht, transformiert wird, wenn du in dir zentriert bist. Es nimmt deine Seinsqualität an und tritt in Erscheinung.

Es geschah in Buddhas Leben: Zufällig wurde er vergiftet. Es war eine Speisevergiftung, aber es war Zufall. Ein armer Mann hatte tagelang darauf gewartet, Buddha in seinem Haus bewirten zu können. Und so kam er eines Tages zu sehr früher Stunde, vier Uhr morgens, und stellte sich neben den Baum, unter dem Buddha schlief, so daß er der erste war, der ihn einladen konnte – und er *war* der erste. Buddha öffnete seine Augen und der Mann sagte: „Bitte nimm meine Einladung an! Ich habe viele, viele Tage lang darauf gewartet und mich seit Jahren darauf vorbereitet. Ich bin ein armer Mann und kann mir nicht viel leisten. Aber dies ist eine alte Sehnsucht, daß du kommst und in meinem Hause ißt." Buddha sagte: „Ich werde kommen."

In demselben Augenblick näherte sich der König der Stadt mit seinem Prunkwagen, seinen Ministern, einem langem Gefolge, und bat Buddha: „Komm, ich lade dich ein!"

Buddha sagte: „Das ist schwierig; meine Jünger werden zu dir in den Palast kommen, aber ich habe bereits eine Einladung angenommen – und dieser Mann hier war da, als ich meine Augen öffnete, war der erste, der mich einlud. Ich muß also zu ihm gehen."

Der König versuchte, ihn zu überzeugen, daß das nicht recht war: „Dieser Mann, was kann er dir zu essen bieten? Seine Kinder hungern, er hat nichts zu essen!"

Buddha sagte: „Darum geht es nicht. Er lädt mich ein, und ich muß gehen." Also ging Buddha.

Was hatte dieser Mann getan? In Bihar und in anderen armen Teilen Indiens sammeln die Menschen während der Regenzeit viele Lebensmittel; alles, was wächst und aus der Erde sprießt, sammeln sie. Eine Art Blume, die *kukarmutta,* eine breite, regenschirmförmige Pflanze kommt in der Regenzeit, und sie sammeln sie, trocknen sie und bewahren sie das ganze Jahr auf. Das ist ihr einziges Gemüse – aber manchmal wird es giftig.

Dieser Mann also hatte *kukarmutta* für Buddha gesammelt. Er hatte sie getrocknet und zubereitet, aber als Buddha anfing zu essen, war es giftig, war es sehr bitter. Aber es war das einzige Gemüse, das der Mann zubereitet hatte, und wenn Buddha gesagt hätte: „Dies ist bitter und ich kann es nicht essen", wäre er verletzt gewesen, weil er nichts anderes hatte. Buddha aß also weiter und erwähnte mit keinem Wort, daß es bitter und giftig war. Und der Mann war sehr glücklich. Buddha ging heim, und das Gift fing an zu wirken. Der Arzt kam und sagte: „Es ist ein sehr schwerer Fall. Das Gift ist bereits in den Blutkreislauf eingedrungen und es ist unmöglich, jetzt noch etwas zu tun – Buddha wird sterben müssen!"

Das erste, was Buddha tat, war folgendes: Er versammelte seine Jünger und sagte zu ihnen: „Dieser Mann ist nicht gewöhnlich, dieser Mann ist außergewöhnlich. Denn die allererste Speise bekam ich von meiner Mutter, und dies war die allerletzte Speise – er ist wie meine Mutter. Ehrt ihn also, weil es etwas ganz Außergewöhnliches ist!"

„Alle paar tausend Jahre einmal kommt ein Buddha, und nur zwei Menschen haben diese außergewöhnliche

Gelegenheit: Der erste Mensch ist die Mutter, die dem Buddha hilft, in die Welt einzutreten, und der letzte ist dieser Mann, der mir hilft, in die andere Welt einzutreten. Geht also hin und verkündet den Leuten, daß dieser Mann verehrt werden soll. Er ist groß."

Die Jünger waren tief bestürzt, weil sie bereits daran dachten, den Mann zu töten. Als alle gegangen waren sagte Ananda zu Buddha: „Dies ist wirklich zuviel verlangt von uns, diesen Mann auch noch zu verehren. Er ist ein Mörder, er hat dich getötet. Das darfst du also nicht verlangen. Warum verlangst du dies?"

Buddha sagte: „Ich kenne euch. Ihr könntet ihn töten – genau darum sage ich es. Geht und erweist ihm Respekt. Dies ist eine einmalige Chance, die nur ganz selten auf der Welt passiert: einem Buddha seine letzte Speise zu reichen."

Gift wird ihm gegeben, aber Liebe kommt heraus. Dies ist die Alchemie: Er hat Mitgefühl mit diesem Mann, der ihn fast getötet hat. Selbst wenn einem Buddha Gift gegeben wird, kommt nur Liebe heraus. Jesus sagt:

> *„Denn was in euren Mund hineingeht,*
> *das wird euch nicht verunreinigen",*

selbst Gift kann euch nicht verunreinigen,

> *„aber was aus eurem Mund herauskommt,*
> *das wird euch verunreinigen."*

Achtet also darauf, wie ihr die Dinge transformiert: Wenn euch jemand beleidigt, euch mit einer Beleidigung speist, wird euch das nicht verunreinigen. Was kommt aber jetzt aus euch heraus? Wie transformiert ihr die Beleidigung? Kommt Liebe aus euch oder Haß?

Darum sagt Jesus: „Denkt an das, was aus euch herauskommt, kümmert euch nicht viel darum, was hineingeht." Und das müßt ihr euch ebenso merken, sonst kann euer ganzer Weg in die Irre führen. Wenn ihr ständig nur daran denkt, was hineingeht, dann werdet ihr niemals jenes Seinspotential entwickeln, welches Dinge transformieren kann. Dann wird die ganze Sache äußerlich: koscheres Essen, diese Spezialität und jene Spezialität; niemand darf dich berühren, du bist ein Brahmane, eine reine Seele! So wird die ganze Sache Unsinn! Worauf es wirklich ankommt ist nicht, was hineingeht, worauf es ankommt ist, nie zu vergessen, daß du es selbst verwandeln mußt.

Shankaracharya war einmal in Benares, und eines Morgens ging er hin, um sein rituelles Bad im Ganges zu nehmen, in dem Gedanken, nach alter brahmanischer Denkweise, daß der Ganges dich reinwaschen kann. Als er vom Bad zurückkehrte, berührte ihn ein Unberührbarer, ein *shudra*. Er wurde sehr wütend, und er sagte: „Was hast du getan? Jetzt muß ich hingehen und noch ein Bad nehmen. Du hast mich verunreinigt!"

Es heißt, der *shudra* habe erwidert: „Dann ist dein Ganges nicht viel wert. Denn wenn der Ganges dich reinigt und du jetzt frisch gebadet und gereinigt ankommst, und ich dich berühre, und du dich dadurch verunreinigst, dann bin ich größer als dein Ganges."

Und der *shudra* fuhr fort: „Was für ein Seher bist du eigentlich? Denn ich habe dich sagen hören, daß in jedem das Eine existiert. Laß mich dich also fragen, ob die Berührung meines Körpers dich verunreinigt hat? Wenn dem so ist, bedeutet das, das mein Körper deine Seele berühren kann. Aber du sagst, der Körper ist eine Illusion, nur ein Traum, und wie kann ein Traum die Wirklichkeit berühren? Und wie kann ein Traum die Wirklichkeit verunreinigen? Wie kann etwas, das nicht ist, etwas verunreinigen, das ist? Oder, wenn du sagst, daß nicht mein Körper, sondern meine Seele dich verunreinigt hat, weil eine Seele eine andere Seele berühren kann, bin ich dann nicht das *brahma*, bin ich dann nicht jenes Eine, von dem du redest? Sage mir also, wer dich verunreinigt hat?"

Es heißt, daß Shankara sich verbeugte und sagte: „Bis jetzt habe ich nur über das Eine nachgedacht, war es nur eine Philosophie. Jetzt hast du mir den richtigen Weg gezeigt, jetzt kann mich niemand mehr verunreinigen. Jetzt verstehe ich: Das Eine existiert, nur das Eine existiert. Und das gleiche ist in mir, und das gleiche ist in dir." Später gab sich Shankara viel Mühe herauszufinden, wer dieser Mann war. Er konnte es nie herausfinden; es kam nie heraus, wer dieser Mann war. Es mag Gott selbst gewesen sein, es mag die Quelle selbst gewesen sein... jedenfalls wurde Shankara verwandelt.

Was in dich hineingeht, kann dich nicht verunreinigen, denn alles, was hineingeht, geht in den Körper. Nichts kann in *dich* hineingehen. *Deine* Reinheit ist absolut. Aber alles, was herauskommt aus dir, trägt deine Qualität, das Aroma deines Wesens – es zeigt etwas. Wenn Wut aus dir kommt, zeigt dies, daß du drinnen krank bist; wenn Haß aus dir kommt, zeigt dies, daß du drinnen nicht heil bist; wenn Liebe und Mitgefühl und Licht aus dir kommen, zeigt dies, daß die Ganzheit erreicht wurde.

Ich hoffe, ihr werdet diesen seltsamen Spruch verstehen. Ihn mißzuverstehen ist leicht, und bei Menschen wie Jesus ist ein Mißverstehen immer möglich, ist Verstehen fast unmöglich – denn sie sprechen Wahrheiten aus, und Wahrheiten sind immer paradox, weil ihr nicht bereit seid zuzuhören, nicht zentriert seid.

Ihr versteht durch den Verstand, und der Verstand wirft alles durcheinander, verwirrt sich und interpretiert – und dann wird ein Spruch wie dieser gefährlich. Ich muß euch dazu sagen, daß dieser Spruch nicht in der autorisierten Bibelversion überliefert wurde. Er wurde weggelassen – weil das, was Jesus hier sagt, gefährlich ist! Er wurde aufgezeichnet, aber nicht in der autorisierten Version, nicht in der Bibel, an die die

Christen glauben. Aber als Jesus sprach, zeichneten noch sehr viel mehr Leute auf, was er sagte, und diese Aufzeichnung hat überlebt. Sie wurde erst vor zwanzig Jahren in einer Höhle in Ägypten entdeckt.

All diese Jesusworte, die wir hier besprechen, stammen aus dieser Aufzeichnung. Sie stammen nicht aus der autorisierten Version: denn die autorisierte Version kann niemals wahr sein. Das ist unmöglich. Sobald man eine Religion organisiert, stirbt ihr Geist; etwas Organisiertes ist tot. Und dann gibt es da auch handfeste Interessen. Wie kann der Papst im Vatikan sagen: *"Wenn ihr fastet, werdet ihr euch versündigen."*? Dann würde niemand fasten! *"Und wenn ihr betet werdet ihr verdammt werden."*? Dann würde niemand beten! *"Und wenn ihr Almosen gebt, werdet ihr eurem Geist Böses tun."*? Dann würde niemand mit Spenden kommen! Wie könnte dann diese riesige Organisation, die Kirche, existieren?

Die Christen haben die größte Organisation, die es gibt: Es gibt allein über eine Millionen katholische Priester – Tausende und Abertausende von Kirchen überall auf der Erde. Die reichste Organisation, die es gibt, ist die katholische Christenheit; nicht einmal Regierungen sind so reich, weil jede Regierung bankrott ist. Aber der Papst des Vatikans ist der reichste Mann mit der größten Organisation auf der ganzen Welt, dem einzigen internationalen Staat – nicht so sichtbar, sehr unsichtbar, aber mit Millionen von Menschen, die unter ihm arbeiten.

Wie ist das möglich? All das geschieht durch Spenden, und wenn Christen erfahren, daß Jesus sagt: „Spendet nicht, sonst *werdet ihr eurem Geist Böses tun...*"? Und all diese Kirchen sind fürs Beten gebaut worden. Wenn also die Leute erfahren, daß Jesus sagt: „Betet nicht, sonst versündigt ihr euch", wer wird dann hingehen und dort beten? Und wenn es kein Gebet gibt, wenn es kein Fasten gibt, keine Rituale, keine Spenden, wovon sollen dann die Priester leben? Jesus entzieht jeglicher organisierten Religion die Grundlage

– dann kann es wohl einen Jesus geben, aber kein Christentum mehr.

Dieses Jesuswort ist nicht in der autorisierten Fassung überliefert worden. Es muß ausgelassen worden sein. Man kann es auch mißverstehen. Aber wenn ihr fühlen könnt, was ich sage, werdet ihr verstehen. Er ist nicht gegen das Beten, er ist nicht gegen das Fasten, er ist nicht gegen das Geben und das Teilen – er ist gegen eure falschen Gesichter.

Das Wirkliche muß aus eurem Wesen kommen. Erst müßt ihr euch verändern und transformiert werden, und dann wird alles, was ihr tun werdet, gut sein.

Jemand fragte einmal den Heiligen Augustinus: „Was sollen wir tun? Und ich bin nicht sehr gelehrt; sag es mir also so kurz und in so wenigen Worten wie möglich."

Augustinus sagte: „Dann ist nur eines zu sagen: Liebe! Und dann ist alles, was du tust, richtig."

Wenn du liebst, natürlich, dann wird alles richtig; aber wenn du nicht liebst, wird alles falsch.

Liebe heißt: Sei egolos! Liebe heißt: Sei zentriert! Liebe heißt: Bleibe selig! Liebe heißt: Sei dankbar! Dies ist die Bedeutung: Lebe durch dein *Sein,* nicht durch dein Tun. Denn alles Tun ist an der Oberfläche, das Sein ist in der Tiefe.

Laß die Dinge aus deinem Sein kommen. Manipuliere und kontrolliere dein Tun nicht, sondern transformiere dein Sein. Worauf es ankommt, ist nicht, was du tust, worauf es ankommt ist, was du *bist.*

Kapitel 6

Das verlorene Schaf ist das beste

Jesus sagte:
„Das Königreich ist wie ein Hirte,
der einhundert Schafe hatte.

Eines verirrte sich,
welches das größte war.

Er ließ die neunundneuzig zurück,
er suchte nach dem einen,
bis er es fand.

Erschöpft
sagte er zu dem Schaf:
‚Ich liebe dich mehr als die neunundneunzig.'"

Eines der rätselhaftesten Probleme seit eh und je: Was wird aus den Sündern, aus denen, die sich verirrt haben? Was ist das Verhältnis zwischen dem Göttlichen und dem Sünder? Wird der Sünder bestraft werden? Wird es eine Hölle geben? Denn alle Priester haben darauf bestanden, daß der Sünder in die Hölle geworfen werden wird, daß er bestraft werden soll. Aber kann Gott jemanden bestrafen? Ist nicht genug Mitgefühl da? Und wenn Gott nicht vergeben kann, wer soll dann vergeben können?

Viele Antworten hat man gegeben, aber die Antwort von Jesus ist die schönste. Bevor wir in diesen Spruch hineingehen, müssen viele andere Dinge verstanden werden; sie werden euch den Hintergrund liefern.

Immer wenn wir einen Menschen bestrafen, tun wir es aus einem ganz anderen Grund als unsere Rationalisierungen – gleich welche – wahrhaben wollen. Und vergeßt nicht den Unterschied zwischen Grund und Rationalisierung. Du magst ein Vater oder eine Mutter sein, und dein Kind hat etwas getan, das du nicht billigst. Es geht nicht darum, ob das Kind etwas Richtiges oder Falsches getan hat, denn wer weiß schon, was richtig und was falsch ist? Du jedenfalls tadelst es, und alles, was du tadelst, ist somit falsch. Es mag falsch sein, es mag nicht falsch sein, darum geht es nicht – alles, was *du* billigst, ist richtig. Es geht also um deine Billigung und Mißbilligung.

Und wenn sich ein Kind verirrt, etwas tut, das in deinen Augen falsch ist, bestrafst du es. Der tiefe Grund ist, daß es nicht gehorcht hat – nicht, daß es etwas falsch gemacht hat; der tiefe Grund ist, daß sich dein Ego verletzt fühlt. Das Kind hat sich mit dir angelegt, es hat sich selbst behauptet. Es hat Nein zu dir gesagt, dem Vater, der Autorität, dem Mächtigen, also bestrafst du das Kind. Der Grund ist, daß dein Ego verletzt ist, und die Strafe ist eine Art Rache.

Aber die Rationalisierung ist anders: Du sagst, weil es etwas Falsches getan hat und es zurechtgewiesen werden muß – wenn es nicht bestraft wird, wie soll es dann richtig handeln? Also muß es bestraft werden, wenn es in die falsche Richtung geht, und es muß belohnt werden, wenn es dir folgt. Auf diese Weise soll es für ein richtiges Leben konditioniert werden. Dies ist die Rationalisierung, dies ist es, was du in deinen Gedanken darüber sagst, aber dies ist nicht der eigentliche, unbewußte Grund.

Der unbewußte Grund ist völlig anders: nämlich dem Kind zu zeigen, wo es hingehört, es daran zu erinnern, daß du der Boß bist, und nicht das Kind, daß du zu entscheiden hast, was richtig und was falsch ist; daß du es bist, der ihm die Richtung zeigt; daß es nicht frei ist, daß du es besitzt, daß du der Eigentümer bist – und wenn es nicht hören will, muß es fühlen.

Wenn ihr die Tiefenpsychologen fragt, werden sie sagen, daß man bei allen Verhaltensweisen diesen Unterschied zwischen Grund und Rationalisierung sehr genau verstehen muß. Eine Rationalisierung ist ein sehr listiges Mittel – sie verbirgt den wirklichen Grund und gibt dir dafür etwas Falsches, aber oberflächlich sieht es absolut okay aus. Und dies geschieht nicht nur zwischen einem Vater und einem Kind, einer Mutter und einem Kind, es geschieht ebenfalls zwischen der Gesellschaft und solchen Kindern, die in die Irre gegangen sind. Darum gibt es ein Gefängnis, gibt es das Gesetz – es ist eine Rache, eine Rache seitens der Gesellschaft.

Die Gesellschaft kann einen rebellischen Menschen nicht tolerieren, weil so einer ihre ganze Struktur zerstören wird. Er könnte recht haben: Athen konnte Sokrates nicht tolerieren, nicht weil er irrte – er hatte absolut recht – aber Athen konnte ihn nicht tolerieren, weil die ganze Gesellschaftsstruktur, wäre er toleriert worden, verloren gewesen wäre, den Hunden zum Fraß vorgeworfen: Dann kann die Gesellschaft nicht weiterexistieren. Sokrates muß der Gesellschaft geopfert werden.

Und Jesus wurde nicht gekreuzigt, weil was immer er

sagte, falsch war – nie wurden auf dieser Erde so wahre Worte ausgesprochen –, sondern er wurde der Gesellschaft deshalb geopfert, weil die Art, wie er sprach, die Art, wie er sich benahm, für die Struktur gefährlich war.

Die Gesellschaft kann das nicht tolerieren, sie wird dich bestrafen. Aber sie rationalisiert auch: Sie sagt, sie bestraft dich nur, um dich zu berichtigen, nur zu deinem eigenen Besten. Aber niemand kümmert sich je darum, ob dieses „Beste" je erreicht wird oder nicht. Wir haben seit Tausenden von Jahren Verbrecher bestraft, aber niemand schert sich darum, ob diese Verbrecher jemals durch unsere Bestrafung transformiert werden oder nicht. Die Verbrecher nehmen ständig zu: So, wie die Gefängnisse zunehmen, nehmen die Gefangenen zu; je mehr Gesetze, desto mehr Verbrecher; je mehr Gericht, desto mehr Strafen. Das Ergebnis ist absolut absurd: mehr Kriminalität.

Was ist das Problem? Der Verbrecher merkt ebenfalls, daß dies eine Rationalisierung ist, daß er nicht bestraft wird, weil er etwas Falsches getan hat, sondern dafür bestraft wird, daß er geschnappt wurde. Er hat auch seine Rationalisierung: Das nächste Mal muß er also wachsamer und klüger sein, das ist alles. Diesmal ist er geschnappt worden, weil er nicht aufgepaßt hat, nicht weil er unrecht getan hat. Die Gesellschaft hat sich als klüger erwiesen als er, nächstes Mal wird er sehen – er wird beweisen, daß er klüger, gerissener, intelligenter ist, dann wird er nicht geschnappt. Ein Gefangener, ein Verbrecher, der bestraft wird, denkt immer, daß er nicht dafür bestraft wird, was er verbrochen hat, sondern weil er geschnappt wurde. Und so ist das einzige, was er aus der Bestrafung lernt, nicht wieder geschnappt zu werden.

Jedesmal also, wenn ein Gefangener aus dem Gefängnis kommt, ist er ein besserer Verbrecher denn je: Er hat mit erfahrenen Leuten im Gefängnis zusammengelebt, mit alten Hasen, die eine Menge wissen, die viel bestraft worden sind und die lange gelitten haben – sie sind geschnappt worden; und die auf alle möglichen Arten betrogen haben; die in der kriminellen Laufbahn sehr fortgeschritten sind. Indem er mit ihnen lebt, ihnen dient, ihr Schüler wird, lernt er; er lernt durch Erfahrung, daß er das nächste Mal nicht gefangen werden darf. Dann ist er ein besserer Verbrecher.

Niemand wird durch Strafe abgehalten. Aber die Gesellschaft glaubt weiter, daß wir deshalb bestrafen, weil dem Verbrechen Einhalt geboten werden muß. Beide haben unrecht: Die Gesellschaft hat einen anderen Grund – sie nimmt Rache; und der Verbrecher versteht ebenfalls – denn das eine Ego versteht sehr leicht die Sprache des anderen Egos, egal wie unbewußt – der Verbrecher denkt ebenfalls: „Okay, dann werd ich Rache nehmen, wenn meine Zeit dran ist; wir werden sehen." So entsteht ein Konflikt zwischen dem Ego des Verbrechers und dem Ego der Gesellschaft.

Ist Gott auch so? Genau wie ein Richter, ein Beamter, genau wie ein Vater oder Chef? Ist Gott genauso grausam wie die Gesellschaft? Ist Gott tief drinnen auch so? – Ein Egoist, so wie wir? Wird er Rache nehmen, wenn du nicht gehorchst? Wird er dich bestrafen? Dann ist er nicht mehr göttlich, dann ist er nur ein gewöhnlicher Mensch wie wir.

Dies ist eins der abgründigsten Probleme: Wie wird Gott sich einem Sünder gegenüber verhalten, der sich verirrt hat? Wird er nachsichtig sein?

Dann spielen auch noch andere Fragen mit. Zum Beispiel: Wenn er gerecht sein möchte, kann er kein Erbarmen haben, weil Gerechtigkeit und Erbarmen zusammengehen können. Erbarmen bedeutet bedingungslose Vergebung. Aber es ist nicht gerecht.

Denn Folgendes ist möglich: Ein Heiliger hat sein ganzes Leben lang ununterbrochen gebetet, niemals irgend etwas verkehrt gemacht; hat immer Angst davor gehabt, die Grenzen zu übertreten, hat immer in seiner eigenen Enge gelebt, sich selbst ein Gefängnis gebaut; hat *niemals* irgend etwas falsch gemacht, ist sein ganzes

Leben lang tugendhaft geblieben, hat sich niemals sinnliche Genüsse gestattet, hat sehr asketisch gelebt. Und ein anderer Mensch hat sich ausgelebt, sich alles gestattet, was ihm in den Sinn kam; ist gefolgt, wohin seine Sinne ihn geführt haben, hat genossen, was immer die Welt ihm beschert hat; er hat alle möglichen Dinge getan, alle möglichen Sünden begangen – und schließlich stehen beide vor Gott, kommen beide in der Welt Gottes an.

Was passiert nun? Wenn der Heilige nicht belohnt und der Sünder nicht bestraft wird, ist das sehr ungerecht. Wenn beide belohnt werden, ist das auch ungerecht, weil der Heilige denken wird: „Ich habe ein gutes Leben geführt, aber ich bekomme nichts Besonderes dafür." Wenn der Sünder auf die gleiche Art und Weise belohnt wird, was hat es dann für einen Zweck, ein Heiliger zu sein? Die ganze Sache wird sinnlos. Dann mag Gott vielleicht erbarmungsvoll sein, aber er ist nicht gerecht.

Wenn er gerecht ist, dann ist es für unseren Verstand ganz einfache Mathematik: Der Sünder muß bestraft, der Heilige muß belohnt werden. Aber dann kann er kein Erbarmen haben – ein gerechter Mensch muß grausam sein, weil sonst keine Gerechtigkeit geschehen kann. Ein gerechter Mensch muß im Kopf leben, nicht im Herzen.

Ein Schuldrichter darf kein Herz haben, sonst kommt seine Gerechtigkeit ins Wanken. Er darf keinerlei Nachsicht in sich haben, weil Nachsicht zum Hindernis in der Ausübung von Gerechtigkeit wird. Ein Mensch, der gerecht ist, muß wie ein Computer werden, einfach nur Kopf: Gesetze, Belohnungen, Bestrafungen – Herz spielt keine Rolle, darf nicht sein. Er muß Zuschauer bleiben, gefühllos, als ob in ihm kein Herz ist. Aber dann entsteht ein schwieriges Problem, denn seit Jahrhunderten hat es geheißen, daß Gott sowohl gerecht als auch erbarmungsvoll ist; nachsichtig, liebend und dennoch gerecht. Dann ist es ein Widerspruch, ein Paradox – und wie es lösen?

Jesus hat eine Antwort, und die Allerschönste. Versucht nun, seine Antwort zu verstehen. Es wird schwierig sein, weil es gegen all eure Vorstellungen, gegen all eure Vorurteile gehen wird, denn Jesus *glaubt nicht an Strafe*. Niemand wie Jesus kann an Strafe glauben, weil Strafe im Grunde Rache ist. Ein Buddha, ein Krishna, ein Jesus – sie können nicht an Strafe glauben. Im Gegenteil, eher können sie sogar auf das Attribut der Gerechtigkeit Gottes verzichten. Aber Barmherzigkeit kann nicht wegfallen; Gerechtigkeit ist ein menschliches Ideal, Barmherzigkeit ist göttlich. Gerechtigkeit ist an Bedingungen geknüpft: „Tu dies, und du wirst das erreichen. Tu nicht dies, sonst wirst du nicht das bekommen." Barmherzigkeit hat keine Bedingungen.

Gott ist barmherzig. Und um seine Barmherzigkeit zu verstehen, müssen wir beim Sünder anfangen.

Jesus sagte:
„Das Königreich ist wie ein Hirte,
der einhundert Schafe hat.

Eines verirrte sich,
welches das größte war.

Er ließ die neunundneuzig zurück,
er suchte nach dem einen,
bis er es fand.

Erschöpft
sagte er zu dem Schaf:
‚Ich liebe dich mehr als die neunundneunzig.'"

Absurd! Unlogisch! – aber wahr. Versucht zu verstehen: „*Das Königreich* – Gottes – *ist wie ein Hirte, der einhundert Schafe hat. Eines davon verirrte sich, welches das größte war.*"

Es ist immer so – dasjenige, welches verloren geht, ist immer das beste. Wenn du ein Vater bist und fünf Kinder hast, wird nur das beste Kind Widerstand zu leisten versuchen und dich zurückweisen, wird nur das beste Kind sich behaupten. Die durchschnittlichen werden sich dir immer fügen, aber das eine, das nicht durchschnittlich ist, wird rebellieren, weil sein ganzer Geist Rebellion ist. Intelligenz ist rebellisch. Je intelligenter, desto rebellischer. Und diejenigen, die nicht rebellisch sind, die Ja-Sager sind, sind praktisch tot; du magst sie mögen, aber sie haben kein Leben in sich. Sie gehorchen dir, nicht weil sie dich lieben, sondern sie folgen dir, weil sie schwach sind, weil sie Angst haben, weil sie nicht allein stehen können, weil sie kein Standvermögen haben – sie sind Schwächlinge, impotent.

Schaut euch um: Die Leute, die ihr für gut haltet, sind fast immer diejenigen, die schwach sind. Ihr Gutsein kommt nicht aus ihrer Stärke, es kommt aus ihrer Schwäche. Sie sind gut, weil sie nicht wagen, böse zu sein. Aber was für ein Gutsein ist das, das aus der Schwäche kommt? Gutsein muß aus überfließender Stärke kommen, nur dann ist es gut, denn dann hat es Leben, ein flutartiges Leben.

Wann immer also ein Sünder zum Heiligen wird, hat seine Heiligkeit ihre eigene Größe. Aber wann immer ein gewöhnlicher Mensch zum Heiligen wird, aufgrund seiner Schwäche, ist seine Heiligkeit blaß und tot, ist kein Leben in ihr. Du kannst aus Schwäche zum Heiligen werden – aber vergiß nicht: Dann verfehlst du das Ziel. Nur wenn du aus deiner Stärke heraus zum Heiligen wirst, wirst du ankommen. Ein Mensch, der gut ist, weil er nicht schlecht sein kann, ist nicht wirklich gut. Kaum wird er stärker, wird er böse; gebt ihm Macht, und Macht wird ihn sofort korrumpieren.

Genau das ist in diesem Land passiert: Gandhi hatte eine große Gefolgschaft, aber es scheint, daß seine Anhänger aus Schwäche gut waren. Sie waren gut, als sie nicht an der Macht waren. Aber als sie an die Macht kamen, als sie die Herrscher dieses Landes wurden, da korrumpierte die Macht sie sofort.

Kann Macht einen mächtigen Menschen korrumpieren? Niemals! Denn er war bereits mächtig. Wenn

Macht ihn korrumpieren könnte, hätte ihn die Macht bereits korrumpiert! Macht korrumpiert nur, wenn du schwach bist und deine Güte aus Schwäche kommt.

Lord Acton hat gesagt: „Macht korrumpiert, und sie korrumpiert absolut!" Aber ich möchte diese Behauptung relativieren, denn sie gilt nicht unbedingt, nicht kategorisch; sie kann es nicht: Macht korrumpiert, wenn Güte aus Schwäche kommt; wenn Güte aus Stärke kommt, kann keine Macht korrumpieren. Wie kann Macht korrumpieren, wenn du sie bereits kennst, wenn sie bereits da ist.

Aber es ist nicht einfach, herauszufinden, woher deine Güte kommt... Wenn du kein Dieb bist, weil du Angst davor hast, geschnappt zu werden, wirst du noch am selben Tag, wo du gewiß bist, daß niemand dich ertappen kann, zum Dieb – denn wer hält dich davon ab? Nur deine Angst war das Hindernis. Du tötest deinen Feind nicht, weil du weißt, daß man dich fängt. Aber wenn eine Situation kommt, wo du den Mann töten kannst, und du kannst nicht geschnappt werden, kannst nicht dafür bestraft werden, wirst du ihn sofort töten. Es ist also nur Schwäche, daß du gut bist.

Aber wie kann aus Schwäche das Gute entstehen? Denn Güte braucht überfließende Energie. Güte ist ein Luxus, vergeßt das nicht. Heiligkeit ist ein Luxus – sie kommt aus Überfluß. Wenn zuviel Energie da ist, soviel, daß du davon überflutet wirst, dann läßt du andere daran teilhaben. Dann kannst du nicht ausbeuten, denn das ist nicht nötig. Dann kannst du von Herzen geben, weil du so viel hast; du bist wirklich überladen. Du möchtest austeilen und verzichten, möchtest dein ganzes Leben als Geschenk hinwerfen und weggeben.

Wenn du etwas *hast*, möchtest du es gerne geben – merkt euch dieses Gesetz: Du klammerst dich nur dann an etwas, wenn du es gar nicht wirklich besitzt; wenn du es besitzt, kannst du es weggeben. Nur wenn du eine Sache vergnügt geben kannst, warst du ihr Besitzer. Hast du aber immer noch daran festgehalten, dann warst du tief innen ängstlich, und warst nicht ihr Herr. Du weißt im Innersten, daß sie dir nicht gehört, und daß sie dir früher oder später weggenommen wird. Genau darum kannst du nicht geben. Nur also wer seine Liebe schenkt, zeigt, daß er Liebe hat; nur wenn jemand sein ganzes Leben schenkt, zeigt er, daß er lebt. Es gibt keinen anderen Weg, es zu wissen.

Aus Schwäche kommt viel scheinbare Güte. Es ist Schein, es ist Falschgeld, aber Falschgeld ist genau wie eine Papierblume oder eine Plastikblume. Jedesmal, wenn ein Baum blüht, blüht er nur, wenn er von zuviel Energie überfließt. Blüten sind Luxus – ein Baum blüht nur, wenn er es sich leisten kann. Wenn er nicht das richtige Maß Wasser bekommen hat, wenn er nicht das richtige Maß Düngung bekommen hat, wenn der Boden nicht reich ist, dann mag der Baum Blätter haben, aber er kann keine Blüten haben.

Es gibt eine Hierarchie: Das Höchste kann nur dann existieren, wenn Energie da ist, zum Höchsten aufzusteigen. Wenn du nicht gut ernährt bist, wird als erstes die Intelligenz verschwinden, weil das ein Aufblühen ist. In einem armen Land ist die wirkliche Armut nicht die des Körpers. Die wirkliche Armut ist die Armut an Intelligenz, denn es kann keine Intelligenz da sein, wenn das Land sehr arm ist: Sie ist ein Aufblühen. Erst wenn alle körperlichen Bedürfnisse erfüllt sind, erst dann steigt die Energie höher; solange die körperlichen Bedürfnisse nicht erfüllt sind, geht die Energie in die Erfüllung der körperlichen Bedürfnisse. Denn zuerst muß die Basis geschützt werden, zuerst muß die Wurzel geschützt werden. Wenn keine Wurzel da ist, kann es kein Aufblühen geben; wenn es keinen Körper gibt, wo soll dann die Intelligenz existieren? Und Mitgefühl ist sogar noch höher als Intelligenz, Meditation noch höher.

Indien brachte Buddhā und Mahavir zu einem Zeitpunkt hervor, als das Land sehr reich war. Seitdem hat es zwar sogenannte Heilige gegeben, aber keinen Mann wie Buddha – schwierig, sehr schwierig – , weil ein solches Aufblühen nur dann möglich ist, wenn *unnütze* Energie da ist, Energie, die nicht genutzt werden kann – nur dann beginnt die Energie, sich selbst zu genießen. Und sobald Energie anfängt, sich selbst zu genießen, wird sie zur Wende nach innen, wird sie zur inneren Umkehr. Dann wird sie Meditation, dann wird ein Buddha geboren, dann existiert Ekstase.

Gib einem Baum kein Wasser... zuerst verschwinden die Blüten, dann werden die Blätter verschwinden, dann werden die Äste sterben und erst im letzten Augenblick werden die Wurzeln sterben – denn mit Wurzeln kann alles wieder wachsen, also wird der Baum seine Wurzeln schützen. Und die Wurzel ist das Unterste, aber das Unterste muß geschützt werden, weil es die Basis ist. Wenn gute Tage kommen, der Regen kommt und es Wasser gibt, dann kann die Wurzel wieder sprießen, werden wieder Blätter kommen, wieder das Aufblühen. Und diese gleiche Hierarchie existiert in dir.

Sei gut, aber aus Energie, sei niemals gut aus Schwäche. Ich sage nicht, sei schlecht! Denn wie kannst du aus Schwäche schlecht sein? Schlechtigkeit braucht ebensoviel Energie wie Güte. Du kannst nicht ohne Energie schlecht sein, du kannst nicht böse sein, und du kannst ohne Energie nicht gut sein – weil beides wirklich ist. Was kannst du also ohne Energie sein? Du kannst nur ein falsches Gesicht haben: Du wirst gar nicht sein, du wirst nur eine Fassade sein, eine Täuschung, ein Geist, kein wirklicher Mensch – alles, was du tust, wird geisterhaft sein. Und genau das geschieht. So erzeugst du eine falsche Tugend, eine falsche Heiligkeit. Du wirst dich nur darum für einen Heiligen halten, weil du keine Sünden begangen hast, nicht, weil du beim Göttlichen angelangt bist.

Wenn du beim Göttlichen angelangt bist, ist das eine Leistung, eine positive Energieleistung. Und dann wirst du gottgleich werden, und es ist dann keine Mühe, gut zu sein – es fließt spontan. Du kannst dich sträuben, aber das ist negativ. Wenn du dich sträubst, ist der

Wunsch da – und wenn der Wunsch da ist, Böses zu tun, hast du es getan. Es macht keinen Unterschied. Das ist der Unterschied zwischen Sünde und Verbrechen.

Verbrechen muß ein Akt sein. Du kannst ständig daran denken, ein Verbrechen zu begehen, aber kein Gericht der Welt kann dich dafür bestrafen, weil kein Gericht Autorität über die Gedankenwelt hat, sondern nur über den Körper – ein Verbrechen muß ein Akt sein. Ich kann ständig daran denken, die ganze Welt zu ermorden: Kein Gericht kann mich bestrafen, nur weil ich ständig daran denke. Ich kann sagen, es macht mir Spaß, aber ich habe niemanden ermordet, es ist kein Akt geworden. Handeln untersteht dem Gesetz, nicht Denken, und das ist der Unterschied zwischen Verbrechen und Sünde.

Sünde macht keine Unterscheidung, ob du handelst oder ob du denkst: Wenn du denkst – die Saat ist da; ob sie zum Akt gedeiht oder nicht, ist nicht das Problem. Wenn daraus ein Akt wird, dann wird es ein Verbrechen sein. Aber wenn du es gedacht hast, hast du bereits die Sünde begangen – für das Göttliche bist du zum Verbrecher geworden, hast du dich verirrt.

Aber dies ist der Punkt, der verstanden werden muß – ein sehr schwieriger Punkt: daß die, die sich verirren, immer stärker sind als die, die auf dem Weg bleiben.

Die, die sich verirren, sind immer die Besten. Geht in ein Irrenhaus und seht: Ihr werdet die intelligentesten Menschen finden, die wahnsinnig geworden sind. Schaut euch die letzten siebzig Jahre dieses Jahrhunderts an. Die intelligentesten Menschen sind verrückt geworden, nicht die durchschnittlichen. Nietzsche wird verrückt, eine der besten Intelligenzen, die je geboren wurden, muß wahnsinnig werden, er hatte zuviel Energie; soviel Energie, daß sie nicht in Schranken gehalten werden kann, soviel Energie, daß sie zu einer Springflut werden muß; sie kann kein sanftes Bächlein sein, man kann sie nicht kanalisieren – sie ist wie ein Ozean, wild. Nietzsche wurde wahnsinnig, Nijinsky wurde wahnsinnig. Schaut euch die siebzig Jahre dieses Jahrhunderts an, und ihr werdet sehen, daß die besten, die *Crème de la Crème*, die Allerbesten, wahnsinnig wurden und die Durchschnittsköpfe geistig normal waren.

Es scheint völlig absurd: Die Durchschnittlichen sind gesund und das Genie wird verrückt. Warum bleibt ein durchschnittlicher Mensch geistig gesund? Keine Energie, vom Weg abzukommen. Ein Kind wird erst dann zum Problemkind, wenn es sehr viel mehr Energie hat, wenn es irgendwas tun muß. Nur ein blutleeres Kind bleibt in der Ecke – wenn du ihm aufgibst: „Sage immer Ram, Ram Ram!", dann wird es das tun; wenn du ihm einen Rosenkranz gibst, wird es ihn beten. Aber wenn das Kind wirklich lebendig ist, dann wird es den Rosenkranz hinschmeißen und sagen: „Dies ist dumm! Ich will lieber spielen und in den Bäumen herumklettern. Ich will irgendwas tun!"

Leben ist Energie. Nur ein blutleerer, anämischer Geist wird nicht in die Irre gehen, kann es nicht; es ist schwer, soviel Energie aufzubringen, es ist schwer, in ein solches Extrem, an einen solchen Abgrund zu gehen. Aber die, die sich verirren – wenn sie je gefunden werden – die werden Buddhas. Wenn Nietzsche je in Meditation gehen wird, wird er ein Buddha werden. Er hat die Energie, wahnsinnig zu werden, er hat die Energie, erleuchtet zu werden – die gleiche Energie, nur die Richtung ändert sich. Ein potentieller Buddha wird wahnsinnig, wenn er kein Buddha wird – wo soll die Energie hin? Wenn du nicht kreativ sein kannst, wird Energie destruktiv. Geht ins Irrenhaus, ihr werdet die intelligentesten Menschen dort finden; sie sind nur wahnsinnig, weil sie nicht durchschnittlich sind; sie sind nur wahnsinnig, weil sie weiterblicken können als ihr, tiefer als ihr. Und wenn sie tiefer blicken als ihr, verschwinden Illusionen.

Das ganze Leben ist etwas so Rätselhaftes, daß es sehr schwierig werden wird, sehr schwierig, bei Verstand zu bleiben, wenn du tiefer blicken kannst. Man bleibt nur deshalb bei Verstand, weil man nicht sehen kann: Ihr seht nur zwei Prozent des Lebens, und achtundneunzig Prozent, sagen die Psychologen, werden verschlossen; denn könntet ihr sie sehen, wäre das eine solche Flut, daß ihr sie nicht ertragen könntet – ihr würdet wahnsinnig, Amokläufer.

Heute stoßen einige wenige Psychologen – solche, die den Wahnsinn sehr tief studiert haben, wie R.D. Laing und andere, auf ganz bestimmte Fakten. Einer dieser Fakten ist, daß Menschen, die wahnsinnig werden, die besten sind, daß Menschen, die kriminell werden, die rebellischsten sind. Sie können zu großen Weisen werden und es überrascht nicht, wenn ein Valmiki zu einem Weisen wird.

Valmiki war ein *dacoit,* ein Mörder; er lebte von Mord und Plünderei. Ein plötzlicher Vorfall – und er wurde erleuchtet.

Ein Erleuchteter kam vorbei... und Valmiki war ein Mörder, ein Mann, der vom Raub lebte. Er packte sich diesen Erleuchteten. Der Erleuchtete sagte: „Was hast du vor?"

Er sagte: „Ich werde dir alles rauben, was du hast!"

Der Erleuchtete sagte: „Wenn du das tun würdest, wäre ich sehr froh, weil ich etwas sehr Innerliches besitze – raube es mir, du darfst es gern tun."

Valmiki verstand nicht, aber er sagte: „Ich bin nur an äußeren Dingen interessiert."

Der Erleuchtete sagte: „Aber die bringen dir doch nicht viel. Und warum machst du das?"

Valmiki antwortete: „Wegen meiner Familie, für meine Familie – für meine Mutter, meine Frau, meine Kinder – sie verhungern, wenn ich es nicht tue; und ich kenne nur diese Kunst."

Und so sagte der Erleuchtete: „Binde mich an einen Baum, so daß ich nicht entkommen kann, und geh zurück und sag deiner Mutter und deiner Frau und deinen Kindern, daß du ihretwegen eine Sünde begehst. Frag sie, ob sie bereit sind, auch die Strafe mit dir zu teilen. Wenn du vor Gott stehen wirst, wenn das Jüngste Gericht kommt, werden sie bereit sein, die Strafe zu teilen?" – Zum ersten Mal begann Valmiki zu denken. Er sagte: „Du magst Recht haben. Ich sollte hingehen und fragen."

Er ging zurück, fragte die Frau; die Frau sagte: „Warum sollte ich die Strafe teilen, ich habe ja nichts getan. Wenn du etwas tust, dann ist das deine Verantwortung."

Die Mutter sagte: „Warum sollte ich teilen? Ich bin deine Mutter. Es ist deine Pflicht, mich zu ernähren. Ich weiß nicht, wie du das Brot beschaffst, das ist *deine* Verantwortung."

Niemand war bereit, mit ihm zu teilen – und Valmiki wurde bekehrt. Er kam zurück, fiel dem erleuchteten Mann zu Füßen und sagte: „Jetzt gib mir das Innere. Ich bin nicht am Äußeren interessiert. Laß mich jetzt zum Räuber des Inneren werden, denn ich habe verstanden, daß ich allein bin, und daß alles, was ich tue meine Verantwortung ist, niemand wird sie mit mit teilen. Ich werde allein geboren, ich werde allein sterben, und alles, was ich tue, ist meine individuelle, persönliche Verantwortung. Niemand wird sie mittragen. Also muß ich jetzt nach innen sehen und herausfinden, wer ich bin. Schluß! Ich will mit dieser ganzen Sache Schluß machen!" – dieser Mann kehrte einer Sekunde um.

Die gleiche Geschichte passierte auch mit Buddha: Da war ein Mann, der fast wahnsinnig war – ein wahnsinniger Mörder. Er hatte einen Schwur getan, daß er eintausend Menschen töten würde, nicht weniger, weil die Gesellschaft ihn nicht gut behandelt hatte. Und so wird er Rache nehmen, er wird eintausend Menschen töten. Und von jedem getöteten Menschen wird er einen Finger abschneiden und sich daraus eine Halskette machen – einen Rosenkranz aus eintausend Fingern.

Aus diesem Grund wurde sein Name Angulimala: der Mann mit einem Rosenkranz aus Fingern.

Er tötete neunhundertneunundneuzig Menschen. Niemand wagte, sich ihm zu nähern; wann immer die

Leute erfuhren, wo Angulimala war, kam aller Verkehr zum Stehen. Und es war sehr schwierig für ihn, den letzten Menschen zu finden. Und nur noch ein Mensch war nötig, um seinen Schwur zu erfüllen.

Buddha durchquerte einen Wald, und die Leute kamen aus den Dörfern zu ihm und sagten: „Geh nicht! Angulimala, dieser wahnsinnige Mörder, ist dort! Er überlegt nicht lange, er mordet einfach. Es ist ihm egal, daß du ein Buddha bist. Geh nicht in diese Richtung weiter! Es gibt einen anderen Weg. Den kannst du nehmen, aber geh nicht durch diesen Wald!"

Aber Buddha sagte: „Wenn ich nicht hingehe, wer soll dann gehen? Und er wartet auf einen; ich muß gehen." Denn er hat sein Gelübde fast erfüllt... und ein Mann von Energie, denn die ganze Gesellschaft bekämpft er. Und die Könige hatten Angst, Generäle hatten Angst – und ein einziger Mann tötete eintausend Menschen – und die Regierung auch, und das Gesetz, und die Polizei. Niemand konnte etwas tun. Aber Buddha sagte: „ Er ist ein Mensch, er braucht mich. Ich muß das Risiko eingehen. Entweder wird er mich töten oder ich ihn." Genau das ist es, was Buddhas tun: Sie riskieren, sie setzen alles auf eine Karte.

Buddha ging. Sogar seine engsten Jünger, die gesagt hatten, sie wollten bis zum Ende bei ihm bleiben, selbst sie blieben immer mehr zurück, denn die Sache war gefährlich!

Als Buddha sich dem Hügel näherte, wo Angulimala auf einem Stein saß, war niemand mehr hinter ihm, er war allein. All die Jünger waren verschwunden.

Angulimala schaute diesen unschuldigen, kindlichen Menschen an – ‚So schön!', dachte er, – daß sogar er, der Mörder, Mitleid mit ihm empfand. Er dachte: „Dieser Mensch scheint überhaupt nicht zu ahnen, daß ich hier bin, denn auf diesem Pfad kommt sonst niemand." Und der Mann sah so unschuldig, so schön aus, daß sogar Angulimala dachte: „Es ist nicht gut, diesen Mann zu töten. Laß ihn – ich kann einen anderen finden."

Dann sagte er zu Buddha: „Geh zurück! Bleib da stehen und geh wieder zurück! Mach keinen Schritt weiter! Ich bin Angulimala, und das hier sind neunhundertneunundneunzig Finger, und ich brauche noch einen Finger dazu – sogar wenn meine Mutter kommt, werde ich sie töten und meinen Schwur erfüllen! Also komm nicht näher! Ich bin gefährlich! Und ich glaube nicht an Religion, und es ist mir egal, wer du bist. Du magst ein sehr guter Mönch sein, vielleicht ein großer Heiliger, mir ist das egal. Ich will nur den Finger, und dein Finger ist so gut wie jeder andere. Komm also keinen Schritt näher, sonst werde ich dich töten. *Halt!*"
Aber Buddha ging immer weiter.

Da dachte Angulimala: „Entweder ist dieser Mensch taub oder verrückt." Wieder brüllte er: „Halt! Keine Bewegung!"

Buddha entgegnete: „Ich habe schon lange angehalten. Ich bewege mich gar nicht, Angulimala, *du* bewegst dich. Alle Bewegung hat aufgehört, weil alle Beweggründe aufgehört haben. Wenn es keinen Beweggrund gibt, wie kann es Bewegung geben? Für mich gibt es kein Ziel, ich habe das Ziel erreicht – warum sollte ich mich bewegen? *Du* bewegst dich – und ich sage dir, halte *du* jetzt an!"

Und Angulimala saß auf dem Stein, er fing an zu lachen. Er sagte: „Ich sitze, und du sagst mir, daß ich mich bewege, und du bewegst dich, und du sagst, daß du angehalten hast. Du bist wirklich ein Narr oder verrückt – Ich weiß nicht, was für ein Mensch du bist!"

Buddha kam näher und sagte: „Ich habe gehört, daß du noch einen Finger brauchst. Was diesen Körper hier anbetrifft, ist mein Ziel erreicht; dieser Körper ist nutzlos. Wenn ich sterbe, werden die Menschen ihn verbrennen, wird er unbrauchbar sein. Du kannst ihn brauchen, dein Schwur kann erfüllt werden – schneide mir den Finger ab und schlage mir den Kopf ab. Ich bin absichtlich hergekommen, weil dies für meinen Körper die letzte Chance ist, irgendwie nützlich zu sein."

Angulimala sagte: „Was sagst du da? Ich dachte, ich wäre der einzige Verrückte hier in der Gegend. Und versuche ja nicht, mich reinzulegen, denn ich bin gefährlich, ich kann dich immer noch töten."

Buddha sagte: „Bevor du mich tötest, tu eines – nur der Wunsch eines Sterbenden – hau von diesem Baum einen Ast ab." Angulimala schlug mit seinem Schwert in den Baum, und ein dicker Ast fiel zu Boden.

Darauf sagte Buddha: „Noch einen letzten Gefallen: füge den Ast wieder an den Baum."

Angulimala entgegnete: „Jetzt weiß ich sicher, daß du verrückt bist. Ich kann abschneiden, aber nicht zusammenfügen."

Da fing Buddha an zu lachen und sagte: „Wenn du nur zerstören kannst und nicht erschaffen, solltest du nicht zerstören, denn zerstören, das können Kinder auch, dazu gehört kein Mut. Dieser Ast kann von einem Kind abgeschnitten werden. Aber zusammenfügen, das kann nur ein Meister. Und wenn du nicht einmal einen Ast wieder an den Baum fügen kannst, wie kannst du dann menschliche Köpfe abschlagen? Hast du jemals darüber nachgedacht?"

Angulimala schloß seine Augen, fiel Buddha zu Füßen, und er sagte: „Führe mich auf diesen Weg." Und es heißt, daß er in einem einzigen Augenblick erleuchtet wurde.

Am nächsten Tag war er ein *bhikkhu,* ein Bettler, Buddhas Bettler, und bettelte in der Stadt. Die ganze Stadt war verschlossen – die Leute hatten zu viel Angst; sie sagten: „Selbst wenn er ein Bettler geworden ist, kann man ihm nicht trauen. Dieser Mann ist so gefährlich!" Kein Mensch war auf den Straßen. Als Angulimala zum Betteln kam, war niemand da, ihm Nahrung zu geben, denn wer wollte schon das Risiko eingehen? Die Leute standen auf ihren Dachterrassen und schauten herab. Und dann fingen sie an, Steine auf ihn zu werfen, weil er tausend Menschen dieser Stadt getötet hatte. Fast jede Familie war Opfer gewesen, und so fingen sie an, Steine zu werfen.

Angulimala brach auf der Straße zusammen, sein ganzer Körper war blutüberströmt, war von Wunden übersät. Und Buddha kam mit seinen Jüngern, und er sagte: „Seht! Angulimala, wie fühlst du dich?"

Angulimala öffnete seine Augen und sagte: „Ich bin dir so dankbar. Sie können meinen Körper töten, aber sie können mich nicht antasten – und ich habe mein ganzes Leben lang dasselbe getan und niemals erkannt, daß es so ist."

Buddha sagte: „Angulimala ist erleuchtet worden, er ist ein Brahmane, ein Wissender des Brahma, der höchsten Realität, geworden."

Es kann in einem einzigen Augenblick geschehen, *wenn die Energie da ist.* Wenn die Energie nicht da ist, dann wird es schwierig. Das ganze Yogasystem dreht sich darum, Energie zu erzeugen, mehr Energie. Die ganze Dynamik von Tantra dreht sich darum, mehr Energie in dir freizusetzen, so daß du zu einer Art Flut werden kannst. Dann kannst du gut *oder* schlecht werden.

Jesus sagte:
„Eines von ihnen verirrte sich,
welches das größte war."

Nur die, die groß sind, die die Besten sind, verirren sich. Die Sünder sind die schönsten Menschen auf der Welt – verirrt, natürlich! Sie können jeden Augenblick zu Heiligen werden. Heilige sind schön, Sünder sind schön, aber die Menschen, die nur dazwischen sind, die sind häßlich. Denn Impotenz ist das einzig Häßliche – wenn du überhaupt keine Energie hast, wenn du bereits ein totes Ding bist, eine Leiche, dich nur irgendwie hinschleppst, oder dich von anderen tragen läßt.

Warum verirren sich die Besten, die Größten? Dies ist ein Geheimnis, das man verstehen muß: Der Wachstumsprozeß bedeutet – zuerst das Ego zu erlangen. Bevor du nicht zu einem kristallisierten Ego gelangt bist, ist Hingabe niemals möglich. Es scheint paradox, aber genau so ist es. Erst mußt du ein sehr kristallisiertes Ego erlangen, und dann mußt du es fallenlassen. Wenn du kein kristallisiertes Ego erlangst, kann dir die Hingabe nie passieren. Wie kannst du etwas hingeben, das du nicht hast?

Ein Reicher kann auf seinen Reichtum verzichten, aber was soll ein Bettler tun? Er hat keinen Reichtum, auf den er verzichten kann. Ein großer Gelehrter kann seinen Intellekt wegwerfen, aber was soll ein durchschnittlicher Mensch tun? Wie kann er ihn fortwerfen? – Denn er hat ihn nicht. Wenn du Wissen hast, kannst du darauf verzichten und unwissend, bescheiden werden; aber wenn du überhaupt kein Wissen hast, wie kannst du dann darauf verzichten?

Sokrates konnte sagen: „Ich weiß nichts." Dies ist die zweite Hälfte: Er wußte viel; dann erkannte er, daß alles Wissen umsonst ist. Aber dahin kann kein Mensch gelangen, der nicht den Weg eines Sokrates zurückgelegt hat. Der Intellekt muß geschult werden, du mußt Wissen gewinnen, das Ego muß kristallisiert sein; dies ist die erste Hälfte des Lebens. Wenn du alles hast, verzichte darauf. Der Unterschied ist groß.

Ein Bettler auf der Straße und Buddha auf der Straße, beide sind Bettler, aber die Qualität unterscheidet sich absolut: Buddha ist aus eigenem Willen Bettler. Er ist nicht gezwungen, Bettler zu sein, es ist seine Freiheit. Buddha ist Bettler, weil er vom Reichtum gekostet und ihn leer gefunden hat; Buddha ist Bettler, weil er durch alle Begierden gegangen ist, und sie leer gefunden hat, nutzlos. Buddha ist Bettler, weil das Königreich gescheitert ist. Buddhas Bettlertum hat Reichtum – kein König kann so reich sein, denn er ist erst halb so weit; Buddha hat den Kreis geschlossen.

Und ein Bettler steht auf der Straße, der nie reich gewesen ist: Sein Betteln ist einfach nur Betteln, er kennt nicht den Geschmack des Reichtums. Wie kann er einer Begierde entsagen, die er nicht erfüllt hat? Wie kann er sagen, daß Paläste unnütz sind? Er hat keine Erfahrung damit. Wie kann er sagen, daß schöne

Frauen wertlos sind? Er kann es nicht sagen, weil er keine schöne Frauen gekannt hat. Nur Erfahrung kann dir den Schlüssel geben zu verzichten. Ohne Erfahrung kannst du dich trösten. Viele Arme tun das – arm auf so manche Art.

Wenn du keine schöne Frau hast, sagst du ständig: „Was ist dran? Körper ist Körper, und der Körper ist sterblich, und er ist das Haus des Todes." Aber tief drinnen, tief drinnen bleibt das Verlangen; Verlangen kann sich nur auflösen, wenn Erfahrung passiert ist, wenn du es erfahren hast – alles andere ist Trost. Ein armer Mensch kann sich trösten, daß an den Palästen nichts dran ist, aber er weiß, da ist etwas; denn sonst – warum ist jeder so wild darauf? Und er selbst ist versessen und verrückt danach: in seinen Träumen lebt er in Palästen, in seinen Träumen wird er zum Kaiser. Aber tagsüber, wenn er ein Bettler auf der Straße ist, sagt er ständig: „Ist mir egal, macht mir nichts aus, ich habe verzichtet!" Diese Tröstung nützt nichts, sie ist gefährlich, sie ist falsch.

Die erste Lebenshälfte eines richtig reifenden Menschen besteht darin, das Ego zu erlangen, und die zweite Hälfte – und damit kommt der Kreis zur Vollendung – ist, darauf zu verzichten.

Ein Kind wächst nur, wenn es seinen Eltern Widerstand leistet, wenn es mit seinen Eltern kämpft; wenn es sich von ihnen abwendet, sich gegen sie wendet, gewinnt es sein eigenes individuelles Ego. Wenn es immer noch an seinen Eltern hängt, ihnen folgt, wird es niemals ein eigenständiges Individuum. Es muß sich verirren – so soll das Leben sein. Es muß unabhängig werden, und Unabhängigwerden bringt Schmerz. Es bringt Kampf; und du kannst nur kämpfen, wenn du fühlst, du *bist*. Und dies ist ein Kreis: wenn du fühlst, du bist, kannst du mehr kämpfen; wenn du mehr kämpfst, wirst du mehr, bist du mehr – du fühlst: „Ich bin". Das Kind erlangt Reife, wenn es vollkommen unabhängig wird. Um dieser Unabhängigkeit willen muß es sich verirren.

Der Sünder mag Unabhängigkeit von der Gesellschaft suchen, von der Mutter, vom Vater – aber der Sünder sucht seine Unabhängigkeit, sein Ego auf falsche Weise. Der Weise sucht ebenfalls Unabhängigkeit, aber auf die richtige Art. Die Wege sind verschieden, aber falsche Wege sind immer einfacher. Ein Weiser zu werden, ist schwierig, denn um ein Weiser zu werden, mußt du erst ein Sünder werden. Versucht, dies zu verstehen: Um ein Sünder zu sein, brauchst du nicht erst ein Weiser zu sein. Aber um ein Weiser zu sein, *mußt* du erst ein Sünder sein. Sonst wird deine Weisheit armselig sein, wird sie nicht reich sein; sie wird flach sein, blaß, sie wird nicht lebendig sein; sie wird ein halb vertrocknetes Rinnsal sein, kein Fluß, der über seine Ufer tritt.

*„Eines verirrte sich,
welches das größte war."*

Soweit ich weiß, heißt „das größte" in der Welt der Schafe soviel wie „das beste". Denn das größte Schaf ist das beste Schaf: es trägt mehr Wolle, es trägt mehr Fett, es ist teurer zu erwerben; verkauft man es, verdient man mehr. Je größer das Schaf, desto besser. Je kleiner das Schaf, desto ärmer. „Das größte" bedeutet das beste – und das beste verirrte sich. Es ist symbolisch.

„Der Hirte... ließ die neunundneunzig zurück..." – sie sind es nicht wert.

Warum wählt Jesus immer den Hirten und die Schafe? Es ist sehr bedeutsam, seine Symbolwelt ist bedeutsam: Die ganze Masse der durchschnittlichen Geister ist genau wie Schafe, sie leben in einer Herde. Schaut Schafen auf der Straße zu: Sie bewegen sich, als hätten sie einen kollektiven Geist, keine unabhängigen Wesen – aneinandergelehnt, zusammengekauert, aus Angst, allein zu sein. Sie bewegen sich in einer Masse.

Ich habe gehört: Ein Schullehrer fragte einen kleinen Jungen, dessen Vater Schafhirt war: „Wenn du zehn Schafe hast und eins springt über den Zaun, wieviele bleiben dann zurück?"

Der Junge sagte: „Keins!" Der Lehrer fragte: „Was sagst du da? Ich stelle dir eine Rechenaufgabe, die du lösen sollst – und was antwortest du? Zehn Schafe waren es, und nur eins ist hinausgesprungen; wie viele also bleiben zurück?"

Der Junge antwortete: „Du magst dich mit Rechnen auskennen, aber ich kenne mich mit Schafen aus – keins!" Schafe haben einen kollektiven Geist und bewegen sich wie eine Masse: Wenn eines springt, springen sie alle.

Der Schäfer *ließ die neunundneunzig* Schafe *zurück* und machte sich auf die Suche nach dem einen Schaf, das sich verirrt hatte.

Jesus sagt immer, daß Gott nach dem Sünder sucht, nicht nach dem Durchschnittsmenschen, nach Mittelklasse – weil der sich nicht lohnt, er hat so viel Wert nicht verdient. Und außerdem ist er sowieso immer auf dem Weg, nicht nötig also, nach ihm zu suchen, nicht nötig, nach ihm zu forschen – und er kann sich nicht verirren. Darum ließ der Schäfer neunundneunzig Schafe im Wald zurück, in dunkler Nacht, und machte sich auf die Suche nach dem einen, das sich verirrt hatte. Denn dies eine ist individuell geworden, dies eine ist beim Ego angekommen; die anderen neunundneunzig sind ohne Egos, sie sind eine Masse.

Sieh dir dein ganzes Wesen an: Ist es noch eine Masse? Oder bist du schon ein Ego geworden? Wenn du ein Ego geworden bist, dann wird Gott auf der Suche nach dir sein, es lohnt sich jetzt – du mußt gesucht werden, du mußt gefunden werden. Du hast jetzt den halben Kreis geschafft, und jetzt ist die andere Hälfte Hingabe; jetzt ist die andere Hälfte durch Gott zu schaffen. Nur du kannst die erste Hälfte schaffen, die andere Hälfte wird vom Göttlichen vollendet. Wenn du ein Ego hast, dann ist Gott irgendwo in irgendeiner Form auf der Suche nach dir, denn du hast deinen Teil getan, du bist jetzt ein Individuum geworden. Und wenn du jetzt diese Individualität verlierst, wirst du universal werden.

Dies ist der Unterschied: Vor jeglicher Individualität bist du nur Masse, nicht universal; nur eine Masse, wie die Masse, in der du gerade lebst. Danach kommst du zu Individualität, gehst du in die Irre; du wirst unabhängig, du wirst ein Ego – und dann, wenn du dieses Ego wieder verlierst, wirst du zum Ozean, wirst du das Ganze.

Im Augenblick bist du es nicht, kannst du das Ganze nicht werden. Im Augenblick existiert die Masse.

Ihr seid nur Ziffern in der Masse. Im Militär machen sie es richtig, sie geben den Soldaten Ziffern: eins, zwei, drei, vier – keine Namen; denn tatsächlich habt ihr gar keinen Namen, habt ihr ihn nicht verdient. Du bist nur eine Nummer, eine Ziffer: eins, zwei, drei, vier... wenn also irgendwelche Soldaten sterben, können sie an die Tafel schreiben, daß die und die Nummern gefallen sind. Es sind Nummern, und Nummern lassen sich ersetzen. Wenn „Nummer eins" gefallen ist, kann sie durch jemand anders ersetzt werden, und das ist dann „Nummer eins". Beim Militär gibt es nur Schafe, und das Militär ist die perfekte Gesellschaft, die perfekte Ameisengesellschaft, die Masse. Wer wissen will, was Massengeist heißt, der schaue sich das Militär an: Da müssen sie dich total disziplinieren, und zwar so, daß du jegliche Unabhängikeit verlierst. Befehl ist Befehl, und du darfst nicht drüber nachdenken. Sie befehlen: „Rechts um!" und du machst 'rechts um!' Und das geht sehr, sehr tief.

Ich habe gehört, daß die Frau eines Oberst sehr beunruhigt war, weil der Oberst jedesmal, wenn er auf der linken Seite schlief, zu schnarchen anfing. Und sie konnte nicht schlafen; denn es war schließlich kein normales Schnarchen – das Schnarchen eines Oberst! Es war eher ein Brüllen. Sie konnte also unmöglich einschlafen. Aber wenn er auf der rechten Seite schlief, schnarchte er nie. Sie ging also zu einem Psychoanalytiker und fragte ihn. Er sagte: „Es ist einfach: Jedesmal wenn er schnarcht, drehen Sie ihn auf seine rechte Seite."

Sie sagte: „Das ist nicht so einfach! Er ist ein schwerer Mann, und außerdem würde er dann wütend. Wenn ich ihn rüttle und ihn aufwecke, wird er wütend; und es passiert so oft in der Nacht, daß ich die ganze Nacht nichts anderes zu tun hätte."

Der Psychoanalytiker sagte: „Nur keine Sorge – Sie brauchen ihm nur ins Ohr zu flüstern: ‚Rechts um!' das genügt." Und tatsächlich – das genügte! Befehl ist Befehl – so tief geht es ins Unbewußte.

Eine Gesellschaft existiert als Masse. Man kann sie jederzeit in eine Armee verwandeln, ohne Schwierigkeiten. Deshalb konnte Hitler mit Erfolg sein ganzes Land in ein Armeelager verwandeln. Mao konnte mit Erfolg sein ganzes Land in ein Armeelager verwandeln. Die Gesellschaft lebt genau an der Grenze; man kann sie sofort umdrehen: ein bißchen Disziplin, und die Gesellschaft kann in ein Militärlager umgedreht werden. Es gibt keine Individualität, Individualität ist nicht erlaubt, du darfst nicht du selbst sein. Dies ist die schafsköpfige Masse – ihr Geist.

Hast du irgendeine eigene Bewußtheit? Oder lebst du nur als Teil der Gesellschaft, in die du hineingeboren wurdest? Du bist ein Hindu, ein Mohammedaner, ein Christ, ein Sikh, ein Jaina – aber bist du ein *Mensch?* Du kannst nicht sagen, daß du ein Mensch bist, denn ein Mensch hat keine Gesellschaft. Ein Sokrates ist ein Mensch, ein Jesus ist ein Mensch, ein Nanak ist ein Mensch – aber nicht du! Du gehörst an, aber ein Mensch gehört niemandem an, er steht auf seinen eigenen Füßen. Das ist es, was Jesus sagt: *„Das beste verirrt sich. Und wenn sich das Beste verirrt, verläßt der Schäfer die neunundneunzig, und er suchte nach dem einen bis er es findet."*

Ihr betet, daß Gott kommt, aber er ist nicht auf der Suche nach *euch*, und aus diesem Grund verfehlt ihr ihn. Werdet erst ihr selbst, dann wird er sich auf die Suche nach euch begeben. Es ist nicht nötig, Gott zu suchen – und wie könnt ihr ihn suchen? Ihr kennt die Adresse nicht, ihr wißt nicht seinen Wohnsitz. Ihr kennt nur sinnlose Wörter und Theorien; sie werden nicht helfen.

Ich habe gehört, ein Priester kam einmal in eine neue Stadt. Die Taxis streikten, und er mußte zur Kirche fahren, weil er am Abend dort eine Predigt halten sollte. Also fragte er einen kleinen Jungen nach der Kirche, und der Junge führte ihn hin. Bei der Kirche angekommen, dankte er dem Jungen und sagte zu ihm: „Ich bin dir sehr dankbar, daß du mir geholfen hast – du hast sie mir nicht nur gezeigt, sondern bist sogar mitgekommen. Wenn du gerne wissen möchtest, wo Gott zuhause ist, dann komm heute abend zu meiner Predigt. Ich werde über den Weg zum Thron Gottes sprechen."

Der Junge lachte und sagte: „Sie kennen den Weg zur Kirche nicht; wie wollen Sie da wissen, wie man zum Thron Gottes kommt? Ich komme nicht!"

Aber ich sage euch, selbst wenn ihr den Weg zur Kirche kennt, macht das keinen Unterschied. Jeder kennt den Weg zur Kirche, aber das macht keinen Unterschied; die Kirche ist nicht der Sitz Gottes, nie gewesen! Ihr könnt ihn nicht suchen, weil ihr ihn nicht kennt. Er kann euch suchen, weil er euch kennt – und dies ist eine der Grundlehren von Jesus: daß der Mensch nicht das Göttliche erreichen kann, sondern das Göttliche den Menschen erreichen kann. Und er erreicht euch immer, sobald ihr bereit seid.

Es geht also nicht darum, ihn zu suchen, es geht nur darum, bereit zu sein und zu warten. Die erste Bereitschaft ist die, individuell zu werden, „sich zu verirren". Das erste ist, rebellisch zu sein, weil du nur dann zum Ego gelangst. Das erste ist, über die Masse hinauszugehen – genau das heißt, „sich verirren": über den klar umrissenen, festgesetzten, eingeschränkten Geltungsbereich der Gesellschaft hinauszugehen. Denn jenseits davon ist die Wildnis, jenseits davon existiert die Unendlichkeit Gottes.

Die Gesellschaft ist nur eine Lichtung im Wald. Sie ist nicht wirklich, sie ist Menschenwerk. All eure Gesetze sind Menschenwerk; was immer ihr Tugend nennt, was immer ihr Sünde nennt, ist nur Menschenwerk. Ihr wißt nicht, was Tugend wirklich ist. Dieses Wort „virtue" – Tugend –, aus dem griechischen Ursprung, ist sehr schön: Vom Griechischen her bedeutet dieses Wort „machtvoll"; es bedeutet nicht etwa „gut", es bedeutet „viril", es bedeutet „machtvoll".

Sei machtvoll, behaupte dich, stell dich auf eigene Füße! Fall nicht der Masse zum Opfer! Fang an zu denken, fang an, du selbst zu sein! Und folge deinem einsamen Pfad – sei kein Schaf!

Neunundneunzig Schafe können im Wald zurückgelassen werden – ihretwegen ist keine Angst nötig, sie werden sich nicht verirren, denn sie werden sich zusammenkauern, sie können jederzeit gefunden werden. Das Problem sind nicht sie; sondern das eine, das beste hat die Herde verlassen! Sobald ein Schaf die Herde verlassen kann, bedeutet dies, daß dort Stärke ist, und daß das Schaf keine Angst vor dem Wald hat, keine Angst vor den wilden Tieren, kurz: überhaupt keine Angst; das Schaf ist furchtlos geworden – nur dann kann es die Herde verlassen. Und Furchtlosigkeit ist der erste Schritt, bereit zu sein.

Ego ist der erste Schritt, sich hinzugeben. Es scheint absolut paradox. Ihr werdet denken, ich sei verrückt, ihr denkt, daß Demut nötig ist – ich sage: Nein! Erst ist Ego nötig, denn sonst ist eure Demut falsch. Erst ist Ego nötig – scharf, scharf wie ein Schwert. Das wird eurem Wesen Klarheit geben, scharfe Konturen, und dann könnt ihr es aufgeben; wenn ihr es *habt*, könnt ihr es fallenlassen. Dann kommt Demut, und diese Demut ist absolut anders: sie ist nicht die Demut der Armen, sie ist nicht die Demut der Schwachen – sondern die Demut der Starken, die Demut der Mächtigen. Dann könnt ihr nachgeben, aber vorher nicht.

> *„Er ließ die neunundneunzig zurück,*
> *er suchte nach dem einen,*
> *bis er es fand."*

Und vergeßt nicht, daß ihr nicht wegzugehen braucht, um den Gott zu suchen. Er wird kommen. Werdet es nur wert; er wird euch finden. Er muß sich seinen Weg zu euch bahnen. Im gleichen Augenblick, wo sich irgendwer irgendwo kristallisiert hat, strömt ihm die gesamte göttliche Energie entgegen. Er mag in der Form eines Erleuchteten zu dir kommen, er mag als ein Meister, ein Guru zu dir kommen, er mag auf tausend anderen Wegen zu dir kommen. Aber wie er dich erreicht, darum geht es nicht – das ist sein Problem, das ist nicht dein Problem. Kümmere du dich erst um das Ego, mach dich bereit, werde individuell, und dann kann dir das Universale zustoßen.

> *„Erschöpft*
> *sagte er zu dem Schaf:*
> *‚Ich liebe dich mehr als die neunundneunzig.'"*

Einer, der rebellisch geworden ist – Gott liebt ihn mehr. Die Priester werden sagen: „Was für ein Unsinn! Einer, der sich verirrt hat, und Gott liebt ihn mehr?" Die Priester können es nicht glauben, aber genau so passiert es. Jesus ist das verlorene Schaf. Buddha ist das verlorene Schaf, Mahavir ist das verlorene Schaf. Die Masse bewegt sich weiter in ihrer Mittelmäßigkeit; ein Mahavir, ein Buddha und ein Jesus werden auserlesen – Gott stürzt ihnen entgegen.

Dies geschah unter dem *bodhi*-Baum, wo Buddha saß, vollkommen individuell, alle Ketten mit der Gesellschaft, Kultur, Religion zerbrochen; alle Ketten gebrochen, vollkommen allein. Da stürzte Gott von überall her auf ihn zu, aus allen Richtungen, weil er in allen Richtungen ist – und so wurde Buddha ein Gott. Und er hatte geleugnet: „Es gibt keinen Gott!" – denn das war eine der Möglichkeiten, sich zu verirren.

Er hatte gesagt: „Es gibt keinen Gott, ich glaube an keinen Gott." Er hatte gesagt, daß es keine Gesellschaft gibt, keine Religion. Er leugnete die Veden, er leugnete das Kastensystem – *Brahmanen* und *Shudras*. Er leugnete die gesamte hinduistische Denkstruktur. Er sagte: „Ich bin kein Hindu, und ich gehöre keiner Gesellschaft an, und ich glaube an keine Theorien. Solange ich die Wahrheit nicht kenne, werde ich an nichts glauben."

Er stritt immer mehr ab, und es kam ein Augenblick, wo er allein war und es kein Bindeglied gab, mit irgend etwas: absolut zerbrochen. Er wurde zur Insel, absolut allein. Unter jenem *bodhi*-Baum, vor fünfundzwanzig Jahrhunderten, stürzte Gott von überall auf diesen Menschen zu, auf dieses Schaf, das sich verirrt hat, und

„*... Erschöpft*
sagte er zu dem Schaf:
‚Ich liebe dich mehr als die neunundneunzig.'"

Es wurde auch zu Jesus gesagt, es ist immer so gewesen, es ist das fundamentale Gesetz. Gott sucht den Menschen, nicht der Mensch... Der Mensch muß nur bereit sein.

Und wie bereit werden? Individuell werden! Ein Revolutionär sein! Über die Gesellschaft hinausgehen, furchtlos sein, alle Ketten, alle Beziehungen brechen! Allein sein und so leben, als wäre man der Mittelpunkt der Welt! Dann stürzt Gott auf dich zu, und in seinem Ansturm geht dein Ego verloren, versinkt die Insel im Ozean – plötzlich bist du nicht mehr.

Erst muß die Gesellschaft aufgegeben werden – und das ist die innere Mechanik – denn dein Ego kann nur mit der Gesellschaft existieren. Wenn du die Gesellschaft immer mehr aufgibst, wird ein Augenblick kommen, wo das Ego allein sein wird, weil die Gesellschaft fortgefallen ist. Aber dann kann das Ego ohne die Gesellschaft nicht existieren, weil die Gesellschaft dir hilft, als Ego zu existieren. Wenn du ständig die Gesellschaft fallenläßt, fällt nach und nach die Basis fort. Wenn es kein Du gibt, kann das Ich nicht existieren. In der Endphase verschwindet das Ich, weil das Du fallengelassen wurde. Wenn es kein Du gibt, bin Ich nicht. Das Du muß fallen, dann fällt das Ich. Aber indem du erst das Du fallenläßt, wird das Ich schärfer, kristallisierter, zentrierter, schön, mächtig. Danach wird es verschlungen – das ist der Ansturm des Göttlichen.

Jesus wurde wegen dieser Sprüche gekreuzigt. Er machte die Menschen rebellisch, er lehrte sie, sich zu verirren. Er sagte, daß Gott denjenigen liebt, der sich verirrt – den Sünder, den Rebellen, den Egoisten. Die Juden konnten es nicht ertragen, es war zuviel. Dieser Mann mußte zum Schweigen gebracht werden: „Diesem Mann müssen wir Einhalt gebieten – er geht zu weit, er wird die ganze Gesellschaft zerstören!" Er schuf eine solche Lage, daß die Priester sich bald nicht mehr behaupten konnten, die Kirche sich auflösen würde.

Er war gegen die Masse – und Masse ist alles um dich herum – und die Masse wurde panisch. Man dachte: „Dieser Mensch ist der Feind, er zerrüttet das ganze Fundament selbst. Ohne Masse – wie können wir überleben?" Indem er hingeht und die neunundneunzig Schafe lehrt, allein zu gehen, werden sie sich nur noch enger aneinander kauern. Und wenn du sie das lehrst, werden sie Rache nehmen, werden sie dich töten, werden sie sagen: „Jetzt reicht es aber!"

Wir leben in der Masse, wir sind Teil der Masse. Allein können wir nicht existieren. Wir wissen nicht, wie wir allein sein können, wir existieren immer mit dem anderen. Der andere ist nötig, er ist ein Muß. Ohne den anderen – wer bist du dann? Deine Identität geht verloren.

Dies ist das Problem: neunundneunzig Schafe schaffen alle Religionen, und die wirkliche Religion geschieht nur dem einen Schaf, das seinen eigenen Weg gegangen ist.

Sei mutig! Geh über die Lichtung hinaus, geh in die Wildnis! Dort ist das Leben, und nur dann kannst du wachsen. Du mußt vielleicht leiden, denn es gibt kein Wachstum ohne Leiden. Es mag ein Kreuz, eine Kreuzigung geben, denn keine Reife ohne Kreuzigung. Die Gesellschaft mag sich durch Kreuzigung rächen – akzeptiere es! Das muß so sein, denn wenn das eine Schaf zurückkommt, werden die neunundneunzig sagen: „Dies ist der Sünder! Dies Schaf ging in die Irre, es ist nicht mehr Teil von uns, dieses Schaf gehört nicht mehr zu uns!"

Und jene neunundneunzig Schafe können sich absolut nicht vorstellen, daß der Schäfer genau dieses Schaf auf den Schultern trägt – weil dies das verlorene Schaf ist und wiedergefunden wurde.

Jesus sagt, der Schäfer wird zurückgehen in sein Haus, wird seine Freunde zusammenrufen und wird ein Festmahl halten, denn ein Schaf ging verloren, und ein Schaf wurde gefunden. Jesus sagt, daß immer, wenn ein Sünder in den Himmel eingeht, ein großer Jubel ist, weil ein Schaf verloren ging, und ein Schaf gefunden wurde!

Kapitel 7

**Der
ewige
Zeuge**

Jesus sagte:
„Das Königreich des Vaters ist wie ein Mann,
ein Kaufmann,
der Waren besaß und eine Perle fand.

Der Kaufmann war klug.
Er verkaufte die Waren
und kaufte die eine Perle für sich.

Sucht auch ihr nach dem Schatz,
der nicht trügt, der immer währt,
dem keine Motte nahekommt, um ihn zu fressen,
und den kein Wurm zerstört."

Wenn du nach außen blickst, existiert die Welt des Vielen; wenn du nach innen blickst, dann die Welt des Einen. Wenn du nach außen gehst, mag dir viel gelingen, aber das Eine wird dir entgehen. Und dieses Eine ist der genaue Mittelpunkt – wenn du den verfehlst, hast du alles verfehlt. Du magst *viel* erreichen, aber dies *viel* zählt am Ende nicht viel, denn wenn man sich nicht selbst erreicht, ist nichts erreicht.

Wenn du dir selbst ein Fremder bist, kann selbst die ganze Welt dich nicht erfüllen. Wenn du noch nicht in dein eigenes Wesen eingedrungen bist, dann werden dich alle Reichtümer dieser Welt nur noch ärmer machen. So passiert es: Je mehr Reichtum du besitzt, desto mehr Armut empfindest du, denn jetzt kannst du vergleichen. Außen Reichtum – und das Innere sieht im Vergleich immer ärmer und ärmer und ärmer aus. Daher das Paradox des reichen Mannes: Je reicher er wird, desto ärmer fühlt er sich; je mehr er hat, desto mehr fühlt er, daß er leer ist – weil die innere Leere nicht durch äußere Dinge gefüllt werden kann. Äußere Dinge können nicht in dein Wesen eindringen.

Die innere Leere kann nur gefüllt werden, wenn du dich selbst verwirklichst, wenn du zu deinem Wesen gelangst. Zieh eine klare Linie: Die Welt draußen ist die Welt des Vielen, aber das Eine ist dort abwesend – und dieses Eine ist das Ziel. Dies Eine ist in dir, wenn du also draußen suchst, gehst du fehl. Nichts kann da helfen; egal, was du tust, du wirst eine gescheiterte Existenz sein.

Der Kopf wird ständig weiter sagen: „Wenn du *das* schaffst, wirst du erfüllt sein." Wenn du es geschafft hast, wird der Kopf wieder sagen: „Schaff was anderes! Dann wirst du erfüllt sein." Der Kopf wird sagen: „Wenn du keinen Erfolg hast, bedeutet das, daß du dir nicht genug Mühe gibst. Wenn du nicht ankommst, läufst du nur nicht schnell genug." Und wenn du auf die Logik des Kopfes hörst – sie klingt logisch, ist es aber nicht – dann rennst du und rennst und rennst, und am Ende... nichts als Tod.

Das Viele ist das Reich des Todes, das Eine ist das Reich des Todlosen. Der Sucher muß gesucht werden, nicht in äußeren Objekten, sondern in deiner Subjektivität; du mußt nach innen gehen. Eine „Konversion" ist nötig, ein Umkehren, eine absolute Kehrtwendung ist nötig, so daß die Augen, die nach außen sehen, nach innen zu sehen beginnen. Aber wie soll dies passieren?

Solange du noch nicht total frustriert von der Welt bist, kann dies nicht passieren; solange auch nur die leiseste Hoffnung bleibt, wirst du weitermachen. Scheitern ist großartig, und mit dem Scheitern des Vielen beginnt eine neue Reise. Je früher du in der äußeren Welt scheiterst, desto besser; je früher du völlig frustriert wirst, desto besser – weil das Scheitern im Äußeren der erste Schritt ins Innere wird.

Ehe wir auf das Sutra von Jesus eingehen, gibt es noch vieles mehr zu verstehen: Wer ist ein weiser Mann? Derjenige, der alles zu verlieren bereit ist, um des Einen willen. Und wer ist ein Narr? Derjenige, der sich verloren hat und gewöhnliche Dinge gekauft hat, der den Meister verkauft hat und sein Haus mit wertlosen Dingen gefüllt hat.

Ich habe gehört, es geschah einmal: Ein Freund von Mulla Nasrudin wurde sehr, sehr reich. Und wenn jemand reich wird, möchte er zurück zu seinen alten Freunden, seinen alten Nachbarn, in sein altes Dorf, um zu zeigen, was er erreicht hat. Also kam er aus der Hauptstadt in sein kleines Dorf. Gleich am Bahnhof traf er Mulla Nasrudin, und er sagte: „Nasrudin, weißt du schon? Ich hab's geschafft. Ich bin sehr, sehr reich geworden. Du kannst es dir gar nicht vorstellen, wie reich! Ich habe einen Palast mit fünfhundert Zimmern, es ist ein Schloß!"

Mulla Nasrudin sagte: „Ich kenn ein paar Leute, die Häuser mit fünfhundert Zimmern haben."

Der Freund sagte: „Ich habe zwei Golfplätze mit achtzehn Löchern, drei Swimmingpools und hektarweise Parkanlagen!"

Nasrudin anwortete: „Ich kenne einen Mann in der Nachbarstadt, der auch zwei Golfplätze und drei Swimmingpools hat."

Der reiche Mann sagte: „Im Haus?"

Nasrudin sagte: „Hör zu! Du magst eine Menge Geld verdient haben, aber ich hab auch nicht schlecht abgeschnitten: Ich habe Esel, Pferde, Schweine, Wasserbüffel, Kühe, Hühner."

Der andere fing an zu lachen: „Nasrudin, eine Menge Leute haben Esel, Pferde und Kühe und Hühner..."

Narudin fiel ihm schroff ins Wort und fragte: „Im Haus?"

Aber egal, was du dir anschaffst – ob es ein Golfplatz mit achtzehn Löchern, drei Swimmingpools oder fünfhundert Zimmer sind, oder Esel, Pferde und Kühe – egal, was du draußen bekommen kannst, es wird dich nicht reich machen, denn in Wirklichkeit bleibt das Haus leer, *du* bleibst leer. Nichts dringt ins Haus, alles bleibt draußen, weil es zum Äußeren gehört – es gibt keine Möglichkeit, es nach innen zu tun. Und die Armut ist innen. Wäre sie außen gewesen, gäbe es kein Problem.

Wenn du die Leere draußen gefühlt hättest, an der Peripherie, dann hätte sie mit Häusern, Autos, Pferden oder was auch immer gefüllt werden können. Aber die Leere wird innen gefühlt. Du fühlst im Inneren Sinnlosigkeit. Das Problem kommt nicht daher, daß du kein großes Haus besitzt, sondern daher, daß du dich innerlich völlig sinnlos fühlst: Warum existierst du überhaupt? Wozu dieser ganze Aufwand, existent zu sein? Wozu lebendig sein? Wo führt es hin?

Jeden Tag bist du morgens wieder wach, bereit zu gehen, aber es geht nirgendwo hin! Jeden Tag ziehst du dich morgens an, aber am Abend weißt du, daß nichts erreicht ist, daß kein Ziel erreicht ist. Wieder schläfst du ein, wieder beginnt am Morgen die Reise – das ganze sinnlose Theater! Innen fühlst du dich weiterhin leer – da ist nichts; also kannst du mit äußeren Dingen allenfalls andere täuschen, nicht dich selbst. Wie kannst du dich selbst täuschen?

Je mehr Dinge sich sammeln, desto mehr Leben verpufft, weil sie auf Kosten von Leben angeschafft werden müssen. Du bist weniger lebendig, der Tod ist näher gekommen, die Dinge werden immer mehr. Der Haufen wird immer größer, und innerlich schrumpfst du. Dann die Angst: „Was gewinne ich dabei, wo führt mich das hin? Was habe ich eigentlich mit meinem ganzen Leben gemacht?"

Und du kannst nicht zurück. Die Zeit, die vertan wurde, kann dir nicht rückerstattet werden, völlig unmöglich. Du kannst sie nicht zurückhaben, du kannst nicht sagen: „Tut mir leid, ich möchte von vorn beginnen..." das ist nicht möglich. Dann wirst du, wenn du alt geworden bist, immer trauriger. Diese Traurigkeit liegt nicht am körperlichen Alter, diese Traurigkeit liegt daran, daß du jetzt erkennst, was du dir angetan hast: Du hast ein Haus gebaut, natürlich, du hast Erfolg gehabt, du bist reich, du hast Prestige gewonnen in den Augen anderer – aber was ist mit deinen eigenen Augen?

Jetzt fühlst du den Schmerz, das Leiden eines verschwendeten Lebens, einer verlorenen Zeit. Der Tod kommt näher, und bald wirst du dich auflösen, und deine Hände sind leer. Diese Leere ist innerlich; du kannst sie mit nichts füllen, was du in der Welt bekommen kannst – außer, du bekommst dich selbst. Daher das Insistieren von Jesus: „Selbst ein Kamel kann durch ein Nadelöhr gehen, aber ein Reicher kommt nicht durch das Tor des Himmels." Warum? Was ist verkehrt am Reichen?

Nichts ist verkehrt am Reichen. Damit wird nur hervorgehoben, daß jemand, der sein Leben mit dem Ansammeln weltlicher Dinge vertan hat – und das heißt „ein Reicher" – nicht ins Reich Gottes kommt, weil dort nur hinkommt, wer zum Inneren gelangt ist. Am Tor des Himmels kann er niemanden täuschen. Er kann nicht eintreten, weil er zu verbraucht ist, morsch, eine Ruine. Er kann am Tor nicht tanzen, er kann nicht singen. Er kann nicht mit irgendeinem Sinn eintreten, den er in seinem Leben erlangt hat. Er ist entwurzelt: Er hat viel besessen, aber er hat nie sich selbst besessen, und das ist die Armut. Wenn du dich selbst besitzt, bist du reich, wirklich reich. Wenn du dich nicht selbst besitzt, magst du ein Kaiser sein, aber du bist arm.

Zweitens muß verstanden werden, warum wir immerzu Dinge ansammeln. Denn die Wahrheit ist so klar! – Wir aber machen ständig weiter. Niemand hört auf Jesus oder Buddha. Und selbst wenn ihr hinhört, selbst wenn ihr das Gefühl habt, zu verstehen, befolgt ihr es nie. Und so werden Buddha und Jesus ignoriert, ihr geht auf eurem Weg weiter. Manchmal kommt ein Zweifel auf, aber das ist alles; dann beruhigt ihr euch wieder und folgt eurem eigenen Weg. Es muß etwas sehr tief Verwurzeltes geben, das selbst ein Buddha oder ein Jesus nicht aufrütteln, nicht mit der Wurzel ausreißen kann. Was ist dies tief Verwurzelte?

Wir existieren in den Augen anderer: unsere Identität besteht aus der Meinung anderer; die Augen anderer sind die Spiegel, wir sehen unser Gesicht in den Augen anderer. Das ist der wunde Punkt, das Problem – weil andere nicht dein inneres Wesen sehen können. Dein inneres Wesen kann in keinem Spiegel der Welt gespiegelt werden. Nur deine Außenseite kann gespiegelt werden. Spiegelungen sind nur im Äußeren, im Physikalischen möglich. Selbst wenn du vor dem besten Spiegel stehst, wird nur deine physikalische Seite gespiegelt. Kein Auge kann deine Innenseite spiegeln.

So spiegeln die Augen der anderen deinen Reichtum, deine Leistungen in der Welt, deine Kleider wider. Sie können nicht dich widerspiegeln. Und wenn du siehst, daß die anderen dich für arm halten – was bedeutet, daß du keine guten Kleider, kein gutes Haus, kein gutes Auto hast – fängst du an, dich diesen Dingen zuzuwenden. Nur um in den Augen anderer zu sehen, daß du reich bist, sammelst du Dinge an. Die Augen anderer beginnen widerzuspiegeln, daß du reich wirst und immer reicher, daß du Macht und Ansehen gewinnst. Deine Identität besteht aus deinem Spiegelbild, und andere können nur Dinge spiegeln – sie können nicht dich spiegeln. Daher ist Meditation sehr, sehr notwendig.

Meditation heißt, deine Augen zu schließen; nicht auf das Spiegelbild zu schauen, sondern auf dein eigenes Wesen zu schauen. Sonst bist du den ganzen Tag mit anderen beschäftigt. Auch in der Nacht, wenn du schläfst, bist du entweder unbewußt, wenn der Schlaf tief geht, oder in deinen Träumen wieder mit anderen beschäftigt. Ständig mit dem anderen zu leben ist das Problem: Du wirst in eine Gesellschaft hineingeboren, du lebst in der Gesellschaft, du stirbst in einer Gesellschaft – deine ganze Existenz besteht aus Gesellschaft. Und Gesellschaft heißt: Augen von allen Seiten.

Und was immer diese Augen spiegeln, sie machen dir Eindruck. Wenn jeder sagt, daß du ein guter Mensch bist, fängst du an, dich gut zu fühlen. Wenn jeder denkt, daß du ein schlechter Mensch bist, fängst du an, dich schlecht zu fühlen. Wenn jeder sagt, daß du krank bist, fängst du an, dich krank zu fühlen. Deine Identität hängt von anderen ab, sie ist eine Hypnose durch andere. Geh in die Einsamkeit – lebe mit den anderen, aber erschöpfe dich nicht mit den anderen.

Zumindest eine Stunde am Tag schließe einfach die Augen. Sie zu schließen bedeutet, daß du für die Gesellschaft geschlossen bist; keine Gesellschaft existiert, nur du, so daß du dich dir selbst zuwenden kannst. Geh einmal im Jahr für ein paar Tage in die Berge, in die Wüste, wo niemand ist, nur du, und sieh dich so, wie du bist! Sonst wird das ständige Leben mit anderen eine Hypnose in dir erzeugen. Diese Hypnose ist der Grund, warum du ständig andere beeinflußt, anderen Eindruck zu machen versuchst. Wichtig ist dir nicht, reich zu leben, wichtig ist dir, wie du andere damit beeindrucken kannst, daß du reich bist – aber das sind zwei völlig verschiedene Dinge.

Die anderen sind von dem beeindruckt, was du besitzt. Sie sind niemals von dir beeindruckt. Wenn du Alexander den Großen im Bettlergewand siehst, wirst du ihn nicht erkennen, aber wenn du den Bettler, der seit je auf deiner Straße bettelt, auf einem Thron sitzen siehst wie Alexander, wirst du ihm zu Füßen fallen, wirst du ihn beachten!

Es geschah einmal: Ein großer Urdu-Dichter, Ghalib, wurde vom Kaiser zu einem Festmahl geladen. Viele andere waren geladen, fast fünfhundert Leute. Ghalib war ein armer Mann; es ist sehr schwer für einen Dichter, reich zu sein – reich in den Augen der andern.

Freunde rieten: „Ghalib, du kannst dir Kleider leihen. Auch Schuhe und einen guten Schirm, denn dein Schirm ist so verbraucht, dein Mantel so fadenscheinig, daß er fast nicht mehr da ist. Und mit diesen Kleidern und mit diesen Schuhen, die so viele Löcher haben, wird es keinen guten Eindruck machen!"

Aber Ghalib sagte: „Wenn ich mir etwas leihe, werde ich mich innerlich sehr unwohl fühlen, weil ich mir noch nie etwas von jemandem geliehen habe – ich habe auf eigenen Füßen gelebt, ich habe auf meine Weise gelebt. Mit der Gewohnheit meines ganzen Lebens zu brechen, nur für ein Abendessen, ist nicht gut."

Also ging er in seinen eigenen Kleidern. Als er der Wache seine Einladung zeigte, sah der Mann ihn an, lachte und sagte: „Wo hast du diese gestohlen? Mach, daß du wegkommst! Sonst sperren wir dich ein!"

Ghalib konnte es nicht glauben. Er sagte: „Ich bin eingeladen worden! Geh und frag den Kaiser!"

Der Türhüter sagte: „Jeder Bettler glaubt, er sei eingeladen. Und du bist nicht der erste. Es haben schon viele andere vor dir ans Tor geklopft. Mach, daß du fortkommst! Bleib hier nicht stehen, denn bald kommen die Gäste."

Und so ging Ghalib zurück. Seine Freunde wußten, daß es so kommen mußte, und so hielten sie einen guten Rock, ein paar Schuhe, einen Schirm für ihn bereit – geliehene Sachen. Nun zog er diese geliehenen Sachen an und ging zurück. Der Torhüter verbeugte sich und sagte: „Komm herein."

Ghalib war ein sehr berühmter Dichter, und der Kaiser liebte seine Dichtung, und so durfte er direkt neben dem Kaiser sitzen. Als das Festmahl begann, tat Ghalib etwas sehr Merkwürdiges; und der Kaiser fand, daß er ein wenig wahnsinnig wirkte. Er fing an, seinen Rock zu füttern mit den Worten: „Iß nur, mein Rock, denn in Wirklichkeit bist du hier eingetreten, nicht ich."

Der Kaiser sagte: „Was tust du da, Ghalib? Bist du verrückt geworden?"

Ghalib sagte: „Nein – ich war schon etwas eher gekommen, aber man verwehrte mir den Zutritt. Jetzt ist dieser Rock gekommen – ich bin nur mitgekommen, weil der Rock nicht allein kommen konnte – anders war es mir nicht möglich zu kommen."

Aber das geht jedem so: Nicht du, sondern dein Rock wird von den anderen beachtet; und so bestickst du fleißig deinen Rock, putzt dich heraus.

Meditation ist nötig, um dir eine Erholung von den anderen zu geben, von den Augen der anderen, dem Spiegel der anderen. Vergiß sie! Schau einfach für ein paar Minuten nach innen; dann wirst du den Schmerz und das Leiden im Innern spüren – daß du da leer bist. Dann beginnt eine Transformation: Dann fängst du an, nach dem inneren Reichtum zu suchen, nach dem Schatz, der in dir existiert – nicht nach den Schätzen, die überall ausgebreitet sind.

Äußere Reichtümer – das ist das Viele; der innere Schatz ist eins. Äußere Dimensionen und Richtungen gibt es viele; das Ziel innen ist *eins* – auf *einen* Punkt gerichtet.

Jesus sagte:
„Das Königreich des Vaters ist wie ein Mann,
ein Kaufmann,
der Waren besaß und eine Perle fand.

Der Kaufmann war klug.
Er verkaufte die Waren
und kaufte die eine Perle für sich."

Die Geschichte geht so: Ein Mann reiste in ein weit entferntes Land, um Geld zu verdienen. Er verdiente sehr viel, er sammelte viele Waren, aber im letzten Augenblick stieß er auf eine Perle. Er machte einen Tausch: Er verkaufte alle Waren und erwarb diese eine Perle. Auf der Heimreise geschah ein Unglück, und das Schiff sank. Aber mit der einen Perle konnte er an die Küste schwimmen und erreichte seine Heimat mit seinem gesamten Schatz.

Das ist die Geschichte, auf die sich Jesus bezieht: Dieser Mann erwarb *eines* statt vieler Dinge, so daß, selbst als das Schiff sank, nichts verloren ging. Das Eine kann gerettet werden, nicht das Viele. Wenn der Tod kommt, und dein Schiff sinkt, und du nur eine Perle hast, kannst du sie ans andere Ufer mitnehmen; aber wenn du viele, viele Dinge hast, können sie nicht mitgenommen werden. Eine Perle läßt sich tragen, aber wie kannst du viele Waren mitnehmen?

Jesus sagte:
„Das Königreich des Vaters ist wie ein Mann,
ein Kaufmann,
der Waren besaß und eine Perle fand.
Der Kaufmann war klug."

Er war weise; denn dies ist die Dummheit: das Eine zu verkaufen und das Viele zu kaufen. Dies ist Klugheit, Weisheit: das Viele zu verkaufen und das Eine zu erwerben. Die Perle ist symbolisch für das Eine, das Innere.

*„Der Kaufmann war klug.
Er verkaufte die Waren
und kaufte die eine Perle für sich.*

*Sucht auch ihr nach dem Schatz,
der nicht trügt, der immer währt,
dem keine Motte nahekommt, um ihn zu fressen,
und den kein Wurm zerstört.*

Dann seid wie dieser Kaufmann, der Kluge, der Weise. Was immer ihr auf dieser Welt erwerben könnt, wird euch entrissen werden. Habt ihr schon die Tatsache beobachtet, daß ihr nichts auf dieser Welt besitzen könnt – in Wirklichkeit? Ihr bildet euch nur ein, daß ihr besitzt – aber das Ding war hier als du nicht warst, jemand anders besaß es. Bald wirst du nicht hier sein, und das Ding wird hier sein, und jemand anders wird es besitzen. Dein Besitz ist nur wie ein Traum: mal ist er da, mal ist er fort.

Es war einmal ein König, Ebrahim. Eines Nachts hörte er auf dem Dach ein Geräusch, jemand lief dort herum. Also fragte er: „Wer ist da?"
Der Mann sagte: „Laß dich nicht stören – mein Kamel ist verlorengegangen und ich suche danach." Auf dem Dach des Palastes war sein Kamel verlorengegangen?
Ebrahim lachte und sagte: „Du Wahnsinniger! Komm runter! Kamele gehen niemals auf Palastdächern verloren. Geh nach Haus!"
Aber danach konnte er nicht schlafen, weil er ein Mann der Kontemplation war. Er dachte: „Vielleicht war der Mann doch nicht so verrückt, vielleicht hat er es symbolisch gemeint; vielleicht ist er ein großer Mystiker, denn seine Stimme, als er sagte: ‚Laß dich nicht stören',

klang so tröstend und still. Die Stimme war so musikalisch und harmonisch, daß sie keinem Wahnsinnigen gehören kann. Und als er sagte: ‚Mein Kamel ist verlorengegangen, und ich suche mein Kamel', war es so durchdringend, daß es etwas anzudeuten schien... Der Mann muß morgen früh gefunden werden! Ich muß sehen, wer dieser Mann ist – ob er wahnsinnig ist oder ein Narr Gottes; ob er nur in seinem Wahnsinn auf dem Dach war, oder ob er speziell zu mir geschickt wurde, um mir eine Botschaft zu geben."

Der König konnte die ganze Nacht nicht schlafen. Am Morgen befahl er seinen Höflingen, hinzugehen und den Mann mit dieser Stimme zu finden. Aber die ganze Hauptstadt wurde durchsucht, und der Mann ließ sich nicht finden; denn wie soll man einen Mann nur nach dem Klang seiner Stimme finden? Sehr schwer.

Dann plötzlich, mitten am Tag, gab es einen großen Auflauf an der Palasttür. Ein Fakir, ein Bettler, war aufgetaucht und hatte zum Türhüter gesagt: „Laß mich eintreten, denn ich möchte hier in diesem *sarai*, in diesem Gasthof, ein paar Tage bleiben."

Der Türhüter hatte gesagt: „Dies ist kein Gasthof, kein *sarai* – dies ist der Palast des Königs!"

Aber der Fakir sagte: „Nein! Ich weiß sehr genau, daß dies ein Gasthof ist: Reisende kommen herein, sie bleiben, und sie gehen wieder. Niemand ist hier wohnhaft, laß mich also rein; ich will mit dem König reden, der ein dummer Mann zu sein scheint."

Dies wurde mitgehört, und man schickte nach dem Fakir. Der König war sehr wütend und sagte: „Was soll das heißen?"

Der Mann sagte: „Hör zu! Ich war schon einmal hier, aber damals saß jemand anders auf diesem Thron. Und der war ein genauso dummer Mann wie du, weil er glaubte, daß dies *seine* Residenz sei. Jetzt glaubst du, daß dies deine Residenz ist!"

Der König sagte: „Sei nicht dumm! Und benimm dich nicht so unzivilisiert – das war mein Vater, jetzt ist er tot."

Der Fakir sagte: „Und ich sage dir, daß ich wiederkommen und dich nicht hier finden werde. Jemand anders wird hier sein. Es wird dein Sohn sein, und er wird sagen: ‚Dies ist meine Residenz!' Was ist das für eine Residenz? Die Leute kommen und gehen – ich nenne es einen Gasthof."

Die Stimme war zu erkennen! Der König sagte: „Dann bist du der Wahnsinnige, der nach dem Kamel auf dem Dach gesucht hat!"

Der Fakir sagte: „Ja, ich bin der Wahnsinnige – und auch du bist einer: Wenn du dich im Reichtum suchst, suchst du nach einem Kamel auf dem Dach!"

Der König kam von seinem Thron herunter und sagte zu dem Fakir: „Bleib du hier in diesem Sarai, aber ich verlasse es, denn ich habe hier nur gewohnt, weil ich glaubte, dies sei eine Residenz, dies sei ein Heim. Wenn dies kein Heim ist, dann *muß* ich gehen und heimzugehen suchen, ehe es zu spät ist!"

Ebrahim wurde selbst ein Mystiker. Und als er bekannt wurde, als er ein Erleuchteter geworden war, blieb er außerhalb der Hauptstadt wohnen – seiner eigenen Hauptstadt. Einst war sie sein Besitz, jetzt war sie nur ein Sarai, und er lebte draußen. Und es kamen Leute und fragten: „Wo ist die *basti*?" *Basti* bedeutet „die Stadt"; aber das Wort ist sehr schön, es bedeutet „wo die Menschen wohnen". Aber Ebrahim wies dann immer zum Friedhof. Er sagte immer: „Geht nach rechts und ihr werdet die *basti* finden, wo die Menschen wohnen."

Und dann gingen die Leute in diese Richtung. Später kamen sie dann wutschnaubend zurück und sagten: „Was für ein Typ bist du eigentlich? Wir haben nach der *basti*, der Stadt, gefragt, wo die Menschen wohnen – und du hast uns zum Friedhof geschickt!"

Dann lachte Ebrahim und sagte: „Ja, dann scheinen wir die Worte verschieden zu gebrauchen – denn dort auf dem Friedhof, wenn man erst einmal hingezogen ist, wohnt man auf Dauer. Das ist die wirkliche *basti*, der Dauerwohnsitz, wo sich die Adresse niemals verändert, weil man dort sein wird auf immer und ewig. Ihr habt also gar nicht nach der wirklichen *basti* gefragt, sondern ihr fragt nach der Stadt da, die ein Friedhof ist, weil die Menschen dort Schlange stehen, nur um zu sterben.

Der eine ist heute dran, der andere morgen, der dritte übermorgen – aber *jeder wartet nur darauf zu sterben!* Und ihr nennt es *basti*? Ihr nennt es den Ort, wo die Menschen wohnen? Ich nenne es *marghat*, den Friedhof, wo die Menschen nur darauf warten zu sterben, wo *nichts existiert außer dem Tod.*"

Wenn dort Leben existiert, dann nur als ein Warten auf den Tod; und wie kann das Leben ein Warten auf den Tod sein? Wie kann Leben momentan sein? Wie kann Leben nur wie ein Traum sein? Es ist da – und weg ist es und nicht mehr da! Das Leben muß etwas Ewiges sein.

Aber wenn du nach dem Ewigen suchst, dann sei wie der kluge Kaufmann: verkaufe alles, was du hast! Verkauf es und erwirb das Eine, die eine Perle deines inneren Wesens, die nicht im Meer untergehen kann, die nicht gestohlen werden kann – denn diese Perle bist *du*. Du kannst nur dich selbst besitzen, nichts anderes kann wirklich besessen werden. Du kannst in einer Illusion leben – das ist etwas anderes.

Du kannst in der Illusion leben, daß du dieses Haus besitzt, diese Frau, diesen Mann, diese Kinder, aber dies ist eine Illusion; früher oder später wird der Traum schwinden. Du kannst nur dich selbst besitzen, denn nur das wird niemals schwinden. Das Sein ist permanent, ewig. Es gehört dir zeitlos. Es kann dir nicht weggenommen werden.

Dies ist der Unterschied zwischen einer weltlichen Suche und einer religiösen Suche: die religiöse bedeutet, nach dem Ewigen zu suchen; die weltliche bedeutet, nach dem Zeitlichen zu suchen. Die Welt existiert in der Zeit, und Religion existiert in der Zeitlosigkeit. Sieh dir eine klare Tatsache an: Jedesmal, wenn du die

Augen schließt und die Gedanken fort sind, ist keine Zeit da. Jedesmal, wenn du die Augen schließt und es keine Gedanken gibt, verschwindet die Zeit. Sobald Gedanken da sind, ist Zeit da. Sobald Dinge da sind, ist die Zeit da.

Überall außerhalb existiert Zeit, der Ozean der Zeit. Innerhalb existiert Ewigkeit, Zeitlosigkeit.

Darum sagen alle Erleuchteten, daß du erst dann bei dir selbst angekommen bist, daß du erst dann zu Hause angelangt bist, wenn du die Zeit hinter dir gelassen hast, wenn du über die Zeit hinausgegangen bist.

Es geschah einmal: Ein Mann arbeitete in einer Fabrik. Der Mann war sehr arm, und er kam immer auf seinem Esel zur Fabrik. Aber er verspätete sich jedesmal, wenn er wieder nach Hause kam, und seine Frau war jedesmal böse mit ihm. Eines Tages sagte er zu ihr: „Versuche doch, mein Problem zu verstehen: Wenn die letzte Sirene, das Feierabendsignal geht, hat sich dieser Esel so sehr dran gewöhnt, daß er von allein lostrabt. Selbst wenn ich nur zwei oder drei Sekunden zu spät komme, geht er einfach ohne mich nach Hause. Und es gibt ein solches Gedränge, jeder will sofort aus der Fabrik raus, daß er oft einfach weg war, wenn ich endlich draußen war. Der Esel war einfach davongelaufen. Er wartet höchstens zwei oder drei Sekunden. Wenn ich bis dahin aufgesprungen bin, okay; wenn nicht, zieht er ohne mich los, und ich muß nach Hause laufen. Das ist also das Problem." Und er glaubte, daß dies helfen würde. Und so fragte er seine Frau: „Verstehst du, was ich mit der Geschichte sagen will?"

Und die Frau sagte: „Ich versteh sehr gut. Jeder dumme Esel weiß, wann es Zeit ist, nach Hause zu gehen."

Jeder Esel weiß, wann es Zeit ist, nach Hause zu gehen – aber ihr wißt noch nicht einmal, wo euer Zuhause ist, und wann ihr nach Hause aufbrechen müßt. Ihr wandert weiter herum, klopft weiter an die

Haustüren anderer. Ihr habt völlig vergessen, wo euer Zuhause ist. Wenn es euch also nicht gut geht, ist es kein Wunder. Wenn ihr euch nie irgendwo wohl fühlt, ist das kein Wunder. Ihr seid *ständig* unterwegs, von einem Winkel der Erde zum anderen. Woher dieser Wahnsinn, von einer Stadt in die nächste zu ziehen? Was sucht ihr? Sobald jemand es sich leisten kann, geht er auf Reisen. Die Leute arbeiten, dann sparen sie Geld, nur um damit um die Welt zu reisen – warum? Was springt dabei heraus?

Ich habe gehört, daß ein amerikanischer Jäger einmal in einen griechischen Vulkan hineinblickte, direkt bis in den Kern des Vulkans. Dann sagte er zu dem Bergführer: „Du lieber Gott! Das sieht aus wie in der Hölle!"
Der Führer sagte: „Ihr Amerikaner! Ihr seid schon überall gewesen. Sobald ihr es euch leisten könnt, fahrt ihr sogar zur Hölle!"

Aber woher diese Unrast? Warum ist der Mensch tief drinnen ein Vagabund? Weil eure Heimat fehlt, und ihr auf der Suche danach seid. Eure Richtung mag falsch sein, aber eure Unrast ist ein Zeichen dafür. *Wo immer* ihr seid, es ist nicht eure Heimat – das ist das Problem. Und so sucht ihr immer weiter, ihr könnt auf der Suche danach sogar zur Hölle fahren. Aber ihr werdet sie nirgendwo finden, weil eure Heimat in euch selbst existiert. Und selbst ein dummer Esel weiß, wann es Zeit ist heimzukehren.
Es ist Zeit, es ist längst Zeit, ihr habt lange genug gewartet. Sucht die Heimat nicht in Dingen, sucht sie nicht in anderen, sucht sie nicht außen – dort werdet ihr nur das Viele, das Vielfältige finden, das, was die Hindus *maya* nennen.
Maya bedeutet das Viele, das Vielfältige; *maya* bedeutet das Endlose. Ihr könnt weiter suchen und suchen, und es hat nie ein Ende. Es ist eine magische Welt – *maya* bedeutet „der Zauber des Vielen". Der

Zauber bleibt, ihr sucht immer weiter, aber ihr bekommt nie etwas, weil es eine magische Welt ist: Jedesmal, wenn ihr näher kommt, verschwindet sie wie ein Regenbogen. Aus der Entfernung ist sie schön, sie packt euch, ihr werdet besessen von ihr, sie kommt bis in eure Träume, in eure Wünsche. Ihr hättet gern den Regenbogen in der Faust. Und dann lauft ihr immer weiter, und der Regenbogen zieht sich ständig zurück.

Jedesmal, wenn ihr ankommt, findet ihr, daß nichts da ist. Der Regenbogen war ein Traum, eine illusorische Realität. Die Hindus haben diese Welt des Vielen *maya* genannt – ein magisches Wort, wie von einem Zauberer geschaffen. Nichts existiert wirklich, alles existiert durch Wünschen und Träumen. Du erschaffst es durch dein Wünschen, du bist ein Schöpfer durch dein Wünschen – du erschaffst die Welt des Vielen.

Da ist ein Auto, ein wunderschönes Auto. Wenn es keinen Menschen auf der Erde gibt, was ist dann der Wert des Autos? Wer weiß es zu schätzen? Wen kümmert's? Die Vögel werden es nicht beachten, den Tieren wird es egal sein. Niemand wird es beachten – es wird verrotten, es wird zu Schrott. Aber sobald der Mensch da ist, ist es wertvoll. Wo kommt der Wert her? Er kommt aus eurer Begierde: Wenn ihr es begehrt, ist es wertvoll; wenn ihr es nicht begehrt, verschwindet der Wert. Der Wert liegt nicht im Ding, sondern in eurer Begierde.

Das alte ökonomische Gesetz war: Wo eine Nachfrage ist, da ist ein Angebot. Aber jetzt hat sich dieses Gesetz völlig verändert: Erst kommt das Angebot, dann kommt die Nachfrage. Könnt ihr euch einen Menschen in Buddhas Zeit denken, der von einem Auto träumte? Das war kein Problem, weil das Angebot nicht da war; wie also konnte man sich ein Auto wünschen? Heute besteht die ganze Marktwirtschaft darin, neue Angebote zu schaffen. Erst schaffen sie ein Angebot, dann werben sie, wecken sie Wünsche. Dann kommt die Nachfrage – dann *rennt* ihr, weil ihr jetzt seht: „Hier hab ich endlich das Ziel, das mir mein ganzes Leben lang gefehlt hat. Jetzt hab ich mein Ziel, und wenn ich das erreicht habe, ist alles erreicht!"

Aber der Geschäftsmann erfindet ständig neue Dinge, die Werbefachleute erzeugen ständig neue Wünsche. Jedes Jahr stellen sie neue Autos her, neue Häuser, neue Ziele. *Ständig* liefern sie euch Möglichkeiten, nach außen zu gehen – sie geben euch keine Pause zum Nachdenken. Dein Auto mag völlig in Ordnung sein, aber sie sagen, daß jetzt das neue Modell da ist. Jetzt noch mit dem alten Modell zu fahren, tut also dem Ego weh. Das neue Modell ist vielleicht nicht besser – es mag sogar schlechter sein – aber das neue muß gekauft werden. Du mußt es haben, weil die Nachbarn es haben, weil jeder davon spricht.

Eine Frau kam zum Arzt und sagte: „Operieren Sie mich. Egal was."

Der Arzt sagte: „Wie bitte? Sind Sie verrückt geworden? Warum operieren? Sie sind völlig gesund und okay!"

Die Frau sagte: „Aber es geht nicht so weiter. Jedesmal, wenn ich in den Club komme, reden sämtliche Frauen über ihre Operationen; die eine hat ihren Blinddarm entfernen lassen, die andere ihre Mandeln, und nur ich fühle mich irgendwie abnorm – nichts, worüber ich reden kann. Entfernen Sie, was Sie wollen, damit ich in den Club gehen und darüber reden kann!"

Selbst im Kranksein gibt es Konkurrenz. Du mußt allen und jedem um eine Nase voraus sein. Egal, welche Konsequenzen, du mußt obenauf sein.

Drei Pendler sitzen in der Vorortbahn. Der eine brüstet sich mit seiner Frau und sagt: „Ich hab vielleicht eine Frau! Wir haben vor zehn Jahren geheiratet, und sie holt mich jeden Abend vom Bahnhof ab, wenn ich zurückkomme. Unglaublich."

Der zweite Mann sagte: „Das kann ich gut verstehen, denn ich bin seit zwanzig Jahren verheiratet, und bei mir ist es genauso – meine Frau holt mich immer noch jeden Abend vom Bahnhof ab!"

„Kleine Fische!" sagte der dritte. „Meine Frau holt mich schon seit dreißig Jahren ab – und wir sind nicht einmal verheiratet. Sie holt mich jeden Abend ab. Geben Sie sich geschlagen!"

Selbst wenn die Leute Lügen erzählen, mußt du sie überbieten. Du mußt der erste sein – ganz gleich, was die Leute tun. Wenn sich die Mode verändert – der neue Stil mag noch so neurotisch aussehen – aber du mußt ihr folgen. Niemand ist daheim, weil jeder beim andern an die Tür klopft.

Merkt es euch gut: Niemand anders ist für dich ein Ziel als du selbst. *Du* bist das Ziel und *du* mußt zu dir selbst kommen – nichts anderes lohnt sich.

Genau das sagt Jesus:

„Das Königreich des Vaters ist wie ein Mann,
ein Kaufmann,
der Waren besaß und eine Perle fand.

Der Kaufmann war klug.
Er verkaufte die Waren
und kaufte die eine Perle für sich.

Sucht auch ihr nach dem Schatz,
der nicht trügt, der ewig währt,
dem keine Motte nahekommt, um ihn zu fressen,
und den kein Wurm zerstört."

Suche nach dem Todlosen und bleibe wach; vertu nicht deine Zeit mit dem, was nicht ewig währen wird, vertu nicht dein Leben mit dem, was sich ändern wird, was zur veränderlichen Welt gehört.

Aber könnt ihr euch etwas vorstellen, das ewig währt? Ist euch je im Leben etwas begegnet, das euch das Gefühl gibt, ewig zu währen? Ihr seid umgeben von der sichtbaren Welt – nichts darin währt ewig. Selbst die Berge werden nicht ewig währen; auch sie werden alt, auch sie sterben; ganze Kontinente sind schon verschwunden.

Den Himalaja gab es noch nicht zur Zeit der Veden, denn die ursprüngliche *Rigveda* erwähnt ihn nicht. Es ist unmöglich, nicht vom Himalaja zu sprechen, wenn es ihn gibt – unmöglich! Wie kann man den Himalaja übergehen? Und die Veden sprechen von allen möglichen Dingen, aber sie sprechen nie vom Himalaja. Aus diesem Grund hat Lokmanya Tilak festgestellt, daß die Veden mindestens vor fünfundsiebzigtausend Jahren entstanden sein müssen. Das macht Sinn, das kann gut sein; vielleicht wurden sie nicht vor ganz so langer Zeit geschrieben, aber sie müssen Tausende von Jahren in mündlicher Form existiert haben. Darum wird der Himalaja dort nicht erwähnt.

Heute sagen die Wissenschaftler, daß der Himalaja die jüngste Zutat zur Welt war, daß es die jüngsten Berge sind; sie sind die höchsten, aber auch die jüngsten. Sie wachsen noch immer, sie sind noch jung – jedes Jahr wachsen sie höher und höher. Vindhya ist der älteste Berg auf der Erde – vielleicht ist das der Grund, warum er gebeugt ist wie ein alter, sterbender Mann. Die Hindus haben eine sehr schöne Geschichte über Vindhya.

Ein Seher, Agastya, ging nach Süden, und es war damals sehr schwierig, den Berg Vindhya zu überwinden, da es keine Mittel gab. Die Geschichte sagt nun sehr schön, daß sich Vindhya verbeugte, als dieser Seher kam, um ihm die Füße zu berühren, und der Seher sagte: „Ich werde bald kommen; bleib also wie du bist, damit ich leicht über dich hinwegsteigen kann!" Und so ist Vindhya gebeugt geblieben, und der Seher ist niemals wiedergekommen – er starb im Süden. Aber die Geschichte ist schön: Vindhya – der älteste Teil der Erde – ist gebeugt wie ein alter Mann!

Selbst Berge sind jung oder alt; sie sterben, sie werden geboren. Nichts in der Außenwelt ist permanent. Schaut euch die Bäume, die Flüsse, die Berge an: Sie geben euch das Gefühl, als wäre alles von Dauer, aber schaut etwas tiefer, und dies Gefühl verschwindet.

Dann geht nach innen und schaut euch eure Gedanken an – sie sind noch flüchtiger. Sie gehen ständig weiter, kein einziger Gedanke bleibt: Noch vor einem Augenblick warst du wütend, und dein Geist war erfüllt von wütenden Gedanken; einen Augenblick später lächelst du, und diese Gedanken sind völlig verschwunden, als hätten sie nie existiert. So wie Wolken am Himmel kommen und gehen sie; sie verändern ständig ihre Gestalt, genau wie die Wolken – Wolken und Gedanken gleichen sich ganz genau.

Meditiert über die Wolken, und ihr werdet sehen, daß ihre Form sich ständig verändert. Wenn ihr nicht hinschaut, wird euch das vielleicht nicht bewußt. Sonst seht ihr, wie sich ihre Form ständig ändert. Keinen einzigen Augenblick bleibt die Form einer Wolke gleich. Dasselbe passiert in eurem Geist: Die Form eines Gedankens ist genau wie eine Wolke, sie verändert sich immerzu. Das ist der Grund, warum die Menschen sich nicht konzentrieren können; denn Konzentration heißt, daß die Form des Gedankens ständig gleichbleiben sollte. Das ist das Problem, weil das Denken sich ständig bewegt und verändert. Was immer du tust, es verändert sich: Ein Gedanke verfließt in den andern, eine Form in die andere Form. Die Welt des Denkens ist ebenfalls nicht das, was ewig währt.

Berge verändern sich, Wolken verändern sich, nur der Himmel bleibt gleich – er währt ewig. Dasselbe ist in dir: Dinge um dich her verändern sich, und Wolken, und in dir verändern sich die Gedanken – aber der Himmel des Selbst, das zuschauende Selbst, bleibt gleich. Das ist die Perle: das zuschauende Selbst. Es ist formlos, es kann sich also nicht ändern. Wo eine Form ist, muß Veränderung eintreten. Wo keine Form ist, wie kann es Veränderung geben? Es ist formlos, *nirakar*.

Wenn du zu dieser inneren Formlosigkeit hingehst,

wird sie dir am Anfang leer erscheinen, weil du die Formlosigkeit nicht kennst, weil du nur Leere kennst. Hab keine Angst, fürchte dich nicht, tritt ein. Wenn du dich an sie gewöhnt hast, wenn du dich in ihr eingerichtet hast, dann ist die Leere keine Leere mehr: sie wird Formlosigkeit. Wenn diese Formlosigkeit erreicht ist, hast du die Perle. Dann hast du das Eine auf Kosten des Vielen erworben. So, wie es steht, hast du auf Kosten des Einen das Viele erworben. Und das Eine ist die Perle, das Viele sind nur falsche Steine. Sie mögen sehr wertvoll aussehen, aber sie sind es nicht, weil sie nicht ewig währen.

Dauer, *nityata*, Ewigkeit ist das Kriterium der Wahrheit. Vergiß es nicht: Was ist Wahrheit? Das, was währt, und was ewig währt. Was ist ein Traum? Das, was beginnt und zu einem Ende kommt; das, was nicht ewig währen kann. Suche also nach jener Perle, die dir niemand entreißen kann, nicht einmal der Tod. Im Tod wird der Körper sterben, im Tod werden die Gedanken verschwinden – aber Du? – Du gehst weiter und weiter...

Der Tod passiert nahe bei dir, aber nie *dir*. Er passiert in der Nähe, aber nie im Zentrum; er passiert an der Peripherie. Du bist niemals gestorben, du kannst nicht sterben. Berge verschwinden, Wolken kommen und gehen, aber der Himmel bleibt gleich. Und du bist der Himmel. Die Natur des Selbst ist genau wie der Weltraum: leer, unendlich leer, formlos. Alles geschieht *in* ihm, nichts geschieht *ihm*. Das ist es, was Jesus meint.

> *„Sucht auch ihr nach dem Schatz,*
> *der nicht trügt, der ewig währt,*
> *dem keine Motte nahekommt, um ihn zu fressen,*
> *und den kein Wurm zerstört."*

Kapitel 8

Den Kreis der sexuellen Energie schließen

*Jesus sah Kinder, die gesäugt wurden.
Er sagte zu seinen Jüngern:
„Diese Kinder, die gesäugt werden,
sind wie jene, die in das Reich eingehen."*

*Sie sagten zu ihm:
„Sollen wir dann als Kinder
das Reich betreten?"*

*Jesus sagte zu ihnen:
„Wenn ihr aus zwei eins macht,
und wenn ihr das Innere wie das Äußere macht,
und das Äußere wie das Innere,
und das Obere wie das Untere,
und wenn ihr
das Männliche und das Weibliche
zu einem einzigen macht,
so daß das Männliche nicht mehr männlich
und das Weibliche nicht mehr weiblich ist,
dann werdet ihr in das Reich eingehen."*

Dies ist einer der tiefsten Aussprüche von Jesus, und einer der grundsätzlichsten, den jeder Sucher verstehen muß. Es ist auch einer von denen, die am schwierigsten in die Tat umzusetzen sind. Denn wenn dies in die Tat umgesetzt wird, bleibt nichts mehr zu leisten übrig. Versucht zunächst ein paar Dinge zu verstehen, und dann werden wir auf diesen Spruch eingehen.

Wenn der Mensch mit dem Verstand lebt, kann er niemals unschuldig sein – und nur in Unschuld steigt das Göttliche herab oder steigst du zum Göttlichen auf. Unschuld ist das Tor. Der Verstand ist schlau, berechnend, er ist clever, und wegen dieser Cleverness zielst du daneben – verfehlst du das Reich Gottes. Du magst durch den Verstand zu dem Reich *dieser* Welt finden, denn hier ist Berechnung nötig. Du mußt schlau sein: je schlauer, desto erfolgreicher; je berechnender, desto versierter auf den Schleichwegen der Welt.

Aber die Tür zum Königreich Gottes ist genau das Gegenteil. Dort ist keine Berechnung nötig, keine Cleverness nötig. Verstand ist überhaupt nicht nötig, weil der Verstand nur eine Maschine zum Kalkulieren ist, ein Mechanismus der Schlauheit. Wenn du keine Schlauheit brauchst, kein Kalkulieren, ist der Verstand nutzlos. Dann wird das Herz zur Quelle deines Daseins, und Herz ist Unschuld.

Warum sind wir immer so klug? Warum denkt der Verstand ständig darüber nach, wie er täuschen kann? Weil das die einzige Möglichkeit ist, in dieser Welt Erfolg zu haben. Wer also in dieser Welt Erfolg haben will, wird im Reich Gottes ein Gescheiterter sein. Wenn du bereit bist, dein Scheitern in *dieser* Welt hinzunehmen, bist du bereit, die andere Welt zu betreten. Im gleichen Augenblick, wo du dir eingestehst: „Der Erfolg dieser Welt ist nicht für mich, und ich bin nicht für ihn", tritt augenblicklich eine Umkehr, eine Wende ein. Dann geht das Bewußtsein nicht mehr nach außen, sondern fängt an, nach innen zu gehen.

Jesus legt sehr viel Wert auf Unschuld. Darum spricht er immer wieder über die Schönheit der Kinder, oder die Unschuld der Blumen, der Lilien, oder die Unschuld der Vögel. Aber diese Art Unschuld wird nicht helfen: die habt ihr bereits verloren. Eifert ihm also nicht wörtlich nach, ihr dürft ihn nicht buchstäblich nehmen; es ist nur symbolisch.

Du kannst nicht wieder Kind sein – wie denn? Sobald du vom Wissen gekostet hast, kannst du nicht zurückfallen. Du kannst transzendieren, aber du kannst nicht zurückgehen, es gibt keinen Weg zurück. Du kannst vorwärts gehen, du kannst darüber hinaus gehen, aber du kannst jetzt nicht dahinter zurückfallen – da ist kein Weg. Du kannst nie wieder ein gewöhnliches Kind sein. Wie denn? Wie kannst du das, was du erkannt hast, verlieren? Aber du kannst darüber hinausgehen, du kannst es transzendieren.

Vergeßt das nicht. Sonst fängst du vielleicht an, ein Kind nachzuahmen, und diese Nachahmung wird Verstellung sein, sie wird wiederum Berechnung sein. Jesus sagt: „Sei wie ein Kind." Also fängst du zu üben an, wie du wohl wie ein Kind sein kannst – aber ein Kind *übt* nie. Ein Kind ist einfach ein Kind, es weiß nicht einmal, daß es ein Kind ist, es ist sich seiner Unschuld nicht bewußt. Seine Unschuld ist da, aber es nimmt sie nicht als solche wahr. Sobald du zu üben beginnst, ist die Befangenheit da. Dann ist dieses Kind-Sein etwas Unechtes. Du kannst so tun, aber du kannst nicht wieder Kind *sein* – im buchstäblichen Sinn.

Ein Heiliger, ein Weiser, wird in einem völlig anderen Sinn wie ein Kind. Er hat transzendiert, er ist über den Verstand hinausgegangen, weil er seine Sinnlosigkeit verstanden hat. Er hat den ganzen Unsinn durchschaut, ein erfolgreicher Mensch in dieser Welt zu sein – er hat dies Verlangen nach Erfolg aufgegeben, dieses Verlangen, anderen zu imponieren; das Verlangen, der Größte zu sein, der Wichtigste; das Verlangen, das Ego zu befriedigen. Er hat endlich die absolute Sinnlosigkeit erkannt. Und Erkenntnis transzendiert. Das bloße Erkennen – und sofort bist du transformiert und in eine andere Dimension eingetreten.

Dann herrscht wieder Kindheit – man nennt es „die zweite Kindheit". Die Hindus haben diesen Zustand *dwij* genannt, „zum zweiten Mal geboren". Wieder bist du geboren, aber dies ist eine andere Geburt, nicht aus Vater und Mutter. Diesmal kommt sie aus deinem eigenen Selbst, nicht aus dem Zusammentreffen zweier Körper, nicht aus der Dualität. Diesmal wirst du aus dir selbst geboren.

Das ist die Bedeutung von der Geburt Jesu – daß er aus einer Jungfrau geboren wurde. Aber die Leute nehmen alles wörtlich, und dann verstehen sie alles falsch. Aus einer Jungfrau bedeutet: aus dem Einen. Der andere ist nicht da, wer also kann korrumpieren? Wer kann eindringen? Die Jungfräulichkeit bleibt absolut rein, weil es kein anderes gibt. Wenn ein anderes da ist, hast du deine Jungfräulichkeit verloren. Wenn im Geiste der andere da ist, hast du deine Unschuld verloren. Sich also des anderen bewußt zu sein, sich nach dem anderen zu sehnen, heißt, die Jungfräulichkeit verlieren. Diese zweite Geburt kann jungfräulich sein, aber die erste Geburt muß aus dem Sex kommen – es gibt keine andere Möglichkeit, es kann keine geben.

Jesus wird aus dem Sex geboren, wie jeder andere auch; und das ist recht so, das sollte so sein. Jesus ist wie ihr – in der Saatform; aber in seiner Blüte ist er absolut anders, weil eine zweite Geburt stattgefunden hat; ein neuer Mensch ist geboren. Der Jesus, der aus Maria geboren wurde, ist nicht mehr da; er hat sich selbst die Geburt gegeben. In der alten Essener-Sekte heißt es: Wenn ein Mensch transformiert wurde, ist er sein eigener Vater. Dies ist der Sinn: Wenn wir sagen, daß Jesus keinen Vater hat, bedeutet das, daß Jesus jetzt sein eigener Vater geworden ist. Das erscheint absurd, aber so ist es nun einmal.

Die zweite Geburt ist eine jungfräuliche Geburt – und dann bist du wieder unschuldig. Und diese Unschuld ist höher als die eines Kindes, weil das Kind tatsächlich erst seine Unschuld verlieren muß. Sie ist ein Geschenk der Natur, das sich das Kind nicht verdient hat und das ihm daher wieder genommen werden muß. Wenn das Kind wächst, wird es seine Unschuld verlieren – und es *muß* wachsen! Aber ein Weiser bleibt unschuldig; diese Unschuld kann nun nicht mehr fortgenommen werden, denn sie ist der Höhepunkt, das Crescendo des Wachstums; ein Wachstum darüber hinaus gibt es nicht. Wo Wachstum ist, verändern sich die Dinge; erst wenn du das Ziel erreicht hast, hinter dem es nichts mehr gibt, werden sich die Dinge nicht mehr verändern.

Ein Kind muß jeden Tag wachsen: Es wird die Unschuld verlieren, es wird Erfahrung sammeln; es muß Wissen gewinnen, es muß schlau und berechnend werden. Aber wenn du zu sehr von deinem kalkulierenden Mechanismus besessen bist, dann bleibst du einer, der aus dem Sex geboren wurde, aus der Dualität. Und dann ist ständig ein innerer Konflikt da – weil du zwei bist.

Wenn du aus zwei geboren bist, wirst du zwei bleiben, weil beide da sind: Ein Mann ist nicht nur Mann, er ist auch Frau; eine Frau ist nicht nur Frau, sie ist auch Mann – weil beide aus Zweien geboren wurden. Dein Vater existiert weiter in dir, deine Mutter existiert weiter in dir, weil sie beide daran beteiligt waren, weil sie beide in deinem Körper zusammentrafen, und ihre Ströme weiterfließen – du bist zwei. Und solange du zwei bist, wie kannst du dich entspannen? Solange du zwei bist, wird es einen ständigen Konflikt geben. Wenn du zwei gegensätzliche Pole in einem bist, wird ständig eine Spannung dableiben. Diese Spannung kann nicht verlorengehen; trotzdem versuchst du ständig herauszufinden, wie du still werden kannst, wie du Frieden finden kannst, wie du das Glück erreichst. Es ist unmöglich! Denn du bist zwei!

Um still zu sein, ist Einheit nötig, also mußt du wiedergeboren werden – das ist es, was Jesus zu Nikodemus sagte. Nikodemus fragte ihn: „Was soll ich tun?"

Jesus sagte: „Erst mußt du wiedergeboren werden. Dann kann etwas geschehen. Im Augenblick, so wie du bist, kann nichts geschehen."

Und dasselbe sage ich euch: „Im Augenblick, so wie du bist, kann nichts geschehen." Solange du nicht wiedergeboren wirst, solange du nicht dein eigener Vater wirst, solange nicht deine Dualität verschwindet und du eins wirst, kann nichts geschehen.

Wenn die Frau in dir und der Mann in dir sich begegnen, werden sie ein Kreis. Sie bekämpfen sich nicht, sie verschwinden, sie heben sich gegenseitig auf, und dann bleibt Einheit zurück. Diese Einheit ist Jungfräulichkeit.

Genau das meint Jesus, wenn er sagt: „Seid wie Kinder." Nehmt es nicht wörtlich. Aber warum „wie Kinder"? Weil ein Kind, bevor es geboren ist, ein paar Wochen lang weder männlich noch weiblich ist. Fragt die Biologen, sie werden euch sagen, daß es weder-noch ist.

Ein paar Wochen lang ist das Kind weder männlich noch weiblich – es ist beides oder keins von beidem; die Trennung ist noch nicht klar. Darum kann die medizinische Wissenschaft heute auch tatsächlich das Geschlecht des Kindes ändern. Ein paar Spritzen können es ändern, weil beides vorhanden ist – das Männliche wie das Weibliche. Das Gleichgewicht wird bald verloren sein, entweder wird das Männliche vorherrschen, oder das Weibliche wird vorherrschen. Und was immer den Ausschlag gibt, wird das Geschlecht des Kindes werden. Aber am Anfang besteht ein Gleichgewicht, sind beide Seiten vorhanden. Es ist jetzt eine Sache der Hormone.

Wenn wir männliche Hormone spritzen, wird das Kind männlich; wenn wir weibliche Hormone spritzen, wird das Kind weiblich. Das Geschlecht läßt sich ändern, weil das Geschlecht etwas Äußeres ist; es gehört nicht dem Wesen an, es gehört nur der Außenschale an, dem Körper; es ist eine Frage der Hormone – körperlich. Das Sein bleibt vollkommen unabhängig davon. Aber bald macht sich die Unterscheidung bemerkbar: das Kind fängt an, entweder männlich oder weiblich zu werden.

Am Anfang ist das Kind eine Einheit. Dann wird es geboren: körperlich ist es jetzt entweder männlich oder weiblich. Aber die Unterscheidung ist noch nicht tief ins Bewußtsein gedrungen; im Bewußtsein ist es immer noch weder-noch – das Kind weiß nicht, ob es männlich oder weiblich ist. Noch ein paar Monate, und dann tritt der Unterschied in sein Denken ein. Dann wird sich die Sicht des Kindes ändern, dann wird es augenblicklich befangen.

Anfangs war der Körper eins, dann polarisierte sich der Körper. Und selbst wenn sich der Körper polarisiert, ist das Kind eins. Später polarisiert sich auch das Kind: Das menschliche Wesen verschwindet, weil du jetzt damit identifiziert bist, männlich oder weiblich zu sein. Und diese Unterscheidung behältst du dein ganzes Leben lang bei. Was bedeutet, daß du nie wieder zur Quelle zurückkehrst, daß der Kreis unvollständig bleibt. Aber ein Weiser kommt wieder zur Quelle zurück, und der Kreis schließt sich. Und jetzt verschwindet der Unterschied zunächst im Geist – genau umgekehrt!

Im Kind tritt die Trennung zunächst im Körper und dann erst im Geist auf. Im Weisen verschwindet die Trennung zuerst im Bewußtsein, dann im Körper. Und ehe er stirbt, wird er wieder eins. Dies ist die zweite Kindheit: er wird wieder unschuldig – aber diese Unschuld ist sehr reich.

Die Unschuld eines Kindes ist arm, weil sie keine Erfahrung enthält; die Unschuld der Kindheit ist nur wie die Abwesenheit von etwas. Aber die Unschuld eines Weisen ist die *An*wesenheit, nicht die *Ab*wesenheit von etwas. Er hat alle Wege der Welt kennengelernt, er ist sie alle gegangen, hat alles erfahren, was es zu erfahren gab. Er ist ganz bis ins andere Extrem gegangen und ist ein Sünder geworden, er ist tief eingetaucht, er hat sich gehenlassen, er hat alles erfahren, was die Welt zu geben hat, und jetzt ist er wieder daraus aufgetaucht. Seine Unschuld ist sehr, sehr reich, weil sie Erfahrung enthält. Man kann sie jetzt nicht zerstören, weil er alles erfahren hat, was sich erfahren läßt – wie könnte man sie jetzt zerstören? Man kann ihn nicht mehr motivieren; alle Motivation ist fort.

Wenn du diesen Zustand erreichst – am Anfang warst du ein Kind, am Ende wirst du wieder ein Kind – ist dein Leben zum Zyklus, zum Kreis geworden, geschlossen; das ist Vollendung. Wenn du nicht wieder zur Quelle zurückkehrst, ist dein Leben unvollendet geblieben. Unvollendetheit ist Leiden. Das ist es, was Buddha *dukkha* nennt – Unglück. Wenn du unvollendet bist, herrscht Unglück; wenn du vollendet bist, bist du erfüllt.

Ein Weiser stirbt erfüllt – dann gibt es keine Geburt mehr, weil es dann nicht mehr nötig ist, zur Welt der Erfahrung zurückzukehren. Ihr sterbt unvollendet, und wegen dieser Unvollendetheit müßt ihr wiedergeboren werden. Euer Sein wird wieder und wieder darauf beharren, vollendet zu werden; und solange ihr nicht vollendet seid, werdet ihr wieder und wieder in die Geburt und in den Tod hineingehen müssen. Genau das nennen die Hindus „das Rad von Leben und Tod". Der Weise springt von dem Rad ab, weil er selbst zum Kreis geworden ist, und jetzt das Rad nicht mehr nötig ist.

Aber was passiert mit dem gewöhnlichen Geist? Die Trennung bleibt ganz bis zum Ende bestehen, das Geschlecht bleibt ganz bis zum Ende. Selbst wenn der Körper schwach wird, läuft der Verstand weiter – und das Geschlecht ist die grundsätzliche Dualität. Solange das Geschlecht also nicht verschwindet, wird die Einheit, das Nicht-Entzweite, das *brahma* nicht eintreten. Vergeßt nicht: Das Nicht-Entzweite, das *adwaita*, das *brahma*, das Eine – ist nicht etwa Hypothese, ist keine Theorie, ist keine Ideologie. Es ist nichts Philosophisches, worüber sich streiten ließe, auch kein Glaube –

es ist ein Transzendieren des Geschlechts. Es ist ein sehr tiefes, biologisches Phänomen. Es ist alchemistisch, weil dein ganzer Körper dazu eine Transformation braucht.

Drei alte Männer saßen auf einer Gartenbank und unterhielten sich über ihre Leiden – denn über andere Dinge können alte Männer sich nicht unterhalten. Einer der alten Männer, der dreiundsiebzig Jahre alt war, sagte: „Ich kann kaum noch hören. Die Leute müssen mir in die Ohren brüllen, und selbst dann verstehe ich kaum!"

Der zweite, der achtundsiebzig war, sagte: „Meine Augen werden schwach, ich kann nicht mehr richtig sehen, und außerdem kann ich nicht mal mehr eine Blondine von einer Rothaarigen unterscheiden!"

Dann fragten sie den dritten Mann und sagten: „Mulla Nasrudin, und was fehlt dir?"

Nasrudin, der dreiundneunzig war, sagte: „Meine Probleme liegen tiefer als eure. Gestern abend ist folgendes passiert. Wir saßen beim Abendessen, und nach dem Wein schlief ich auf dem Sofa ein. Etwa eine halbe Stunde später merkte ich, daß meine Frau ins Bett gegangen war. Also ging ich auch ins Schlafzimmer und sagte zu meiner Frau: ‚Mach ein bißchen Platz, laß mich auch ins Bett, und wir wollen ein bißchen Spaß miteinander haben.' Meine Frau sagte: ‚Was? Wir hatten doch erst vor zwanzig Minuten ein bißchen Spaß miteinander.'"

Und dann tippte sich Nasrudin mit dem Finger an die Stirn und sagte ganz traurig: „Meine Herren, mein Problem ist, daß mein Gedächtnis nachläßt!"

Der Sex verfolgt euch bis zum bitteren Ende, bis zum letzten Augenblick. Und es mag euch nicht aufgefallen sein, ihr mögt noch nicht darüber nachgedacht haben, aber wenn ein Mensch nicht den Verstand transzendiert hat, wird Sex das allerletzte sein, was ihm im

Augenblick des Sterbens durch den Kopf gehen wird – denn das war das erste, dadurch wurde er gezeugt; es muß zwangsläufig auch das letzte sein. Das ist natürlich.

Versucht einmal folgendes – wenn ihr nachts einschlaft, beobachtet einfach einmal den letzten Gedanken – den letzten, den allerletzten; danach schlaft ein. Merkt ihn euch, und am Morgen werdet ihr überrascht sein: Das wird der allererste Gedanke am Morgen sein, wenn ihr darauf achtet. Oder ihr könnt es auch umgekehrt tun: Merkt euch am Morgen den ersten Gedanken, und es wird abends der letzte Gedanke sein; denn das Leben ist zyklisch. Sex ist das erste im Leben, und es wird auch das letzte sein. Solange ihr es nicht transzendiert habt, seid ihr nur Opfer, seid ihr noch nicht euer eigener Herr.

Wißt ihr, was geschieht, wenn ein Mann gehängt wird? Wenn ein Mann gehängt wird, hat er im gleichen Augenblick einen Samenerguß. Das passiert in jedem Gefängnis, wo Menschen gehängt werden. Das *Allerletzte:* Wenn er stirbt, ergießt sich sein Samen. Was heißt das? Warum muß das sein? Das Leben ist ein Kreislauf, der sich selbst schließt: Es war das erste, wodurch er ins Leben trat, es wird auch das letzte sein, wodurch er wieder in ein weiteres Leben tritt.

Ein Weiser läßt den Sex hinter sich – aber ein Weiser hat den Sex nicht verdrängt. Vergeßt das nicht, weil Verdrängung nicht Transzendenz ist. Was du verdrängst, bist du noch lange nicht los: Wenn du etwas verdrängst, bist du immer noch gespalten. Ein Weiser hat nichts verdrängt. Vielmehr sind in ihm die männliche und die weibliche Energie zu einer Einheit geworden. Jetzt ist er weder männlich noch weiblich. Das ist, was Jesus „Eunuchen Gottes" genannt hat. Und das meinen auch die Hindus, wenn sie Shiva als einen *ardhanarishwar* darstellen, halb Mann, halb Frau. Er ist eins geworden. Und die Hindus sagen, daß Shiva der vollkommenste Gott ist, der Größte – *mahadeva.* Und warum nennen sie ihn *mahadeva*, den Größten? Weil er halb Mann und halb Frau ist; und wenn man bewußt halb Mann, halb Frau ist, schließt sich beides zum Kreis, und beides verschwindet. Die Dualität ist verschwunden. Er ist eins geworden.

Von dieser Einheit spricht Jesus – *ardhanarishwar*, halb männlich, halb weiblich. Dann bist du weder-noch, dann hat eine neue Kindheit begonnen, die zweite Kindheit – du bist *dwij*, zum zweitenmal geboren. Eine neue Welt der Unschuld tut sich auf.

Jetzt wollen wir auf dies Sutra eingehen:

Jesus sah Kinder, die gesäugt wurden.
Er sagte zu seinen Jüngern:
„Diese Kinder, die gesäugt werden,
sind wie jene, die in das Reich eingehen."

Sie sagten zu ihm:
„Sollen wir dann als Kinder
das Reich betreten?"

Da sieht man, wie Jünger immer mißverstehen: Sie nehmen alles buchstäblich, sie verstehen die Worte zu gut – und die Botschaft ist wortlos. Sie klammern sich zu sehr an die Symbole. Sie lassen sie allzu konkret werden. Aber wenn ein Jesus spricht, sind seine Symbole unkonkret, sind sie fließend. Sie zeigen mehr als sie sagen. Sie sind Hinweise, Finger, die auf den Mond weisen, ohne etwas zu sagen.

Sobald Jesus sagt: *„Diese Kinder... sind wie jene, die in das Reich eingehen"*, denken wir augenblicklich: Wenn wir wie diese Kinder werden, dann werden wir fähig sein, dann werden wir in der Lage sein, *dann* können wir in das Reich Gottes eintreten.

Die Jünger sagten:
„Sollen wir dann als Kinder,
das Reich betreten?"

Jesus sagte: „Nein! Einfach nur Kinder zu sein, hilft nicht."

Jesus sagte zu ihnen:
„Wenn ihr aus zwei eins macht,
und wenn ihr das Innere wie das Äußere macht
und das Äußere wie das Innere,
und das Obere wie das Untere
und wenn ihr
das Männliche und das Weibliche
zu einem einzigen macht,
so daß das Männliche nicht mehr männlich
und das Weibliche nicht mehr weiblich ist,
dann werdet ihr in das Reich eingehen."

Das also heißt es, wieder Kinder zu sein. Versucht, jeden einzelnen Satz zu verstehen: *„Wenn ihr aus zwei eins macht..."* Dies ist das grundsätzliche Problem. Habt ihr beobachtet, daß ein Sonnenstrahl, der in ein Prisma fällt, sich augenblicklich in sieben zerlegt? Dann erscheinen alle Farben des Regenbogens. Genau so entsteht ein Regenbogen: Immer wenn in der Regenzeit die Luft von Dunst oder winzigen Wassertropfen erfüllt ist, verhalten sich diese Wassertropfen, die in der Luft hängen, wie ein Prisma. Ein Sonnenstrahl tritt ein und wird augenblicklich in sieben Teile zerlegt – auf die Art entsteht ein Regenbogen. In der Regenzeit, wenn die Sonne aus den Wolken kommt, erscheint plötzlich ein Regenbogen. Der Sonnenstrahl ist weiß, reines Weiß, aber durch ein Prisma wird er sieben; die Weißheit geht verloren, sieben Farben erscheinen.

Euer Verstand funktioniert wie ein Prisma. Die Welt ist eins, die Existenz ist reines Weiß; durch euren Verstand wird sie in vieles aufgeteilt. Alles wird, durch den Verstand betrachtet, vielfältig. Wenn ihr sehr bewußt seid, werdet ihr in jedem Verstandesbegriff eine Siebenfaltigkeit erkennen. Der Verstand teilt, genau wie ein Prisma, in sieben. Darum haben wir die Woche in sieben aufgeteilt. Mahavira teilte aufgrund dieser Einstellung des Verstandes seine ganze Logik in sieben Schritte auf. Sie heißen „die sieben Aspekte der Logik", und wenn ihr Mahavira eine Frage stellt, wird er sieben Antworten geben.

Du fragst etwas – er gibt dir sofort sieben Antworten. Sehr verwirrend; denn du stellst ihm eine einzige Frage, und er gibt sieben Antworten – du gehst verwirrter weg, als du gekommen bist. Und aufgrund dieser sieben Antworten war Mahavira nicht zu verstehen; es war unmöglich, ihn zu verstehen. Er hatte absolut recht, denn er sagt damit: Du fragst durch den Verstand. Ich muß durch den Verstand antworten – und der Verstand teilt alles in sieben. Und diese sieben widersprechen einander, und zwar zwangsläufig, denn die Wahrheit kann nur eins sein, die Wahrheit kann nicht sieben sein.

Wenn du sieben Antworten gibst, mußt du dir widersprechen. Wenn du Mahavira fragst, ob Gott existiert, wird er sagen: „Ja, Gott existiert", – wird er sagen: „Nein, Gott existiert nicht." Und dann wird er sagen: „Ja und nein, beides – Gott existiert und existiert nicht", – und dann wird er sagen: „Beides nicht", – und weiter so bis sieben...

Der Verstand teilt wie ein Prisma. Wann immer du durch den Verstand siehst, wird alles zu sieben. Wenn du scharf hinsiehst, dann sieben; wenn du nicht scharf hinsiehst, dann zwei. Wenn du einen gewöhnlichen Mann fragst, wird er sagen: „Es gibt nur zwei mögliche Antworten. Wenn du nach Gott fragst, dann entweder *ist* Gott oder er ist *nicht* – nur zweierlei ist möglich." Aber ihm entgehen fünf, weil er nicht sehr bewußt ist. Ansonsten gibt es sieben Möglichkeiten, nicht zwei. Zwei ist also der Anfang des Vielen, sieben ist das Ende des Vielen.

Jesus sagt:
„Wenn ihr aus zwei eins macht..."

Er spricht zu sehr gewöhnlichen Menschen; Mahavira sprach zu den größten Gelehrten und Logikern. Das ist der Unterschied zwischen den Zuhörern: Jesus spricht zu sehr armen, gewöhnlichen Menschen – einfach zur Masse; Mahavira sprach zu sehr ausgesuchten Wenigen. Er konnte von sieben sprechen. Jesus spricht von zwei; aber gemeint ist das gleiche.

Jesus sagt:
„Wenn ihr aus zwei eins macht..."

Mahavira sagt: „Wenn ihr aus sieben eins macht, wenn sieben verschwinden, und eins übrigbleibt, seid ihr angekommen." Jesus sagt: „Wenn zwei verschwinden, und eins übrigbleibt, seid ihr angekommen." Der Unterschied liegt beim Publikum. Aber beides bedeutet das gleiche.

Wie könnem zwei verschwinden? Was muß man tun? Nichts kann durch den Verstand geschehen, denn wenn der Verstand da ist, bleiben zwei. Wie soll der Regenbogen verschwinden? Wie kann er verschwinden? Wirf einfach das Prisma fort, und es ist kein Regenbogen da; entferne einfach den Tropfen aus der Luft, und der Regenbogen verschwindet. Schau nicht durch den Verstand, und die Welt des Vielen verschwindet. Schau durch den Verstand, und sie ist da.

Schau nicht durch den Verstand, laß ihn weg – und schau! Kinder schauen ohne den Verstand auf die Welt, weil der Verstand Zeit braucht, sich zu entwickeln. Der Körper kommt zuerst, später dann folgt der Verstand – er braucht wirklich viele Jahre. Wenn das Kind geboren ist, blickt es am ersten Tag auf die Welt; die Welt ist eins, es kann keine Unterscheidungen machen. Wie sollte es? Es kann nicht sagen: „Dies ist grün und das ist rot." Es kennt nicht Rot, es kennt nicht Grün, es schaut einfach – die Welt ist eins. Sie ist so sehr eins, daß es nicht zwischen seinem eigenen Körper und dem Körper seiner Mutter unterscheiden kann.

Jean Piaget hat sehr viel über die geistige Entwicklung des Kindes gearbeitet. Sein ganzes Leben lang hat er daran gearbeitet, und er hat viele Wahrheiten aufdecken können: Es kann nicht zwischen seinem eigenen Körper und den Dingen unterscheiden. Darum nimmt es zum Beispiel seinen eigenen Zeh und fängt an, ihn zu essen, weil es nicht unterscheiden kann. Es kann nicht denken, daß dies sein eigener Zeh ist, daß es zwecklos ist, daran zu saugen, aber es greift danach, so wie es nach allem möglichen greift – ohne Unterschied. Es macht in die Windeln und und fängt an, seine Exkremente zu essen – kein Schlecht, kein Gut. Wir werden sagen: „Wie schmutzig!" – aber es gibt keine Unterschiede. Was kann es dafür?

Deswegen gibt es seit Jahrhunderten viele Menschen in Indien, die versuchen, das Kind nachzuahmen. Und so essen sie genau da, wo sie ihre Nahrung wieder ausscheiden, und törichte Leute nennen sie dafür *paramahansas* – „Angekommene". Sie ahmen einfach Kinder nach, sie machen keine Unterschiede. Und doch machen sie einen – denn wozu sonst das ganze? Sie unterscheiden durchaus, aber sie zwingen sich, es nicht zu tun. Buddha zwingt sich nicht, Jesus zwingt sich nicht, Krishna zwingt sich nicht, aber die sogenannten *paramahansas* – ihr könnt sie überall im Lande antreffen – sie zwingen sich, keine Unterschiede zu machen.

Aber ob ihr Unterschiede macht oder euch zwingt, keine Unterschiede zu machen – der Verstand bleibt Brennpunkt: Die Unterscheidungsfähigkeit ist da, ihr unterdrückt sie nur. Ihr benehmt euch kindisch, aber ihr seid nicht unschuldig.

Wenn aus zwei eins wird, genau wie beim Kind... Das Kind wird geboren, es schlägt die Augen auf – es schaut, aber es kann nicht denken; der Blick kommt zuerst, das Denken wird folgen. Es gehört Zeit dazu, manchmal Jahre, bis das Kind fähig sein wird, Unterscheidungen zu machen. Ein Kind reißt ohne weiteres ein Spielzeug aus den Händen eines anderen Kindes, und ihr sagt: „Das darfst du nicht! Das ist nicht gut. Das Spielzeug gehört dir nicht!" Ihr macht den Unterschied des Eigentums, weil ihr an persönliches Eigentum glaubt. Ihr denkt: „Dies hier ist meins, das dort ist nicht meins." Für ein Kind gibt es da keinen Unterschied. Ein Spielzeug ist einfach ein Spielzeug. Es kann nicht denken: „Wieso ist es nicht meins? Wenn meine Hand hinkommt und zugreifen kann, ist es meins!" – „Mein" und „Dein" sind noch nicht scharf getrennt.

Ein Kind kann keine Unterscheidung zwischen einem Traum und der Wirklichkeit machen. Ein Kind mag also beim Aufwachen bitterlich weinen, weil es im Traum ein wunderschönes Spielzeug gehabt hat: „Wo ist es?" Es will, daß man es ihm augenblicklich zurückgibt. Es macht keinen Unterschied zwischen Traum und Wirklichkeit, es kann keine Unterscheidungen machen. Seine Unschuld besteht darin, daß es noch unfähig ist, Unterscheidungen zu machen.

Die Unschuld des Weisen kommt dann, wenn er aufgehört hat, Unterscheidungen zu machen. Nicht, daß er nicht sehen kann, daß grün grün und rot rot ist, nicht, daß er keine Unterscheidung machen kann, daß dies ein Brot ist und das ein Stein – aber er hat den Verstand fallengelassen. Jetzt lebt er durch das Sehen und nicht durch das Denken. Darum haben die Hindus ihre Philosophien *darshanas* genannt. *Darshan* bedeutet „Schauen", „Nicht-denken"; und „Philosophie" ist keine richtige Übersetzung, denn Philosophie heißt Denken – das genaue Gegenteil.

Darshan heißt Schauen, und Philosophie heißt Denken – es sind genaue Gegensätze, die auf keine Weise miteinander verbunden werden können – Schauen wie bei einem Kind: Alle Unterscheidungen sind fortgefallen. *„Wenn ihr aus zwei eins macht, und wenn ihr das Innere dem Äußeren gleichstellt..."* Denn dies „Innere" und „Äußere" ist ebenfalls eine Unterscheidung.

Ich selbst muß so reden: „Laßt das Äußere, kommt zum Inneren; geht ins Innere, laßt das Äußere fallen!" Aber ihr könnt das alles mißverstehen, denn wenn ihr das Äußere fallenlaßt, entfällt das Innere automatisch. Wenn das Äußere nicht mehr ist, wie kann das Innere dann existieren? Es sind relative Begriffe: Das Innere existiert nur als Gegensatz zum Äußeren; wenn das Äußere nicht mehr da ist, gibt es kein Inneres mehr. Laßt erst das Äußere fallen, und das Innere fällt automatisch von selbst; es gibt kein „innen", kein „außen" – du bist eins geworden. Wenn es noch ein Inneres und Äußeres gibt, dann bist du immer noch zwei, noch nicht eins, bist du immer noch geteilt.

Darum haben Zen-Mönche etwas gesagt, daß zum Seltsamsten gehört, was je gesagt wurde. Sie sagen: Diese Welt ist Gott. Sie sagen: Das gewöhnliche Leben ist Religion. Sie sagen: Alles ist okay, so wie es ist. Nichts muß verändert werden, weil schon die bloße Vorstellung von Veränderung zur Zweiteilung führt: Das, was ist, muß in etwas anderes verändert werden, was es sein sollte. A muß in B verwandelt werden – damit haben wir die zwei. Sie sagen: Diese Welt selbst ist göttlich, Gott ist nicht irgendwo anders; denn dieses „irgendwo anders" erzeugt eine Dualität. Gott ist nicht der Schöpfer, und du bist nicht das Geschöpf – *du* bist Gott. Gott ist nicht der Schöpfer – diese Schöpfung selbst ist göttlich, die erschaffende Kraft selbst ist Gott.

Der Verstand sucht ständig, Unterscheidungen zu treffen; das ist die Spezialität des Verstandes. Je mehr Unterscheidungen du treffen kannst, desto klüger dein Verstand. Und der Verstand wird immer sagen, daß diese Mystiker ein bißchen spinnen, weil die Grenzen nicht klar sind. Darum wird Religion gern Mystizismus genannt, und mit Mystizismus meinen die Leute nicht gerade etwas Gutes. Sie meinen etwas Vages, Nebulöses, Wolkiges, etwas, das nicht klare Realität ist, sondern wie Traum.

Diese Mystiker sind für logische Denker Narren, weil sie keine Unterscheidungen machen – und auf Unterscheidungen kommt schließlich alles an; du mußt wissen, was was ist! Und je mehr Unterscheidungen du treffen kannst, so glaubt die Logik, desto näher kommst du der Realität. Darum ist die Wissenschaft, die ja der Logik folgt, die ja nichts anderes ist als angewandte Logik, bis zum Atom gekommen. Indem man Unterscheidungen traf, nach und nach alles voneinander trennte, ist man schließlich bis zu den Atomen gekommen.

Und Religion, indem sie nicht trennt, sondern verbindet, indem sie Grenzen aufgibt, nicht Grenzen zieht, ist zum Höchsten, zum Einen gekommen. Die Wissenschaft hat das Atom erreicht, welches für Vielfalt steht, für unendliche Vielfalt; und die Religion hat das Eine erreicht, das unendlich Eine. Der Weg ist: Wissenschaft benutzt den Verstand, und der Verstand schafft Grenzen, gestochene Unterscheidungen; die Religion benutzt nicht den Verstand, und dann verschwinden alle Grenzen, alles wird zu allem anderen, die Dinge begegnen sich. Die Bäume begegnen sich mit dem Himmel, der Himmel fällt in die Bäume; die Erde geht im Himmel auf, der Himmel berührt die Erde.

Und wenn du tief ins Leben hineinschaust, wirst du finden, daß diese Mystiker recht haben. Alle Grenzen wurden vom Menschen geschaffen, es gibt in der Wirklichkeit keine Grenzen. Sie sind nützlich, zweckdienlich, aber nicht wahr. In gewisser Hinsicht helfen sie, aber in anderer Hinsicht sind sie auch hinderlich.

Versuche zu unterscheiden: Letzte Woche warst du unglücklich – kannst du genau den Finger auf den Augenblick legen, in dem du unglücklich wurdest? Kannst du eine Linie ziehen? Kannst du sagen: „Genau an diesem Tag, Punkt neun Uhr dreißig morgens bin ich unglücklich geworden?" Nein, du kannst es nicht. Wenn du suchst, wirst du plötzlich finden, daß alles vage ist, kannst du nicht sagen, wann du unglücklich wurdest. Dann wirst du glücklich – beobachte, wann du wieder glücklich wirst. Vielleicht ist es dir entgangen, weil du nicht bewußt genug warst; aber jetzt bist du unglücklich, und irgendwann wirst du wieder glücklich werden, weil der Verstand nicht ewig in ein und demselben Zustand bleiben kann. Du kannst nicht anders. Selbst wenn du ständig unglücklich bleiben möchtest, kannst du es nicht. Paß also auf: Wann genau wirst du wieder glücklich? Du wirst wieder glücklich, aber den Augenblick wirst du dennoch verpassen – es wird vage sein.

Was heißt das? Das heißt, daß Glück und Unglück nicht zweierlei sind. Darum kannst du keine Unterscheidung machen: Beides verschmilzt ineinander, vermischt sich, die Grenzen verfließen. Es sind in Wirklichkeit gar keine Grenzen da, beides ist wie eine Welle, ist wie der Hügel und das Tal: Das Tal folgt dem Hügel, die Welle kommt, und das Wellental folgt der Welle. Wo beginnt der Hügel? Und wo endet das Tal? Nirgendwo! Sie sind eins!

Es ist dein Verstand, welcher sagt: „Dies ist das Tal, und dies ist der Hügel." Kann man einen Hügel ohne Tal haben? Kann man ein Tal ohne Hügel haben? Kann man Glück ohne Unglück haben? Wenn du es versuchst, dann versuchst du das Unmögliche. Kannst du Unglück ohne Glück haben? Ein anderes Beispiel – denn Glück und Unglück, das ist vielleicht zu poetisch. Gesundheit, und Krankheit ist körperlicher. Beobachte! Wann wurdest du krank? Genau wo kannst du die Grenze ziehen? Und wann wurdest du gesund? Niemand kann einen Trennstrich ziehen: Krankheit wird Gesundheit, Gesundheit wird Krankheit; Liebe wird Haß, Haß wird Liebe; Wut wird Mitgefühl, Mitgefühl wird Wut – es mag unangenehm sein, dies zu Ende zu denken, aber die Mystiker haben recht.

Du warst einmal ein Kind – wann wurdest du ein Jugendlicher? Wann trat der Jugendliche in dich ein? Du bist jugendlich: Eines Tages wirst du alt werden. Beobachte, und markiere es auf dem Kalender, daß dies der Tag ist, „an dem ich alt wurde". Und wenn du nicht unterscheiden kannst, wann du alt wurdest, kannst du dann unterscheiden, wann du lebendig warst, und wann du tot wurdest? Selbst Wissenschaftler haben große Schwierigkeiten damit, wann genau ein Mensch für tot zu erklären ist. Alles, was man bis heute weiß, ist nur zweckdienlich, aber nicht wahr.

Wann soll man einen Menschen für tot erklären?

Wenn er nicht atmet? Aber es hat Jogis gegeben, die in wissenschaftlichen Laboratorien demonstriert haben, daß sie sich zehn Minuten lang am Leben halten können, ohne zu atmen. Die Regel: „Wann immer ein Mensch tot ist, atmet er nicht" kann also nicht das Kriterium für den Tod sein. Er mag vielleicht nie wieder atmen können, aber dies ist nicht das Kriterium, weil es Menschen gibt, die bewiesen haben, daß sie ohne zu atmen selbst zehn Minuten lang am Leben bleiben können. Dieser Mensch mag ein Jogi sein, er mag vielleicht nicht zurückkommen wollen, aber man hat nicht das Recht zu erklären, daß er tot ist. Aber wir müssen ihn für tot erklären, weil die Toten aus dem Weg geräumt werden müssen. Wann ist ein Mensch wirklich tot? Wenn sein Herz zu funktionieren aufhört? Oder wenn sein Gehirn zu funktionieren aufhört? Nun, es gibt in wissenschaftlichen Laboratorien Gehirne ohne Körper – und sie funktionieren. Wer weiß, was sie denken? Vielleicht träumen sie? Sie werden sich nicht einmal bewußt sein, daß sie den Körper verloren haben. Und Wissenschaftler, die Gehirne ohne den Körper beobachtet haben, sagen, daß sie auch den selben Rhythmus haben: Sie schlafen und sie wachen; und es gibt Anzeichen dafür, daß sie träumen, und es gibt Anzeichen dafür, daß sie jetzt nicht träumen. Es gibt Anzeichen, daß sie denken, und es gibt Anzeichen, daß sie manchmal wütend und aufgeregt und verspannt, und manchmal entspannt sind. Was werden sie da drinnen denken? Sie sind sich offensichtlich nicht bewußt, daß der Körper nicht mehr da ist. Aber kann man diese Denkapparate tot nennen? Sie funktionieren gut. Welcher Körperteil kann also das Kriterium sein? Welcher Augenblick kann das Kriterium sein?

Im Zweiten Weltkrieg hat man in Rußland experimentiert, und es sind heute noch mindestens sechs Personen am Leben, die für tot erklärt wurden, wegen plötzlichen Herzversagens. Sie wurden für tot erklärt, aber man pumpte Blut in sie; sie wurden wieder lebendig, und sie – sechs von ihnen – leben noch heute. Was ist passiert? Sie sind ins Leben zurückgeholt worden!

Gibt es *wirklich* eine Grenze, wo das Leben endet und der Tod beginnt? Nein! – ein bloßes Wellenphänomen. Das Leben folgt dem Tod, genau wie auf eine Welle ein Wellental folgt. Sie sind nicht getrennt, sie sind eins – der Rhythmus des Einen.

Die Mystiker sagen, daß es aus praktischen Gründen okay ist, wenn ihr trennt, daß aber die Wirklichkeit unteilbar ist. Was tun, um dies Unteilbare zu erkennen? Laß einfach den Mechanismus, der teilt, beiseite – genau das ist Meditation. Laß den Verstand beiseite und schau, schau ohne den Verstand. Sei bewußt ohne den Verstand. *Sieh!* – Und laß nicht zu, daß sich Gedanken als Vorhang zwischen dich und das Universum schieben. Wenn die Wolken, die Gedanken, nicht da sind, und die Sonne scheint, mit voller Bewußtheit, ist die Welt eins.

„Wenn ihr aus zwei eins macht,
und wenn ihr das Innere wie das Äußere macht,
und das Äußere wie das Innere,
und das Obere wie das Untere,
und wenn ihr das Männliche und das Weibliche
zu einem einzigen macht,
so daß das Männliche nicht mehr männlich
und das Weibliche nicht mehr weiblich ist,
dann werdet ihr in das Königreich eingehen."

Und der größte und tiefste Unterschied ist der zwischen Männlich und Weiblich. Ist euch schon aufgefallen, daß ihr niemals vergeßt, ob jemand männlich oder weiblich ist? Ihr mögt seinen Namen vergessen, ihr mögt seine Religion vergessen, ihr mögt völlig sein Gesicht vergessen, aber ihr werdet nie vergessen, ob es Mann oder Frau war. Das zu vergessen ist anscheinend unmöglich. Das heißt, daß diese Unterscheidung den tiefsten Eindruck im Gedächtnis hinterläßt.

Jemand ist dir vor zwanzig Jahren begegnet: Du

kannst dich an nichts erinnern – das Gesicht ist verschwunden, der Name ist verschwunden – aber ob es ein Mann oder eine Frau war, das nicht, das bleibt hängen. Das hat auf dich den tiefsten Eindruck gemacht, so, als ob ihr als erstes im anderen darauf schaut, ob es ein Mann oder eine Frau ist. Das ist das erste, worauf ihr schaut, und das letzte, das euch bleibt. Ihr mögt gar nicht so bewußt danach Ausschau halten, aber wann immer ihr einen Menschen anseht, ist dies das erste, was ihr tief drinnen vermerkt: ob es Mann oder Frau ist.

Wenn es eine Frau ist, benimmst du dich anders; wenn es ein Mann ist, benimmst du dich anders. Wenn es eine Frau ist, dann ist dein innerer Mann angezogen, ob du es weißt oder nicht. Du magst dir dessen nicht bewußt sein, aber dein Verhalten wird zärtlicher.

Heute wissen die Leute, die den Markt kontrollieren, das sehr genau, und so werden alle Verkäufer nach und nach durch Verkäuferinnen ersetzt. Das muß zwangsläufig so kommen: Wenn die Käufer Männer sind, dann ist es besser, eine Verkäuferin zu haben, weil dann der Käufer nicht so leicht nein sagen kann, wie er es gegenüber einem Mann kann. Wenn eine Frau dir einen Schuh an den Fuß paßt, deine Füße berührt – eine schöne Frau – wird plötzlich der Schuh nicht mehr wichtig, wird der Schuh sekundär. Er mag kneifen, aber du sagst: „Wunderbar! Es ist gut." – Du mußt ihn kaufen! Du kaufst die Frau, nicht den Schuh...

Das ist der Grund, warum bei jeder Reklame – ob rational, irrational; bezogen, unbezogen; stimmig, unstimmig; ob ein Auto oder Schuhe oder egal was verkauft werden soll – eine nackte Frau dazugehört. Denn nicht das Auto, sondern die Frau im Auto wird gekauft. Sex wird gekauft und verkauft, alles andere ist Nebensache.

Tief drinnen suchst du überall nach Sex. Jesus sagt: „Und du wirst nicht unschuldig sein, solange diese Suche nach Sex anhält." Denn solange bleibst du geteilt: Wenn du ein Mann bist, dann suchst du nach einer Frau; wenn du eine Frau bist, suchst du nach einem Mann. Dann wird sich deine Suche immerzu mit der Außenwelt beschäftigen, kann sie nicht innerlich werden, kann sie nicht nach innen gehen, kannst du nicht meditativ sein. Die Frau wird dich stören, sie wird dir folgen. Wenn du widerstehst, wenn du kämpfst, wenn du deine Augen schließt, wird sie nur immer schöner werden, wird sie dich versuchen.

Was tun? Transzendieren? Viele Methoden sind dazu angewendet worden. Die meisten davon sind nur Selbstbetrug. Die Leute sagen: „Denk dir jede Frau als deine Mutter." Das wird nicht viel Unterschied machen, es ist eine Täuschung. „Denk dir jede Frau als deine Schwester." – Es macht keinen Unterschied, weil sie eine Frau bleibt. Ob Schwester, ob Mutter – es macht keinen Unterschied, sie bleibt eine Frau, und du bleibst ein Mann. Und die tiefe Suche geht weiter, und diese Suche ist so biologisch, daß sie hinter deinem Bewußtsein weitergeht. Sie ist eine Unterströmung.

Beobachte es! Du sitzt in deinem Zimmer: Eine Frau kommt herein. Beobachte dich selbst – was geschieht? Plötzlich bist du ein anderer Mensch! Und wenn sie schön ist, dann bist du umso verwandelter. Was geschieht? Plötzlich bist *du* nicht mehr, nur noch der Mann existiert; *du* bist nicht mehr, nur noch die Sex-Hormone. Sie fangen an zu funktionieren, sie schieben dich beiseite, dein Bewußtsein geht verloren, du bist fast unbewußt. Du benimmst dich wie betrunken.

Bis jetzt haben wir noch keinen wirksameren Alkohol entdecken können als den Sex, keine größere Droge als den Sex. Er verändert alles. Wenn ihr LSD nehmt, wird alles farbiger – Sex ist ein eingebautes LSD. Immer wenn du sexuell bist, werden die Dinge farbig; alles hat ein anderes Flair, einen anderen Glanz. Du bist lebendiger; du gehst nicht, du läufst; du sprichst nicht, du singst. Dein Leben ist zu einem Tanz geworden, du lebst in einer anderen Dimension.

Immer wenn kein Sex da ist, bist du plötzlich zurück in der flachen Welt, der Welt der Dinge – farblos, ohne Glanz. Du kannst nicht singen, du kannst nicht laufen, alles ist träge geworden. Wieder tritt eine Frau in dein Leben, oder ein Mann, und alles nimmt Farbe an; einfach da zu sein ist schon romantisch, zu existieren ist ein Gedicht. Was passiert? Und wenn das immer so weitergeht, bist du in der Dualität – der tiefsten überhaupt – und diese Dualität läßt dich das Wirkliche nicht erkennen. Und das Wirkliche ist selig, es ist weder glücklich noch unglücklich.

Das Wirkliche ist jenseits von Glück und Unglück. Es ist weder verspannt noch entspannt; es ist weder dunkel noch hell, es ist jenseits. Alle Dualität hat aufgehört; nun bist du selig – die Hindus haben das *ananda* genannt – es ist jenseits der zwei. Ihr könnt nicht sagen, daß ein Weiser glücklich ist. Er ist nicht glücklich, weil auf Glück Unglück folgen muß. Ihr könnt nicht sagen, daß ein Weiser unglücklich ist. Ein Weiser ist selig, er hat die Dualität hinter sich gelassen. Jetzt gibt es keine Berge und keine Täler mehr; er geht auf dem Boden, er geht zu ebener Erde. Es gibt kein Auf und Ab, weil „Auf" und „Ab" als Dualität existieren.

So sagt Jesus: „Wenn es kein Oben und kein Unten gibt, kein Auf und kein Ab, wenn es keine zwei gibt, kannst du nicht wählen, existierst du einfach." Und dies Existieren ist auf einer Ebene: Es gibt keine Wellen, der Ozean ist absolut still und ohne jede Welle, nicht einmal ein Kräuseln, denn nichts geht nach oben, nichts geht nach unten. Der Ozean ist spiegelgleich geworden, keine Kräuseln, alle Aufregung fort.

Die ganze Aufregung kommt durch Dualität, und Sex ist die Basis aller Dualität. Du kannst alles andere sehr leicht lassen, aber das Wurzelproblem ist, vom Sex zu lassen. Und das ist das Schwierigste, weil er in jeder Zelle deines Körpers steckt, in jeder Zelle deines Seins. Du bist ein sexuelles Wesen, du wirst als sexuelles Wesen geboren. Darum hat Jesus gesagt: „Solange du nicht wiedergeboren wirst, kann dir nichts helfen."

So wie du bist, wirst du verspannt bleiben; so wie du bist, wirst du unglücklich bleiben.

> *„Und wenn ihr das Männliche und das Weibliche*
> *zu einem einzigen macht,*
> *so daß das Männliche nicht mehr männlich,*
> *und das Weibliche nicht mehr weiblich ist,*
> *dann werdet ihr in das Königreich eingehen."*

Was also ist zu tun? In dir muß ein Kreis hergestellt werden. Jesus hat allerdings nicht genau gesagt, was zu tun ist, weil diese Geheimnisse nicht offen preisgegeben werden können, diese Geheimnisse können nur an Jünger weitergegeben werden. Jesus muß sie seinen Jüngern vermittelt haben; denn nur indem gesagt wird: *„Werdet eins"*, wird niemand eins werden. Nur indem gesagt wird, daß das Männliche weiblich sein sollte und das Weibliche männlich sein sollte, wird niemand eins werden. Das ist zwar das Ziel, aber was ist die Methode?

Jesus muß diese Methode geheimgehalten haben. Er muß seinen Jüngern einen geheimen Schlüssel gegeben haben; denn diese größeren Geheimnisse, die euch eins machen können, sind auch sehr gefährlich. Wenn ihr sie mißversteht, wenn ihr sie auch nur im geringsten falsch anwendet, werdet ihr verrückt. Das ist das Problem – und das ist die Angst.

Normalerweise bist du, so wie du bist, ein geteiltes Wesen: Deine männliche Energie sucht die weibliche Energie außen, deine weibliche Energie sucht die männliche Energie außen – das ist der normale menschliche Zustand. Das Ganze muß transformiert werden, derart, daß deine männliche Energie die weibliche Energie *innen* sucht. Wenn der Mann in dir versucht, der Frau in dir zu begegnen, ist das sehr gefährlich, weil die Natur es nicht vorgesehen hat.

Die Natur hat euch einen Trieb gegeben, der Frau zu begegnen, dem Mann zu begegnen. Dieser Trieb ist natürlich.

Aber zu versuchen, diese Begegnung allein in dir selbst zustande zu bringen, ist nicht natürlich. Der Schlüssel muß sehr, sehr vorsichtig angewendet werden. Es kann nur unter einem Meister geschehen, einem, der den Weg gegangen ist. Darum können die tiefsten Geheimnisse der Religion nicht durch heilige Schriften weitergegeben werden, sie können nur durch Initiation weitergegeben werden.

Aber ich will euch ein paar Andeutungen geben, wie das geschehen kann. Aber merkt euch gut: Wenn ihr sie anwenden wollt, dann seid vorsichtig. Auf keinen Fall... Was immer ich sage, weicht nicht davon ab, weil sonst etwas schief gehen kann. Sonst ist es besser, normal zu sein; denn viele religiöse Menschen werden wahnsinnig. Dies ist der Grund: Du hast den Schlüssel, aber du verstehst ihn nicht zu benutzen, du kannst ihn falsch benutzen. Und wenn du erst einmal einen Schlüssel falsch benutzt hast, ist das Schloß beschädigt; dann wird es sehr schwierig, das Schloß zu reparieren.

Diese Methoden dürfen nur unter einem Meister angewendet werden, damit der Meister ständig ein Auge auf dich hat, sieht, was geschieht. Ich kann euch ein paar Dinge sagen, weil ich hier bin; und wenn ihr damit arbeiten wollt, könnt ihr es tun.

Das erste: Jedesmal, wenn du mit einem Mann oder einer Frau schläfst, ist das der richtige Augenblick, nach dem inneren Mann oder der inneren Frau Ausschau zu halten. Wenn du eine Frau liebst, tu es immer mit geschlossenen Augen, mach es zu einer Meditation. Die äußere Frau hilft immer der inneren Frau, aufzuwachen. Und wenn du in der Liebe bist, kommen deine inneren Energien, sowohl die männliche wie die weibliche, zum Höhepunkt. Und wenn der Orgasmus eintritt, ist es nicht zwischen dir und der äußeren Frau, es ist immer zwischen dir und der inneren Frau.

Wenn du also aufpaßt, wird dir das Phänomen bewußt, daß in dir eine Begegnung von Energien stattfindet. Und jedesmal, wenn dies geschieht, wird sich der Orgasmus über den ganzen Körper ausbreiten. Er wird nicht lokal sein, er wird sich nicht auf das Sex-Zentrum beschränken. Wenn er auf das Sex-Zentrum beschränkt bleibt, ist es nur eine Onanie, sonst nichts. Orgasmus bedeutet: der *ganze* Körper, jede Faser des Körpers pulsiert mit Leben, mit einer neuen Energie, weil eine enorme Energie durch diese Begegnung freigesetzt wird. Die Begegnung geschieht im Innern, aber wenn du weiter draußen suchst, verfehlst du sie.

Die äußere Frau oder der äußere Mann ist nur stellvertretend für den inneren. Wenn du dich in eine Frau oder in einen Mann verliebst, verliebst du dich nur, weil diese Frau oder dieser Mann irgendwie mit deinem Inneren korrespondiert. Darum kannst du auch keine Gründe angeben: „Warum liebe ich ausgerechnet diese Frau!?" – Weil es absolut nichts Rationales ist.

Du trägst eine Frau in dir. Jedesmal, wenn eine Frau zu dieser Frau paßt, verliebst du dich plötzlich. Diese Liebe ist nicht von dir manipuliert. Es ist nicht dein Verstand, der sich verliebt, es ist etwas sehr Unbewußtes. In dieser Frau erahnst du etwas: Plötzlich fühlst du, daß dies der richtige Mensch ist.

Was macht diese Frau zur „Richtigen"? Denn für andere ist sie nicht die Richtige: Es gibt Leute, die sie hassen würden, die Ekel, Abscheu empfinden würden. Es gibt Leute, die keinen zweiten Blick auf diese Frau werfen würden, es gibt Leute, die nicht erkennen, daß da etwas an ihr ist, und es wird Leute geben, die lachen werden: „Wie konntest du dich in diese Frau verlieben? Bist du verrückt?" Aber diese Frau oder dieser Mann paßt irgendwie zum Inneren. Darum ist Liebe etwas Irrationales: Sie passiert, wann immer sie passiert – du kannst nichts daran ändern; wenn sie *nicht* passiert, kannst du nichts daran ändern.

Wenn du mit einer Frau schläfst, kommt die innere Energie zu einem Höhepunkt, kommt sie zu einem Crescendo. Bei diesem Crescendo darfst du nicht mehr nach außen schauen, sonst wird dir etwas sehr Schönes, das jetzt passiert, entgehen, etwas sehr Mysteriöses, das im Innern geschieht: Du wirst zu einem Kreis.

Deine beiden Seiten, männlich und weiblich, treffen sich, du wirst *ardhanarishwar*. In diesem Augenblick wird dein ganzer Körper von den Zehen bis zum Kopf vibrieren. Jeder Nerv des Körpers wird vor Leben vibrieren, weil dieser Kreis sich über den ganzen Körper ausbreitet. Es ist nichts Sexuelles, es ist mehr als Sex. Beobachte es! Beobachte, wie es zum Gipfel kommt, wie die inneren Energien sich begegnen. Dann beobachte, wie die Flutwelle vorbeigeht, und der Abgrund beginnt. Beobachte, wie sich nach und nach die Energien wieder trennen... Wenn du das ein paar Minuten lang tust, wirst du augenblicklich gewahr, daß die äußere Frau, oder der äußere Mann, nicht nötig ist. Es kann ohne den äußeren Menschen deshalb genauso geschehen, weil es ohnehin ohne den äußeren geschieht, weil der äußere nur ein Auslöser ist. Dieser Auslösepunkt kann innerlich hergestellt werden, und wenn du weißt, wie, kannst du es innerlich tun. Und dies muß erfahren werden, nur dann weißt du's – ich kann dir das Wie nicht sagen.

Du mußt beobachten, zuschauen, und du wirst wissen, wie die Energien kommen, wie der Orgasmus kommt; wie sie sich wieder trennen, wie sie wieder zwei werden.

Einen einzigen Augenblick geschieht das Eine in dir. Daher diese große Anziehungskraft des Sex, darum soviel Genuß aus dem Orgasmus – weil ihr einen einzigen Augenblick lang eins werdet, weil die zwei verschwinden. Und im Augenblick des Orgasmus ist kein Verstand da. Wenn der Verstand da ist, kann kein Orgasmus eintreten. Im Augenblick des Orgasmus kein einziger Gedanke – das ganze Prisma wird zur Seite gelegt. Du *bist*, aber ohne Gedanken. Du existierst, aber ohne Verstand. Dies geschieht nur einen so einzigen Augenblick lang, daß du ihn ganz leicht verpassen kannst. Du hast ihn viele Leben lang verpaßt. Es ist eine so kleine Lücke, daß, wenn dein Interesse nach außen geht, du sie schon verfehlt hast.

Schließ also die Augen, beobachte in dir, was

geschieht. Versuche, nichts geschehen zu *machen*, beobachte einfach, was geschieht. Nach und nach kommt es, so wie wenn du in einen Raum hineingehst... Du gehst draußen in der Sonne spazieren, kommst in einen Raum hinein, alles ist dunkel, du kannst nichts sehen, weil deine Augen sich noch nicht an diesen dunklen Raum gewöhnt haben. Warte! Setze dich und blicke still vor dich hin. Nach und nach wird die Dunkelheit verschwinden, und du wirst alles wahrnehmen; jetzt haben sich deine Augen eingewöhnt.

Aus dem Außen ins Innere zu treten ist nur deshalb ein großes Problem, weil deine Augen ans Außen gewöhnt sind. Das Innen sieht dunkel aus – und wenn du endlich soweit bist, ist der Moment vorbei. Meditiere also mehr und mehr mit geschlossenen Augen und schaue in dich hinein, so daß du dich an die innere Dunkelheit gewöhnen kannst. Es ist nicht dunkel, es erscheint dir nur dunkel, weil du an das äußere Licht gewöhnt bist. Nach und nach kommt ein schwaches Licht, werden die Dinge klar; es kommt ein Moment, wo die Dinge so klar werden, daß du, wenn du die Augen aufmachst, entdeckst, daß die Dunkelheit außen ist.

Arvind soll gesagt haben: „Als ich zum erstenmal erkannte, was innen ist, wurde das Licht, das außen ist, wie Dunkelheit. Das Leben, das außen ist, wurde wie der Tod, weil jetzt etwas Höheres, etwas Größeres geschieht, etwas, daß von der Quelle kommt."

Beobachte, wie der innere Kreis zustandekommt, wie die beiden Energien zu einer einzigen werden. Und in dieser Einheit gibt es keinen Verstand und keinen Gedanken. Sieh hin! Nach und nach wirst du sehen können, was geschieht. Und sobald du weißt, was geschieht, kann das Äußere aufgegeben werden – nicht nötig, es aufzugeben; aber es *kann* aufgegeben werden.

Eine Frau ist etwas Schönes, ein Mann ist etwas Schönes. Liebe ist gut. Nichts ist verkehrt daran, sie ist gesund und heilsam. Nicht nötig, sie aufzugeben, aber sie *kann* aufgegeben werden, jedenfalls bist du nicht mehr davon abhängig. Jetzt kannst du das Phänomen in deinem Innern geschehen lassen. Und es kommt ein Moment, wo dieser innere Kreis für immer bleibt. Denn solange er angewiesen ist auf das Außen, kann er nicht immer bleiben. Denn das Äußere muß sich trennen – die Trennung ist ein Muß. Im Inneren gibt es keinen Grund, sich zu trennen; wenn die innere Hochzeit geschieht, gibt es keine Scheidung, gibt es nicht einmal die Möglichkeit dazu, weil es immer da ist, beides immer da ist. Wenn sie sich erst einmal begegnet sind, kommt eine Scheidung nicht in Frage. Im Äußeren passiert unentwegt Scheidung; einen Augenblick lang seid ihr zusammen, im nächsten Augenblick müßt ihr getrennt sein.

Wenn dieser Kreis ständig in dir bleibt, ist dies der Zustand von *ardhanarishwar* – und das ist es, was Jesus meint:

*"Und wenn ihr das Männliche und das Weibliche
zu einem Einzigen macht,
so daß das Männliche nicht mehr männlich
und das Weibliche nicht mehr weiblich ist,
dann werdet ihr in das Königreich eingehen."*

Dann *bist* du in es eingegangen: Du bist vollkommen geworden, du bist nicht geteilt, du bist unteilbar geworden. Jetzt hast du ein Selbst. Jetzt hast du Freiheit und Unabhängigkeit, jetzt fehlt dir nichts, bist du in dir vollendet. Solange dieser Kreis nicht zustande kommt, wird dir etwas fehlen. Und du wirst von anderen abhängen, um ihn zu erfüllen.

Darum sieht Sex wie Sklaverei aus – und er ist es! Er sieht nach Abhängigkeit aus, und was immer du als Abhängigkeit erlebst, das haßt du. Daher das ständige Kämpfen mit dem Geliebten, mit der Geliebten: Du haßt es, du kannst nicht vom anderen fort, weil du abhängig bist.

Und niemand möchte von irgend jemandem abhängig sein, weil jede Abhängigkeit Einschränkung ist; denn der andere will herrschen, der andere will besitzen – und wenn du abhängig bist, mußt du dem anderen eine gewisse Herrschaft erlauben, weil du Angst hast. Dies ist eine zweiseitige Abmachung: „Ich will von dir abhängen, du willst von mir abhängen, so können wir uns beide gegenseitig in gewisser Weise besitzen, können wir uns in gewisser Weise gegenseitig beherrschen."

Aber niemand mag Herrschaft und Besessen-Werden. Darum ist die Liebe ein solches Elend. Und wenn du einen Menschen liebst und gleichzeitig haßt, wie kannst du glücklich sein? Selbst der schönste Mensch wird häßlich.

Mulla Nasrudin saß mit einem Freund zusammen. Seine Frau kam, und der Freund sagte: „Ich nehme an, dies ist deine allercharmanteste Frau!"

Mulla Nasrudin schaute traurig drein und sagte: „Es ist meine *einzige!*"

Diese Traurigkeit hängt allen Liebhabern an, weil keine Frau sie erfüllen kann. Selbst wenn du alle Frauen der Welt bekämest, wäre es keine Erfüllung, weil die innere Frau bedeutsamer ist als *alle*. Alle Männer der Welt werden eine Frau nicht erfüllen können – nein! Es ist nicht möglich! Irgend etwas wird immer fehlen, und dann dies Problem der Zeit... Denn nur einen einzigen Augenblick lang kann es zur Begegnung kommen – und dann die Trennung, weil kein Mann genau *so* sein kann, wie der innere.

Solange du nicht die innere Einheit erreichst, wirst du von einem Elend zum anderen gehen, von einer Frau zur anderen, von einem Mann zum anderen, von einem Elendsleben zum nächsten Elendsleben. Der Wechsel mag dir Hoffnung geben, aber es ist hoffnungslos – die ganze Sache ist hoffnungslos.

Wenn dieser Kreis geschieht, wirst du wieder eins, unschuldig wie ein Kind; unschuldiger als ein Kind, unschuldiger als je ein Kind sein kann – du bist ein Weiser geworden.

Meditiert über diese Worte von Jesus; und was ich gesagt habe – versucht es. Aber wenn ihr es versuchen wollt, laßt es mich wissen. Wenn ihr an dem inneren Kreis arbeiten wollt, dann laßt mich ständig wissen, was geschieht. Denn wenn etwas schief gehen sollte und sich zwei Energien auf falsche Art treffen, werdet ihr verrückt.

Das ist die Angst davor, ein Weiser zu werden: Wenn du fällst, fällst du bis auf den untersten Grund, wirst du verrückt. Wenn du ankommst, kommst du auf dem obersten Gipfel an, wirst du ein Weiser. Es ist immer so... Wenn du auf die Höhen wandern willst, mußt du Mut haben, denn wenn du fällst, fällst du in die Tiefe. Neben der Höhe ist immer der Abgrund.

Vergeßt also nicht, daß eine sehr ausgewogene Arbeit dazu gehört – und viele andere Dinge mehr. Wenn ihr daran arbeiten wollt, werde ich sie euch sagen, aber das kann nur persönlich geschehen. Das ist der Grund, warum Jesus zwar über das Ziel redet, aber niemals über die Methode redet. Die Methode muß persönlich gegeben werden – es ist eine Initiation.

Kapitel 9

Splitter
und
Balken

Jesus sagte:
„Den Splitter in deines Bruders Augen,
den siehst du,
aber den Balken in deinem Auge,
den siehst du nicht.

Wenn du den Balken aus deinem Auge ziehst,
dann wirst du klar sehen,
um den Splitter aus deines Bruders Auge zu ziehen."

Selbsterkenntnis ist das Allerschwerste – nicht, weil es schwer ist, sondern weil du Angst hast, über dich selbst Bescheid zu wissen. Eine tiefe Angst ist da. Jeder versucht zu fliehen, vor sich selbst zu fliehen. Diese Angst muß verstanden werden. Und solange diese Angst da ist, ist alles, was du tust, ziemlich umsonst. Du magst glauben, dich selbst erkennen zu wollen, aber wenn diese unbewußte Angst da ist, wirst du die Selbsterkenntnis ständig vermeiden, wirst du ständig versuchen, dich zu verstecken, dich zu betrügen. Auf der einen Seite wirst du dich erkennen wollen, und auf der anderen Seite wirst du dir alle möglichen Hindernisse in den Weg legen, um dich nicht erkennen zu können.

Bewußt magst du denken: „Ich möchte mich selbst erkennen", aber unbewußt – was größer, stärker, mächtiger ist als das Bewußtsein – wirst du die Selbsterkenntnis vermeiden. Also muß die Angst verstanden werden. Warum hast du Angst? Das eine: Wenn du wirklich in dein Inneres dringst, wird sich dein Image, das du in der Welt abgibst, als falsch erweisen. Deine ganze Vergangenheit ist dann nichts mehr wert, weil sie ein Traum war. Du hast so viel in sie investiert! Du hast für sie gelebt, und jetzt, wo du weißt, daß es nicht gestimmt hat, fühlst du dich verletzt – jetzt ist dein ganzes Leben vertan!

Wie kannst du dir selbst begegnen, wenn alles, was du gelebt hast, ein Pseudoleben, unauthentisch war, wenn du nie geliebt hast, sondern nur vorgetäuscht hast zu lieben? Denn dann wirst du erkennen, daß die ganze Sache eine Täuschung war: Nicht nur hast du vorgetäuscht zu lieben, du hast auch vorgetäuscht, glücklich zu sein, wenn du liebst. Du hast niemand anders getäuscht als dich selbst. Jetzt also zurückschauen, nach innen schauen? – Da packt dich die Angst.

Du hast gedacht, daß du etwas Einmaliges bist – das denkt jeder. Das ist das Gewöhnlichste von der Welt: sich für außergewöhnlich, für etwas Besonderes, „den Auserwählten" zu halten. Aber wenn du dich anschaust, wirst du erkennen, daß da nichts ist – nichts, worauf sich das Ego etwas einbilden kann. Wo will das Ego dann stehen? Es wird einstürzen, in den Staub fallen.

Es ist Angst da, dich anzusehen... und dadurch, daß du nicht hinsiehst, kannst du weiter Träume um dich her weben, Bilder von dir selbst. Und es ist sehr leicht und billig, ein Bild herzustellen, aber es ist sehr schwer und hart, wirklich etwas zu *sein*. Man wählt immer das Billigste – und du hast das Billigste gewählt. Jetzt hinzusehen, ist schwer.

Mitten in der Nacht läutete in einem Haus das Telefon – es war vier Uhr morgens. Der Mann stand auf, er war wütend, und er schrie in den Hörer: „Was wollen Sie?" Der Mann am anderen Ende sagte: „Nichts."
Da wurde der Mann noch wütender und sagte: „Warum rufen Sie mich dann mitten in der Nacht an?"
Der andere antwortete: „Weil es dann billiger ist!"

Wenn es billiger ist, kaufst du dir sogar *nichts*. Und genau das habt ihr getan. Sich ein Image zuzulegen – daß man einmalig ist – ist billig. Aber einmalig zu sein, ist bitter, sehr hart. Viele, viele Leben voll Kampf und Streben, viele Leben voller Anstrengungen gipfeln in etwas, das dich einmalig macht. Aber zu glauben, du seist einmalig, ist einfach billig; Das kannst du jetzt sofort, da brauchst du dich nicht einmal zu rühren. Du hast immer schon an billige Dinge geglaubt – darum ist die Angst da. Du kannst dich ansehen. Alles, wofür du dich gehalten hast, wirst du nicht vorfinden – und du weißt es genau. Wer sonst wird es so genau wissen wie du? Wenn du denkst, du bist schön, dann kannst du nicht in den Spiegel schauen, wenn diese Schönheit nur eingebildet ist. Und du weißt es genau! Statt in den Spiegel zu schauen, wirst du lieber alle Spiegel zertrümmern. Wann immer ein häßlicher Mann oder eine häßliche Frau in den Spiegel schaut, denkt er oder sie, daß mit dem Spiegel etwas nicht stimmt – weil es so weh tut zu erkennen, daß du niemand bist.

Du bist in deinen Augen jemand. Jeder andere mag wissen, daß du niemand bist, aber nicht du. Selbst ein Verrückter glaubt, die ganze Welt sei verrückt. Die ganze Welt sagt zu ihm, „du bist verrückt", aber er will nichts davon hören, weil es weh tut. Er wird alle möglichen Argumente und Rationalisierungen finden, um zu sagen: „Ich bin nicht verrückt."

Es geschah: Mulla Nasrudin kam eines Abends auf einen Bauernhof gelaufen und fragte den Bauern: „Ist hier eine verrückte Frau durchgekommen?" Der Bauer sagte: „Wie sah sie denn aus?"
Nasrudin beschrieb sie: „Einen Meter neunzig groß, sehr fett, und wiegt vierzig Pfund."
Der Bauer war ein wenig verwundert und sagte: „Wenn sie einen Meter neunzig groß ist und sehr fett, wie kann sie dann nur vierzig Pfund wiegen?"
Nasrudin lachte und sagte: „Sei nicht albern. Hab ich dir nicht gesagt, daß sie ein bißchen verrückt ist?"

Es ist immer der andere, der unrecht hat, der verrückt ist. Auf die Art schützt ihr eure eigene, sogenannte Vernunft – es ist ein Schutz. Und ein Mensch, der sich selbst nicht sehen kann, *kann* nicht sehen; denn er hat nicht nur Angst, sich selbst anzusehen – er hat Angst vor dem Sehen überhaupt. Denn wenn man den anderen sieht, kann der andere zum Spiegel werden. Wenn du in den anderen hineinsiehst, kann der andere etwas von dir zeigen. In den Augen des anderen spiegelst du dich wider, also kannst du den anderen nicht ansehen. Erst machst du dir Illusionen über dich, und dann machst du dir Illusionen über andere. Und dann lebst du in einer Traumwelt, und genau *so* lebt jeder. Und dann fragt ihr, wie ihr glücklich sein könnt. Euer Alptraum ist ganz natürlich: Aus allem, was ihr getan habt, kann nur ein Alptraum entstehen. Und ihr fragt, wie ihr euch wohlfühlen könnt. Mit Fiktionen kann sich niemand wohlfühlen, nur mit Tatsachen. So schwer es auch zu akzeptieren sein mag, aber nur Tatsachen können euch unverschwommen machen. Nur Tatsachen können euch zur Wahrheit führen. Wenn ihr das Tatsächliche leugnet, gibt es für euch keine Wahrheit, und dann geht ihr immer nur weiter im Kreis herum und trefft niemals die Mitte.

Ich habe gehört: Einmal geschah es, daß ein Arzt eine Patientin besuchen kam, eine sehr kranke Frau. Er betrat den Raum, aber nach fünf Minuten war er wieder draußen. Er bat den Mann, der dort wartete: „Bitte geben Sie mir einen Korkenzieher!" Der Mann war ein bißchen besorgt, wozu wohl ein Korkenzieher nötig sein sollte. Aber nach fünf Minuten erschien der Arzt wieder und sagte schwitzend: „Jetzt bitte einen Schraubenzieher!" Der Mann wurde ganz aufgeregt, hielt aber weiter den Mund – ein Arzt weiß schließlich, was er tut. Nach fünf Minuten war der Arzt wieder da und bat um Hammer und Meißel.

Das war zuviel. Der verzweifelte Ehemann hielt es nicht länger aus und sagte: „Was ist nur mit meiner Frau los?"

Der Arzt sagte: „Ich weiß noch nicht. Ich hab ja noch nicht mal meine Tasche aufgekriegt!"

Und ich sage euch – ihr kämpft immer noch mit der Tasche. Und nicht nur seid ihr nicht in der Lage, sie aufzukriegen – ihr *wollt* sie noch nicht mal aufkriegen. All diese Korkenzieher und Schraubenzieher und Meißel und Hämmer, die ihr mit euch herumschleppt, sind einfach nur Schau. Ihr wollt nicht einmal die Tasche aufkriegen, denn wenn ihr die Tasche erst einmal geöffnet habt, was wollt ihr dann tun? Dann muß der Patient – und das bist *du* – dann muß der Patient diagnostiziert werden, dann mußt du in dich selbst hineinschauen.

Jeder macht sich also an der Tasche zu schaffen; das ist euer Geschäft, euer Beruf, eure Tätigkeit. Man mag ein Dichter sein, oder ein Maler oder ein Musiker, aber alle eure Beschäftigungen sind nur Mittel, um da draußen unabkömmlich zu bleiben. Deshalb ist auch niemand bereit, allein zu sein, keinen einzigen Augenblick lang. Es macht zu sehr Angst; denn wenn du allein bist, könntest du dir selbst begegnen. Wenn du allein bist, was wirst du tun? Wenn du allein bist, bist du mit dir – und die Wirklichkeit könnte aufbrechen.

Jeder versucht es also mit ständiger Beschäftigung – vierundzwanzig Stunden lang beschäftigt sein. Wenn du beschäftigt bist, siehst du ein bißchen zufrieden aus; wenn du nicht beschäftigt bist, wirst du unglücklich. Die Psychologen sagen, daß ein Mensch, der lange Zeit unbeschäftigt bleibt, verrückt wird. Aber warum? Warum sollte jemand, der bei Verstand ist, seinen Verstand verlieren, wenn er lange Zeit unbeschäftigt bleibt? Wenn man bei Verstand ist, müßte man doch eigentlich in einer langen brachliegenden Phase, in einer langen Phase, wo man nichts tut, vernünftiger werden, müßte man wachsen! Aber warum sollte man verrückt werden, wenn man längere Zeit allein gelassen wird? Weil du verrückt *bist!* Dein Beschäftigtsein deckt die Tatsache nur.

Sieh dich um – denn es ist schwer, *dich* selbst anzusehen – aber sieh dich um, schau dir die Leute an! Jemand ist ständig mit Geld beschäftigt: Was tut er wirklich? Konzentriert sich ganz auf das Geld, damit er sich selbst vermeiden kann. Er denkt immerzu ans Geld – morgens, abends, nachts. Sogar im Bett denkt er an das Geld, und die Bank, und das Konto. Was *tut* er mit dem Geld? Denn wenn er das Geld hat, kann er nichts damit anfangen: Was jetzt? Und sobald er das Geld hat, an das er ständig gedacht hatte, denkt er an noch mehr Geld. Denn Geld ist es nicht, was er wollte. Andernfalls müßte er erfüllt sein, wenn er es hat. Aber nicht einmal ein Rockefeller, ein Ford ist erfüllt. Du bekommst Geld – sofort forderst du mehr; denn das eigentliche Motiv ist nicht das Geld, das eigentliche Motiv ist: Wie halte ich mich beschäftigt? Sobald keine Beschäftigung da ist, fühlst du dich unwohl, kommt in dir ein tiefes Unwohlsein auf. Was tun? Wenn es nichts zu tun gibt, wirst du die gleiche Zeitung von vorn lesen, wieder und wieder – die gleiche Zeitung, die du schon ganz ausgelesen hast. Wenn es keine Beschäftigung gibt, kannst du alles mögliche tun, völlig unnötiges Zeug, aber du kannst nicht entspannt bleiben. Daher bestehen alle Meister darauf, daß du bald erleuchtet wirst, wenn du dich nur für ein paar Stunden hinsetzen kannst, ohne etwas zu tun.

Ein unbeschäftigter Geisteszustand ist Meditation. Ein beschäftigter Geisteszustand ist die Welt – *sansar*. Es kommt nicht auf die Art der Beschäftigung an – ob du an Geld oder an Politik oder an Sozialarbeit oder an Revolution interessiert bist, macht keinen Unterschied – dein geistiger Zustand ist der gleiche. Sogar Lenin, allein gelassen, wird verrückt: Er braucht die Gesellschaft und die Revolution. Wenn es nichts zu tun gibt, kann er unmöglich existieren, verliert er seinen Verstand. Er ist bei Verstand, weil ihr da seid. Ihr arbeitet so viel, daß die Energie in der Arbeit verpufft; dann seid ihr erschöpft und könnt euch schlafen legen.

Alte Männer wirken ziemlich verrückt und exzentrisch. Und der Grund ist – nichts. Das Alter ist nicht der Grund – sie sind jetzt unbeschäftigt, sie werden nicht gebraucht, sie haben Feierabend. Pensionierte Menschen werden immer etwas spinnig. Irgend etwas stimmt nicht mehr mit ihnen. Der Mann war in Ordnung – er mag Präsident eines Landes gewesen sein, oder ein Kanzler – pensioniert ihn und seht, was passiert. Augenblicklich verfällt er. Sowohl Körper wie Geist verfallen, und bald wird er etwas verrückt, exzentrisch, wahnsinnig; denn jetzt hat er keine Beschäftigung, niemand schaut ihn an, niemand interessiert sich für ihn, er hat keine Arbeit, kann seine Gedanken auf nichts konzentrieren. Der ganze Wirrwarr geht immer mehr nach innen, er wird zum Wirrwarr.

Psychologen sagen, daß pensionierte Menschen zehn Jahre eher sterben, als sie gestorben wären, wenn sie beschäftigt geblieben wären. Was geschieht? Warum ist es so schwer, mit dir selbst allein zu sein? Und immer glaubst du, daß andere mit dir glücklich sein sollten – deine Frau sollte glücklich mit dir sein, dein Mann sollte glücklich mit dir sein... Du selbst bist nie glücklich mit dir, wie soll also jemand anders glücklich mit dir sein? Wenn du ein so langweiliger Mensch bist, daß du dich mit dir selbst langweilst, wie ist es dann möglich, daß andere dich ertragen? Sie ertragen dich aus anderen Gründen. Nicht, weil du ein so liebender Mensch bist – nein. Sie ertragen dich, weil du ihnen Beschäftigung gibst. Ein Ehemann ist genug Beschäftigung für eine Ehefrau, eine Ehefrau ist genug Beschäftigung für den Ehemann. Es ist ein wechselseitiger Betrug: Sie haben abgemacht, einander zu täuschen und einander zu helfen, beschäftigt zu bleiben.

Du kannst dich nicht selbst ansehen, du kannst nicht zur Selbsterkenntnis kommen, weil das ein sehr weites Ziel ist. Du kannst dich nicht umdrehen und das Tatsächliche an dir sehen, und der Grund ist: ein falsches Image, die falsche Identität, eine falsche Vorstellung, daß du jemand sehr Wichtiges, Bedeutsames bist. Die ganze Welt wird stillstehen, wenn du stirbst! Was wird aus der Welt, wenn du nicht mehr bist? Als du nicht da warst, was passierte da? Die Welt hatte etwas mehr Frieden, das ist alles. Wenn du nicht da bist, wird es ein paar Probleme weniger auf der Welt geben, das ist alles – denn *ein* unruhiger Mensch ist verschwunden, und er hat Unruhe in anderen gestiftet. Aber um das Ego zu stützen, sind all diese Fiktionen nötig.

Napoleon wurde in seinen letzten Tagen zum Gefangenen. Er wurde auf einer kleinen Insel, St. Helena, gefangengehalten. Nun war er nichts mehr – niemand ist je etwas! – Aber jetzt war es sehr schwer, auch nur die Fiktion aufrechtzuerhalten. Er war ein Kaiser, einer der größten Eroberer: „Was jetzt? Wie diese Tatsache zulassen, das ich nichts mehr bin, nur ein Gefangener, ein gewöhnlicher Gefangener?" Aber er weigerte sich, der Tatsache ins Auge zu sehen... Er machte mit der alten Fiktion weiter. Sechs Jahre lang wechselte er seine Kleidung nicht, weil ihm das

Gefängnis einfach kein Kleid gab, das einem Kaiser angemessen war. Seine Kleidung war völlig zerschlissen, die Farbe verblichen, sie wurde schmutzig, aber er weigerte sich, sie zu wechseln.

Der Gefängnisarzt fragte: „Wir können Ihnen bessere, sauberere Kleider geben. Warum wechseln sie nicht diesen Mantel? Er ist zu schmutzig geworden!" Napoleon sah ihn an und sagte: „Das hier ist der Mantel eines Kaisers – er mag schmutzig sein, aber ich kann ihn nicht gegen einen einfachen Mantel eintauschen." Er ging, als wäre er noch immer der Kaiser; er sprach, als wäre er noch immer der Kaiser; er gab Befehle – niemand war da, seinen Befehlen zu gehorchen, aber er befahl nach wie vor. Unbeirrt schrieb er Briefe und Order, und er hatte sein Briefpapier mitgebracht. In seinem Kopf war er noch immer der Kaiser.

Was ging in diesem armen Mann vor? Und tatenlos, wie er war, begann er ständig zu kränkeln. Der Arzt, der bei ihm war, führte Tagebuch, und in dies Tagebuch schrieb er: „Ich habe das Gefühl, er ist nicht wirklich krank. Krankheit ist jetzt einfach eine Beschäftigung. Manchmal sagt er ‚mein Magen', manchmal ‚mein Kopf', manchmal ‚meine Beine'." Und der Arzt befand, daß ihm gar nichts fehlte, daß der Körper völlig in Ordnung war. Aber jetzt hatte er nichts, womit er sich beschäftigt halten konnte. Jetzt war der Körper der einzig ‚andere'. Die Gesamtheit der anderen war verschwunden; er war allein. Jetzt war der Körper der andere, und so hielt er sich mit dem Körper beschäftigt.

Für viele Menschen ist das Kranksein einfach eine Beschäftigung. Fünfzig Prozent aller Krankheiten in der Welt sind reine Beschäftigung. Du bist beschäftigt – jetzt brauchst du dich nicht dir selbst zu stellen. Denn was wäre sonst aus Napoleon geworden? Wenn er sich selbst ins Gesicht hätte sehen können, hätte er gesehen, daß er ein Bettler war – und das wäre zuviel gewesen! Er starb als Kaiser. Bevor er starb, ordnete er sein letztes Geleit an, jedes Detail. Es war niemand da, der diese Details befolgte, weil niemand interessiert war. Aber er gab die Befehle, und er muß beruhigt gestorben sein, in dem Gefühl, das letzte Geleit eines Kaisers zu erhalten.

Bei Napoleon ist die Sache deswegen so klar, weil er ein Kaiser gewesen war. Auch das war eine Fiktion – aber unterstützt durch die Gesellschaft. Nichts hatte sich geändert, Napoleon war der gleiche, nur die Unterstützung war verschwunden. Es ist schwer zu verstehen: Es gibt Fiktionen, bei denen die Gesellschaft dich unterstützt, es gibt Fiktionen, bei denen dich niemand unterstützt. Das ist der Unterschied zwischen einem Normalen und einem Wahnsinnigen: Der Normale ist jemand, dessen Fiktion durch die Gesellschaft unterstützt wird, er hat die Gesellschaft manipuliert, seine Fiktion zu unterstützen. Ein Wahnsinniger ist jemand, dessen Fiktion niemand stützt; er ist allein, also müßt ihr ihn ins Irrenhaus stecken.

Aber eure Unterstützung macht die Sache nicht wirklich – wenn es eine Fiktion ist, ist es eine Fiktion. Wenn du dich selbst anschaust, wirst du augenblicklich spüren, daß du niemand bist, nichts Bedeutendes bist. Aber dann wird dir der ganze Boden, die Basis unter den Füßen weggezogen; du bist in einem Abgrund. Besser nicht hinschauen – mach einfach weiter mit deinen Träumen. Es mögen Träume sein, aber sie helfen dir, geistig normal zu leben.

Nicht nur dich selbst kannst du nicht ansehen, du kannst auch den anderen nicht ansehen, denn der andere steht auch nur für etwas anderes. Du wickelst auch den anderen nur in Fiktionen ein: Durch Haß erzeugst du die Fiktion, daß der andere ein Teufel ist. Durch Liebe erzeugst du die Fiktion, daß der andere ein Engel ist oder ein Gott. Du hüllst auch den anderen in Fiktionen ein; du kannst nicht direkt hinsehen, du kannst nicht hindurchsehen, deine Wahrnehmung ist nicht unmittelbar. Du lebst in einer *maya*, in einer Illusion, von dir selbst geschaffen. Was immer du also siehst, ist übertrieben: Wenn du einen Menschen haßt, wird er sofort zum Teufel; wenn du jemanden liebst, wird er sofort ein Gott. Du übertreibst. Wenn du Übles siehst, dann übertreibst du und machst es zum Übel schlechthin; wenn du Gutes siehst, wird es zum Guten schlechthin, zum Gott.

Aber es ist schwierig, diese Fiktionen aufrecht zu erhalten. Also müßt ihr alles immer wieder verändern. Warum seid ihr so übertrieben in euren Wahrnehmungen? Warum seht ihr nicht klar, was *da* ist? Weil ihr Angst habt, klar zu sehen. Ihr möchtet Wolken drumherum, damit alles in einem Nebel bleibt. Ihr wollt, daß ihr euch nicht erkennt. Und all diejenigen, die erkannt haben, fordern: „Erkenne dich selbst!". Buddha, Jesus, Sokrates – sie fordern immer wieder: „Erkenne dich selbst!" Religion fordert nur eins: dich selbst zu erkennen.

Und ihr besteht darauf, euch *nicht* zu erkennen. Und manchmal spielt ihr sogar das Spiel der Selbsterkenntnis. Mir laufen viele Leute über den Weg, die das Spiel spielen, sich selbst zu erkennen; dabei wollen sie es gar nicht wissen. Dies ist ein Spiel: Jetzt wollen sie wieder eine neue Fiktion kreieren, diesmal eine religiöse Fiktion. Und sie kommen zu mir, weil ich sie darin bestätigen soll. Sie sagen: „Ich habe dies erkannt, ich habe jenes erkannt." – und sie schauen mich an, und ihre Augen betteln.

Wenn ich sage: „Ja, du hast es erfahren." – dann fühlen sie sich bestätigt, gehen sie zufrieden davon. Und wenn ich nein sage, werden sie unzufrieden, kommen sie nie wieder zu mir zurück. Sie verschwinden einfach, weil sie jemand anders finden müssen, irgendeine andere Autorität. Aber warum sucht ihr nach einer Autorität, warum braucht ihr einen Zeugen? Wenn ihr etwas erkannt habt, habt ihr es erkannt – keine Autorität ist nötig. Denn die Erfahrung selbst spricht für sich.

Wenn du deine Seele erkennst, brauchst du nicht die Anerkennung, die Bescheinigung eines anderen. Selbst wenn die ganze Welt sagt, daß du nicht erkannt hast, macht das nichts; eine Abstimmung ist nicht nötig, du *weißt*, es ist geschehen. Wenn ein Blinder zu sehen anfängt, braucht er nicht anderer Leute Zeugnis, daß er jetzt sehen kann – er kann sehen. Das genügt. Aber wenn der Blinde träumt, daß er sehen kann, dann wird er irgendeine Autorität brauchen, um die Tatsache zu besiegeln, daß dies wahr ist: Er kann sehen.

Die Leute spielen Spiele, und es gibt sogar spirituelle Spiele. Und solange ihr nicht aufhört zu spielen und nüchtern feststellt, daß Fiktionen aufgegeben werden müssen, und man sich der harten Wahrheit so stellen muß, wie sie ist, solange ist nichts möglich – weil dies die Tür ist. Und wenn niemand dich stützt, dann stützt du dich selbst. Dann hörst du auf, mit Leuten zu reden, weil sie dich nicht verstehen können.

Vor ein paar Monaten kam ein Mann zu mir, und er sagte: „Du kannst verstehen. Niemand kann mich verstehen, weil ich jede Nacht Botschaften von Gott bekomme." Und er brachte einen großen Stoß Akten mit – Unsinn! Aber er glaubt, daß er Botschaften von Gott empfängt, und er glaubt, dies sei der neueste Koran. Nach Mohammed hat niemand Botschaften empfangen – jetzt ist der Koran überholt. Wenn Mohammedaner davon hörten, würden sie ihn töten, denn sie glauben an eine andere Fiktion, und er versucht, ihre Fiktion zu zerstören. Dieser Mann also, der Botschaften von Gott empfängt – er war ganz nervös und zitterte und blickte mich an, was ich wohl sagen würde, denn alle Leute, die er trifft, lachen und denken: „Bist du verrückt geworden?" – also sagte er: „Ich weiß, daß du ein Mann bist, der erkannt hat." – Jetzt will er mich bestechen! – Und bettelte unentwegt: „Sag einfach ‚Ja, es stimmt.' "

Aber ich sagte: „Wenn Gott dir Botschaften gibt, brauchst du nicht zu mir zu kommen. Gott reicht."

Da wurde er etwas nachdenklich und verwirrt. Und er sagte: „Wer weiß? Es ist ja vielleicht nur mein Verstand, der mir einen Streich spielt." Das weiß er sehr genau. Jedesmal, wenn du trickreich bist, weißt du es tief drinnen, braucht niemand dich erst darauf hinzuweisen – aber du möchtest verbergen, daß es so ist.

Ich sagte ihm: „Das ist ein Wahn!" Danach ist er nie wieder zu mir zurückgekommen – jetzt bin ich nicht mehr einer, der erkannt hat! Er wollte einen Kuhhandel: Wenn ich sage, ja, du bekommst Botschaften, dann wäre er hingegangen und hätte gesagt: „Dieser Mann ist erleuchtet!"

Wenn ich eure Fiktion akzeptiere, dann könnt ihr meiner Fiktion nachhelfen; und das ist das Abmachungsspiel, das überall läuft. Und dies Spiel ist so befriedigend, daß ihr es nicht abbrechen wollt. Aber eine tiefe Unzufriedenheit folgt darauf, wie ein Schatten; sie folgt zwangsläufig, weil die ganze Sache eine Fiktion ist.

Ein Bettler, der glaubt, daß er Kaiser ist, weiß, daß er ein Bettler ist. Dies ist das Problem: Er denkt, er ist Kaiser, er gibt vor, er ist Kaiser, und tief drinnen weiß er, daß er ein Bettler ist – er fühlt sich sehr zufrieden, was die Kaiserschaft betrifft, aber eine tiefe Unzufriedenheit folgt wie ein Schatten, daß „ich nur ein Bettler bin". Dies ist euer Problem: Ihr legt euch etwas über euch selbst zurecht, und ihr wißt, es ist nicht wahr.

Du hast nie geliebt, du hast nur so getan. Du bist nie ehrlich gewesen, du hast nur so getan. Du bist niemals wahr gewesen, du hast nur so getan – dein ganzes Leben ist eine lange Reihe von Vortäuschungen. Und jetzt... aber du hast soviel Leben daran verschwendet, daß es dir zuviel wird, jetzt einzugestehen, daß die ganze Sache nur eine Fiktion war... jetzt denkst du: „Irgendwie halt ich es bis zum bitteren Ende aus." Aber wenn du nicht damit aufhörst, wird es dir nichts geben, selbst wenn du es bis zum bitteren Ende durchhältst. Es ist einfach eine Verschwendung; es ist pure Verschwendung, und am Ende bricht die ganze Frustration durch.

Darum wird der Tod so schwer. Der Tod hat nichts Gefährliches an sich. Er gehört zum Schönsten, was es auf der Welt gibt – du gehst einfach schlafen! Und alles geht schlafen: Ein Samenkorn sprießt, und dann ist ein Baum da; und dann wieder kommen Samen, und sie fallen zu Boden, und sie gehen schlafen; dann kommen sie wieder. Nach jeder Tätigkeit ist ein Ausruhen nötig. Das Leben ist eine Tätigkeit, der Tod ist ein Ausruhen. Er muß sein, damit neues Leben aus ihm entstehen kann. Nichts ist verkehrt am Tod. Nichts ist gefährlich am Tod.

Aber warum hat jeder so viel Angst vorm Sterben? Weil im Augenblick des Todes all eure Fiktionen verschwinden werden; im Augenblick des Todes werdet ihr erkennen, daß das ganze Leben umsonst war. Warum sagen die Leute, daß der Mensch im Tod sein ganzes Leben sehen wird? Es ist so, es stimmt: Im Augenblick des Todes muß ein Mensch seinem ganzen Leben ins Gesicht sehen, denn jetzt gibt es keine Zukunft mehr, kann man keine Fiktionen mehr ausdenken.

Fiktionen brauchen Zukunft, weil Fiktionen aus der Hoffnung kommen, weil Fiktionen für das Morgen sind. Der Tod macht die Tatsache klar, daß es jetzt kein Morgen mehr gibt; alle Morgen sind vorbei, jetzt ist keine Zukunft da. Wohin kannst du träumen? Wohin kannst du deine Fiktionen jetzt projizieren? Wohin mit dir? Plötzlich steckst du fest. Und dein ganzes Leben lang hast du dir Fiktionen für die Zukunft ausgedacht. Jetzt steckst du fest, gibt es keine Zukunft. Wohin willst du blicken? Du *mußt* auf die Vergangenheit blicken. Und im Augenblick des Todes verschwindet die Gesellschaft; du mußt auf dich selber blicken, es gibt nichts sonst. Dann endlich hast du die schmerzliche, die qualvolle Erkenntnis, ein ganzes Leben vertan zu haben.

Wenn dir das vor dem Tod passieren kann, wirst du ein religiöser Mensch. Ein religiöser Mensch ist einer, der *vor* dem Tod realisiert, was jeder erst *im* Tod realisiert. Ein religiöser Mensch ist einer, der schon zu Lebzeiten hingeschaut hat – in die Vergangenheit geschaut hat, das ganze Spiel durchschaut hat, die Fiktivität des

Lebens erkannt hat – der in sich selbst hineingeschaut hat.

Wenn du in dich selbst hineinschaust, ist die Verwandlung gewiß, absolut gewiß, weil die Fiktion, sobald sie einmal als Fiktion durchschaut wird, allmählich aufhört. Eine Fiktion muß, um aufrecht erhalten zu werden, als Tatsache aufrecht erhalten werden; selbst eine Unwahrheit, wenn sie aufrecht erhalten werden soll, muß für wahr gehalten werden. Im gleichen Augenblick, wo du erkennst und dir die Tatsache klar wird, daß dies unwahr ist, zieht es sich allmählich zurück – es ist dir bereits aus den Händen geschlüpft, du kannst es nicht festhalten. Um den Traum fortsetzen zu können, muß man glauben, daß es kein Traum ist, daß es Realität ist. Im Augenblick, wo du gewahr wirst, daß dies ein Traum ist, verschwindet der Traum bereits.

Ihr gebt euch alle Mühe, *nicht* zu erkennen. Ihr weicht aus. Darum fühlt ihr euch niemals wohl, wenn ihr allein seid. Selbst wenn ihr in den Himalaja geht, nehmt ihr euer Radio mit, und das Radio bringt die ganze Welt mit; selbst wenn ihr in den Himalaja geht, sind eure Frau, eure Freunde, eure Kinder bei euch. Ihr macht Urlaub, aber nie wirklich Urlaub – ihr nehmt euer ganzes Klima mit an den Strand, mit in die Berge, und wieder seid ihr mitten in dem ganzen Unsinn drin.

Es geschah einst: Ein schiffbrüchiger Seemann erreichte eine verlassene Insel. Fünf Jahre lang mußte er dort leben – kein Schiff kam vorbei. Er baute sich eine kleine Hütte, er lebte dort, aber er dachte ständig an die Welt. Alles war friedlich wie noch nie. Er hatte nie gewußt, nicht einmal geträumt, daß ein solcher Frieden möglich ist. Die Insel war völlig verlassen. Es war niemand da – das war das einzige Problem. Im übrigen gab es alles: Die Bäche waren schön, die Bäume waren voller Früchte; er konnte essen, er konnte ruhen; es gab keine Sorgen, niemand, um den er sich sorgen mußte, niemand, der Probleme machen konnte.

Und er hatte immer geglaubt, eines Tages würde er gern eine friedliche Ecke finden – und plötzlich war er da! Aber es war unerträglich. Stille *ist* unerträglich, man muß sie ertragen können – sie kann dich töten.

Es war zuviel für den Mann. Und er war ein Architekt, und so fing er an, einfache Dinge zu bauen. Einfache, kleine Dinge, einfach nur, um sich beschäftigt zu halten. Er baute eine kleine Straße, und er benannte die Straße; er baute nicht nur *eine* Kirche, er baute gleich zwei Kirchen – eine in der Nähe seines Hauses, eine andere am anderen Ende der Stadt; er machte kleine Läden, wo man einkaufen gehen konnte. Er schuf die ganze Stadt.

Und nach fünf Jahren, als ein Schiff kam und in der Bucht Anker warf, war er sehr glücklich. Ein kleines Boot kam mit einem Mann an die Küste. Er rannte von seiner Hütte zur Küste, ganz aufgeregt, daß er jetzt wieder in die Welt gehen würde. Aber er mußte sehr staunen, als der Mann, der aus dem Boot stieg, ein großes Bündel Zeitungen brachte, und er sagte: „Was sollen diese Zeitungen? Warum hast du sie mitgebracht?"

Und der Kapitän des Schiffes sagte: „Sieh erst diesen Stapel durch, guck dir an, was in der Welt passiert ist, und dann sag uns, ob du immer noch gerettet werden willst."

Der Mann warf die Zeitungen ins Meer und sagte: „Red keinen Quatsch! Aber bevor ich ins Boot steige, möchte ich dir gern erst meine Stadt zeigen."

Und so zeigte er ihm die Stadt. Aber der Mann wunderte sich, als er ihm die zweite Kirche zeigte, und fragte: „Ich verstehe, warum du dir *eine* Kirche zum Beten gebaut hast, aber warum diese andere?"

Und so sagte er: „Das hier ist die Kirche, in die ich gehe. Und das dort ist die Kirche, in die ich nicht gehe."

Ihr braucht zwei Kirchen, mindestens zwei Religionen, weil der Kopf eine Dualität ist: Das hier ist die Kirche, zu der ich ja sage, und das dort ist die Kirche, zu der ich nein sage. Das dort ist die falsche Kirche, und die falschen Leute gehen rein – die, die nicht zu mir gehören. Dabei ist er allein! Aber er hat die ganze Welt geschaffen. Und er hat es eilig, in die Welt zurückzugehen, er will sich gar nicht erst die Zeitungen ansehen. Und er tat gut daran, denn sobald man sich die Zeitungen ansieht, möchte man nicht mehr gerettet werden.

Seht euch eure Zeitungen an! Was passiert in der Welt? Lohnt es sich, in ihr zu leben? Aber ihr lest nur, ihr schaut nicht hin. Euer Lesen ist kein Hinschauen. Ihr lest nur verschlafen. Ihr realisiert nicht, was in der Welt geschieht, was der Mensch den Menschen angetan hat, was der Mensch den Menschen ständig antut: so viel Gewalt, so viel Idiotie, so viel Vergiftung von allem, was Wert hat, von allem, was schön und wahr und gut ist – alles vergiftet. Möchtet ihr wirklich darin leben? Wenn ihr *hinschaut,* dann fällt die Entscheidung, darin zu leben, schwer. Besser also nicht hinschauen – beweg dich einfach so, als wärst du hypnotisiert.

Um sich nicht selbst anschauen zu müssen, ist eine andere Technik in Gebrauch, von der Jesus in diesem Sutra spricht. Und diese Technik ist: Suche im andern nach allem Verkehrten, so daß du daraus schließen kannst, daß du gut bist. Es gibt zwei Wege, gut zu sein: *Sei* gut – das ist schwierig; und dann der andere Weg, gut zu sein, der ist relativ: Beweise, daß der andere unrecht hat. Du brauchst nicht gut zu sein, beweise nur, daß der andere im Unrecht ist. Das gibt dir ein Gefühl, gut zu sein.

Darum beweisen wir ständig, daß der andere der Dieb ist, daß der andere der Mörder ist, der andere das Übel ist. Und dann, wenn du bewiesen hast, daß jeder falsch liegt, hast du plötzlich das Gefühl, gut zu sein. Das ist ein relatives Phänomen: Nicht nötig, dich selbst zu verändern, beweise einfach, daß der andere schlecht ist. Und das ist sehr leicht – nichts ist so leicht wie dies. Du kannst die Schlechtigkeit im anderen vergrößern; und du *kannst* sie vergrößern, und niemand kann dich daran hindern. Und gemessen an dieser vergrößerten, projizierten Schlechtigkeit, diesem Übel, siehst du einfach unschuldig aus. Darum wendest du auch nie etwas dagegen ein, wenn jemand über einen anderen sagt, daß er ein schlechter Mensch ist, nie; du akzeptierst es einfach. Im Gegenteil, du sagst: „Ich habe immer gewußt, das es so ist!" Aber wenn jemand etwas Gutes über einen anderen sagt, bestreitest du es, verlangst du Beweise.

Ist euch schon aufgefallen, daß es Millionen von Menschen gibt, die sagen: „Wir wollen an Gott glauben, aber gib uns erst Beweise!" Aber niemand hat bisher ein Buch geschrieben, das Beweise für den Teufel fordert. Niemand! Niemand fordert irgendeinen Beweis für den Teufel. Niemand sagt: „Ich werde nur an den Teufel glauben, wenn du ihn mir beweist." Nein, den Teufel, das wißt ihr bereits, den gibt es überall. Nur Gott bleibt aus, den gibt es nicht.

Warum braucht das Gute Beweise und das Schlechte keine Beweise? Beobachtet diese Tendenz, und ihr werdet eine schöne Entdeckung machen, auf eines der Mysterien des menschlichen Geistes stoßen. Tief drinnen sucht jeder danach, gut zu sein; aber es ist schwer. Was also tun? Beweise, daß der andere schlecht ist. „Du bist schlechter als ich – dann bin ich wenigstens ein bißchen gut!"

Jesus sagt:
„Den Splitter in deines Bruders Auge,
den siehst du,
aber den Balken in deinem Auge,
den siehst du nicht.

Wenn du den Balken aus deinem Auge ziehst,
dann wirst du klar sehen,
um den Splitter aus deines Bruders Auge zu ziehen."

Ihr seht den andern immer nur als Dunkelheit. Das mag euch das illusorische Gefühl geben, daß ihr hell seid, aber das kann euch keine Helligkeit geben. Und wenn ihr versucht, den anderen zu erhellen, weil ihr glaubt, daß er in Dunkelheit ist, macht das die Sache nur schlimmer – denn das heißt, dem Schaden noch Spott hinzufügen. Denn erstens ist die Dunkelheit eure Projektion, und zweitens seid ihr nicht selber hell, ihr könnt den andern nicht erhellen.

Leute also, die versuchen, die Gesellschaft zu transformieren, sind Übeltäter. Leute, die den anderen verändern wollen, sind immer gefährlich. Sie sind auf sehr subtile Weise Mörder. Und ihr Mord ist so subtil, daß er nicht zu greifen ist. Sie töten dich nicht direkt, sondern sie verkrüppeln dich, sie beschneiden dich – und zwar „zu deinem eigenen Guten", so daß du nichts gegen sie sagen kannst. Eure sogenannten Heiligen versuchen nichts anderes, als die Dunkelheit zu zerstören, die gar nicht in euch ist, die vielleicht gar nicht in euch ist, die sie aber in euch hineinsehen. Sie sehen in euch eine Hölle, weil das der einzige Weg ist, sich himmlisch zu fühlen und zu sehen.

Mulla Nasrudin starb. Er klopfte an die Himmelstür. Der heilige Petrus öffnete die Tür, sah Nasrudin an und sagte: „Aber ich erwarte heute niemanden. In meiner Reservierung steht heute kein Name. Niemand soll heute kommen. Wie also...? Du überraschst mich. Wie bist du hergekommen? Sprich deinen Namen laut! Buchstabiere ihn, damit ich nachprüfen kann."

Also buchstabierte Nasrudin seinen Namen laut: „M-U-L-L-A N-A-S-R-U-D-I-N." Der heilige Petrus verschwand, sah in seiner Liste nach, aber an dem Tag sollte niemand kommen.

Er kam zurück, und er sagte: „Sag mal! Du wirst heute hier nicht erwartet. Du bist erst in zehn Jahren fällig. Sag mir also, wer dein Arzt ist!"

Ärzte können vor der Zeit töten; Wohltäter können dich töten, bevor du fällig bist, und Wohltäter sind immer gefährlich. Aber ihr seid alle Wohltäter, große oder kleine, jeder auf seine Art. Jeder will den anderen verändern, weil jeder glaubt, daß der andere im Unrecht ist; jeder will die Welt verändern. Und dies ist der Unterschied zwischen einer politischen und einer religiösen Einstellung.

Ein politischer Kopf will immer die Welt verändern, weil er sich nicht vorstellen kann, daß mit ihm selbst etwas verkehrt ist – die ganze Welt ist verkehrt. Wenn er verkehrt ist, dann deshalb, weil die ganze Welt verkehrt ist, und weil die ganze Situation so verkehrt ist. Natürlich ist er verkehrt – sonst wäre er ein Heiliger. Ein religiöser Mensch kommt genau vom anderen Ende her. Er denkt: „Weil ich verkehrt bin – *darum* ist die ganze Welt verkehrt. Denn ich steure zu dem Übel in ihr bei. Durch mich ist die Welt verkehrt. Solange *ich* mich nicht verändere, kann es keine Veränderung geben."

Der Politiker fängt bei der Welt an; er erreicht nie ein Ziel, weil die Welt so groß ist – und die Welt auch gar nicht das Problem ist. Er schafft nur noch mehr Probleme: Durch seine Medizin entstehen noch viel mehr Krankheiten, als es schon vorher gab; durch seine Anstrengungen erzeugt er mehr Elend. Ein religiöser Mensch verändert sich selbst. Er verändert *nur* sich selbst, denn das ist das einzige, was möglich ist.

Du kannst nur dich selbst verändern, und im gleichen Augenblick, wo du dich verändert hast, beginnt sich die Welt zu verändern. Denn du bist ein lebensnotwendiger Teil von ihr. Und wenn du erleuchtet bist, verändert, total verändert – wirst du noch lebensnotwendiger; jetzt hast du die höchste Energie in dir. Ein Buddha sitzt einfach unter seinem *bodhi*-Baum, und die Welt wird transformiert. Und die Welt wird niemals wieder so sein, wie sie vor Buddha war.

Ein Jesus wird gekreuzigt, aber das wird ein Meilenstein: Von dem Tag an teilt sich die Geschichte. Die Geschichte wird nie wieder sein, was sie war. Es ist also gut, daß wir die Jahre am Namen von Jesus kenntlich machen, wir sagen: „Vor Christi Geburt, nach Christi Geburt." Es ist gut, denn vor Christus existierte eine völlig andere Menschheit; nach Christus kam eine andere Menschheit. So lebenswichtig ist dies Phänomen: Wann immer ein Christus erscheint, wann immer ein Bewußtsein so hoch steigt, wie das Bewußtsein von Jesus, wird das Bewußtsein aller anderen gleichzeitig davon berührt. Sie steigen auf, sie bekommen auch einen Schimmer – und sie können nie wieder die gleichen sein, es gibt keinen Weg zurück zur gleichen alten Ebene.

Ein religiöser Mensch verwandelt sich einfach: Aber die Verwandlung ist nur möglich, wenn du hinschaust. Die Verwandlung ist nur möglich, wenn du die Fiktionen aufgibst. Wenn du deine „Niemandhaftigkeit" erkennst, wenn du deine Nichtigkeit erkennst, wenn du dein unauthentisches Leben erkennst, fällt es augenblicklich von dir ab.

Wissen *ist* Revolution – nicht das Wissen, das du durch den Verstand erwirbst, sondern das Wissen, das du besitzen wirst, wenn du dir selbst begegnest. Das Wissen um dich selbst ist eine verwandelnde Kraft, es braucht sonst nichts zu geschehen. Dies muß verstanden werden. Die Leute denken: „Erst wollen wir erkennen, und dann wollen wir uns verändern." Nein! Im gleichen Augenblick, wo du erkennst, vollzieht sich die Veränderung. Das Wissen selbst verändert; es ist nicht so, daß du erst weißt, und dann etwas unternimmst, um dich zu ändern. Das Wissen ist keine Methode, es ist kein Mittel – dies Wissen ist das Ziel an sich.

Aber „Wissen", so wie ich das Wort benutze, bedeutet Selbsterkenntnis... alles andere Wissen ist nur ein Mittel: Erst mußt du das know-how lernen, und dann mußt du etwas damit unternehmen. Aber Wissen als Selbsterkenntnis hat eine absolut andere Qualität: Du weißt, und dies Wissen selbst verändert dich.

Laß die Fiktionen fallen. Hab den Mut, dich selbst zu erkennen. Laß die Angst fallen und versuche nicht, vor dir selbst zu fliehen.

Und Jesus sagt: *„Wenn du den Balken aus deinem*

Auge ziehst, dann wirst du klar sehen." Nur, wenn die Fiktionen aufgegeben worden sind! Sie sind zum Balken in deinem Auge, sie sind zum Nebel, zum Rauch, zur Wolke in deinem Auge geworden. Du kannst nicht klar sehen, du kannst nichts klar sehen. Alles ist verschwommen. Wenn der Balken aus deinem Auge entfernt ist, wirst du klar sehen. Klarheit muß das Ziel sein – einfach Klarheit der Augen, so daß du direkt hinschauen kannst, zum Tatsächlichen vordringen kannst, ohne es erst in eine Projektion zu kleiden – aber sehr schwer, weil du so automatisch darin geworden bist, so mechanisch.

Du siehst auf eine Blume, und sofort fängt dein Verstand an zu reden: „Eine schöne Blume, noch nie gesehen." Irgendein Gedicht, geborgt natürlich, kommt hoch. Die Blume entgeht dir, es fehlt die Klarheit. Worte vernebeln – kannst du die Blume nicht sehen, ohne sie zu benennen? Ist das Benennen ein Muß? Hilft es in irgendeiner Weise, die Blume zu benennen? Wird die Blume schöner, wenn du das botanische Wissen über sie hast? Was ist der Unterschied zwischen einem Botaniker und einem Dichter: Ein Botaniker *kennt* die Blume, der Dichter *er*kennt die Blume. Der Botaniker ist einfach unwissend – er weiß viel, aber alles ist drumherum. Der Dichter *sieht*.

Im Sanskrit gibt es nur *ein* Wort für *rishi* und *kavi*, den Seher und den Dichter. Es sind nicht zwei Wörter, weil es im Sanskrit heißt, daß jeder, der wirklich ein Dichter ist, auch ein Seher ist; wann immer ein Seher erscheint, ist er ein Dichter. Klarheit... dann wird das Leben zur Dichtung. Aber dann mußt du auf die Blume schauen, ohne sie zu benennen – ob es eine Rose ist oder wohl etwas anderes?

Warum sind Wörter nötig? Warum sagt ihr: „Sie ist schön."? Könnt ihr die Schönheit nicht sehen, ohne es zu sagen? Ist es nötig, zu wiederholen, daß sie schön ist? Was heißt es, daß ihr es wiederholt? Das heißt, daß die Blume nicht genügt – ihr braucht einen Anstoß, daß sie schön ist, erst dann könnt ihr Schönheit um sie herum erzeugen. Ihr seht nicht die Blume, die Blume ist nur die Leinwand, auf der ihr die Schönheit projiziert.

Seht auf die Blume, ohne etwas zu sagen. Es wird schwer werden, der Verstand wird sich nicht wohl dabei fühlen, weil es ihm zur Gewohnheit geworden ist. Er ist ständig am Schnattern. Sieh auf die Blume, mach eine Meditation daraus. Sieh auf den Baum und benenne ihn nicht, und sage *überhaupt* nichts. Es ist nicht nötig; der Baum ist da – wozu...?

Ich habe gehört, es geschah: Laotse, einer der größten chinesischen Mystiker, hatte die Gewohnheit, jeden Morgen einen Spaziergang zu machen. Ein Nachbar schloß sich ihm oft an, aber der Nachbar wußte, daß Laotse ein Mann ohne Worte war. Jahrelang folgte ihm also der Nachbar auf dem Morgenspaziergang, aber er sprach nie ein Wort, sagte nie etwas. Eines Tages hatte der Nachbar Besuch, einen Gast. Und dieser wollte ebenfalls kommen. Der Nachbar sagte: „Sag nichts, denn Lao Tse möchte unmittelbar leben. Sprich kein Wort!"

Sie gingen, und der Morgen war so schön, so still, die Vögel sangen, und nur aus Gewohnheit sagte der Gast: „Wie schön!" Nur so viel, nicht viel; für einen Spaziergang von einer Stunde ist das nicht sehr viel: „Wie schön!" Aber Laotse sah ihn an, als hätte er eine Sünde begangen.

Wieder daheim auf der Türschwelle, sagte Laotse zu dem Nachbarn: „Komm nie wieder, und bring niemand mehr. Dieser Mann scheint mir allzu gesprächig zu sein." Und er hatte nur gesagt: „Wie schön!" Zu gesprächig... Und Laotse sagte: „Der Morgen *war* schön, er war so still. Dieser Mann hat die ganze Sache gestört."

„Wie schön!" – es fiel wie ein Stein in einen stillen Teich. Das „Wie schön!" fiel wie ein Stein in einen stillen Teich und schlug überall Wellen.

Meditiere an einem Baum, meditiere mit den Sternen, mit dem Fluß, mit dem Meer; meditiere auf dem Markt, wo die Leute vorbeigehen – sage nichts. Urteile nicht, benutze keine Wörter. Schau einfach. Wenn du deine Wahrnehmung klären kannst, wenn du eine Klarheit des Blicks gewinnen kannst, ist alles getan. Und sobald diese Klarheit erreicht ist, wirst du fähig sein, dich selbst zu sehen. Selbsterkenntnis geschieht nur einem klaren Geist, nicht einem Geist, der mit Wissen erfüllt ist, nicht einem Geist, der mit Urteilen über Gut und Schlecht gefüllt ist; nicht einem Geist, der mit Schönheit und Häßlichkeit gefüllt ist, sondern einem Geist, der ohne Worte ist. Selbsterkenntnis geschieht nur einem wortlosen Geist. Sie ist immer da, nur brauchst du eine Klarheit des Geistes, um sie wahrzunehmen, so daß sie sich spiegeln kann; du brauchst einen spiegelklaren Geist, so daß die Widerspiegelung wirklich wird. Sobald dies geschieht, kannst du deinem Nachbarn helfen, niemals zuvor. Gib also keinem gute Ratschläge! All deine guten Ratschläge sind gefährlich, weil du nicht weißt, was du tust.

Versuche nicht, andere zu verändern, nicht einmal deinen Sohn, nicht einmal deinen Bruder. Niemand hat dein Eingreifen nötig, denn du bist gefährlich. Du kannst verkrüppeln, du kannst töten, du kannst verstümmeln, aber du kannst nicht zur Transformation verhelfen. Solange *du* nicht transformiert wirst, misch dich nicht ins Leben eines anderen. Wenn du voller Licht bist, kannst du helfen. Wirklich, dann braucht man sich keine Mühe zu geben, um zu helfen. Das Helfen strömt aus dir, so wie das Licht aus einer Lampe strömt oder der Duft aus einer Blume kommt oder der Mond in der Nacht scheint – ohne Mühe für den Mond, es strömt einfach natürlich.

Jemand bat Basho, einen Zen-Meister: „Sag etwas zu deinen Vorträgen. Du redest immerfort, und dennoch redest du *gegen* Wörter. Du redest immerfort, und mit diesem Reden redest du gegen die Wörter und gegen das Reden. Also sag etwas dazu!"

Was sagte Basho? Basho sagte: „Andere reden – ich blühe!"

Es ist keine Mühe da; so ist es ein Blühen, so ist es genau wie eine Blume, die blüht; es ist keine Mühe da zu blühen. Ein Basho spricht, ein Buddha spricht – ohne Mühe, es geschieht einfach! Es ist etwas Natürliches, wenn Buddha spricht. Wenn *du* sprichst, ist es nichts Natürliches, kommen andere Dinge ins Spiel: Du möchtest dem anderen imponieren, du möchtest den anderen verändern; du möchtest den anderen kontrollieren, manipulieren, du möchtest den anderen beherrschen; du möchtest den Eindruck erwecken, daß du ein Mann von Wissen bist – du möchtest dein Ego füttern. Viele andere Dinge spielen mit. Du blühst nicht. Es ist ein großes politisches Spiel, wenn du redest, es steckt eine Strategie darin, eine Taktik.

Aber wenn ein Basho redet, blüht er. Wenn jemand da ist, hat er etwas davon – aber es ist nicht die Absicht, daß jemand etwas davon hat, und das kann sich mühelos ergeben. Die Blume blüht nicht für dich. Wenn du auf dem Weg daherkommst, erreicht dich der Duft, du kannst ihn genießen, du kannst dich ekstatisch fühlen, du kannst dankbar sein – aber die Blume hat niemals für *dich* geblüht, die Blume ist einfach aufgeblüht.

Ein Buddha blüht auf, ein Jesus blüht auf, und der ganzen Welt ist geholfen. Und ihr versucht ständig, anderen zu helfen, und niemandem ist geholfen. Stattdessen schadet ihr. Die Welt wäre besser dran, wenn sich nicht zu viele Übeltäter in ihr herumtrieben, die sie verändern und transformieren wollen. Alle Revolutionen haben einfach nur geschadet, und jede Reform hat nur tiefer in den Schlamassel geführt.

D.H. Lawrence schlug einmal vor, daß es hundert Jahre lang keine Revolutionen geben dürfe, daß wir alle Universitäten schließen sollten, daß wir mit allen Reformen und allem Gerede darüber aufhören sollten, und hundert Jahre lang wie Primitive leben sollten. Der

Vorschlag ist wunderschön. So kann die Menschheit wieder lebendig werden, so kann die Energie aufsteigen, und können die Menschen Klarheit gewinnen.

Die Wörter haben benebelt, sie sind eine zu große Last geworden, und ihr schleppt so viel Wissen mit euch, daß ihr nicht zum Himmel auffliegen könnt. Ihr seid sehr überladen, ihr seid nicht schwerelos, eure Flügel sind nicht frei. Und ausgerechnet an das, was euch zu Gefängnissen und Fesseln geworden ist, daran klammert ihr euch, weil ihr glaubt, daß es sehr wertvoll ist. Wertloses Zeug! Nicht nur wertlos, gefährlich für euch: Wörter, Schriften, Wissen, Theorien, „ismen" – sie alle verkrüppeln euch. Klarheit ist dadurch nicht zu gewinnen. Tut alle Schriften beiseite, tut alles Urteilen beiseite.

Schaut auf das Leben wie ein Kind, das nicht weiß, was es da anschaut, das nur schaut – und dieses Schauen wird euch eine neue Wahrnehmung geben, die neue Wahrnehmung, von der Jesus spricht. Ich will die Worte wiederholen:

> *„Den Splitter in deines Bruders Auge,*
> *den siehst du,*
> *aber den Balken in deinem Auge,*
> *den siehst du nicht.*
>
> *Wenn du den Balken aus deinem Auge ziehst,*
> *dann wirst du klar sehen,*
> *um den Splitter aus deines Bruders Auge zu ziehen."*

Nur das kann helfen. Wenn du dir selbst ein Licht wirst, wirst du anderen ein Licht. Aber das ist ein Aufblühen, und jeder hat etwas davon – bewußt oder unbewußt, jeder hat etwas davon. Du wirst zu einem Segen.

Kapitel 10

Einfach genießen

Jesus sagte:
„Ein Mann kann unmöglich
zwei Pferde besteigen
und zwei Bogen spannen.

Und ein Diener kann unmöglich
zwei Herren dienen;
denn sonst ehrt er den einen
und beleidigt den anderen."

Jeder sitzt bereits auf zwei Pferden. Jeder spannt zwei Bogen – nicht nur zwei, sondern viele. So entsteht innere Qual, so kommt es, daß ihr ständig in Angst seid. Die Angst zeigt, daß ihr irgendwie zwei Pferde bestiegen habt. Wie könnt ihr euch dabei wohlfühlen? Unmöglich – weil zwei Pferde in zwei Richtungen gehen, und ihr nirgendwo hinkommt.

Auf einem Pferd kommst du vom Fleck, kannst du irgendwo hinkommen. Auf zwei Pferden kommst du nicht vom Fleck, sie negieren sich gegenseitig, und du kommst nirgendwo hin. Und das ist die Angst – daß du nirgendwo ankommst. Tief drinnen ist das deine Angst: daß dir das Leben aus der Hand schlüpft. Die Zeit wird knapper und knapper, der Tod kommt näher, und du kommst nirgendwo an, als ob du ein stagnierender Teich wärst, der einfach nur immer mehr austrocknet und abstirbt; kein Ziel, keine Erfüllung... Aber warum passiert das? Weil du versucht hast, das Unmögliche zu tun.

Versuche, den Verstand zu verstehen, so wie er in dir funktioniert, und dann wirst du verstehen können, was Jesus meint. Du möchtest so frei sein wie ein armer Mann, weil nur ein armer Mann frei sein kann – weil er keine Last hat, weil er nichts zu beschützen hat, weil man ihm nichts rauben kann. Er ist angstlos. Man kann ihm nichts wegschnappen, weil er nichts hat; mit nichts geht es ihm gut; mit nichts als Eigentum kann nichts ihm gestohlen werden. Niemand ist sein Feind, weil er für niemanden Rivale ist, er konkurriert mit niemand.

Du möchtest so frei sein wie ein armer Mann, wie ein Bettler, aber du möchtest auch so behütet sein wie ein reicher Mann, so sicher wie ein Kaiser. Der reiche Mann ist sicher, der reiche Mann ist geschützt, er fühlt sich verwurzelt. Äußerlich hat er alle Vorkehrungen getroffen, ist er nicht verwundbar. Er hat eine Schutzwehr gegen den Tod, man kann ihn nicht so leicht umbringen, er hat einen Panzer. Und du möchtest so frei sein wie der Bettler, und so geschützt wie ein Kaiser

– dann sitzt du auf zwei Pferden, und es ist unmöglich, irgendwo hinzukommen!

Du liebst einen Menschen, aber du möchtest, daß sich dieser Mensch wie ein Ding benimmt, völlig in deiner Hand. Aber du kannst ein Ding nicht lieben, weil ein Ding tot ist und dir nicht antworten kann. Wenn der andere also wirklich ein Mensch ist, läßt er sich nicht besitzen, ist er wie Quecksilber: Je mehr du ihn in der Faust halten willst, desto mehr entschlüpft er dir – denn Mensch sein heißt frei sein. Wenn er ein Mensch ist, kannst du ihn nicht besitzen; wenn du ihn besitzen kannst, ist er kein Mensch mehr, und du wirst ihn nicht lieben können. Dann ist er nur ein totes Ding. Wer kann ein totes Ding lieben? Du besteigst zwei Pferde. Du möchtest einen Menschen haben wie ein Ding, was unmöglich ist! Ein Mensch *muß* frei und lebendig sein, und nur so kannst du ihn lieben. Aber das ist schwer zu ertragen, und du fängst an, ihn zu besitzen, du fängst an, ihn zu töten; du vergiftest ihn. Wenn er dir dieses Vergiften erlaubt, wird er früher oder später nur ein Ding sein. So werden Ehefrauen dekorative Stücke im Haus, Ehemänner einfach nur Wächter – aber die Liebe verschwindet. Und dasselbe geschieht auf allen Ebenen.

Es ist Zweifel in dir, weil Zweifel seine Vorteile hat. Er gibt dir mehr Fähigkeit zum Kalkül, er gibt dir mehr Schutz, niemand kann dich so leicht betrügen. Und so zweifelst du – aber Zweifel erzeugt auch Angst, weil du dich tief drinnen unwohl fühlst. Zweifel ist genau wie Krankheit. Solange du kein Vertrauen hast, kannst du dich nicht wohlfühlen, weil Zweifeln Schwanken bedeutet, und Schwanken dich unwohl fühlen läßt. Zweifeln heißt: „Was tun? Dies oder das?" Zweifeln heißt: „Sein oder Nicht-Sein?" – Und das läßt sich unmöglich entscheiden.

Nicht einmal ein einziger Punkt läßt sich durch Zweifeln entscheiden. Du kannst höchstens mit derjenigen Seite des Verstandes entscheiden, die die Mehrheit hinter sich hat. Aber die Minderheit ist da, und es ist keine kleine Minderheit. Und du hast dich gegen die Minderheit entschieden, die Minderheit wird nun ständig auf eine Situation warten, wo sie sagen kann, daß du dich falsch entschieden hast. Und die Minderheit will rebellieren – sie ist ein ständiger Unruheherd in dir.

Mit Zweifeln kommt Unwohlsein. Es ist eine Krankheit, genau wie jede andere Krankheit auch – eine Geisteskrankheit. Ein Mensch, der zweifelt, wird darum immer kränker, aber er ist nicht leicht zu täuschen; er kennt sich besser aus mit der Welt. Man kann ihn nicht täuschen, aber er ist krank. Zweifel bringt einen Vorteil: Er ist nicht zu täuschen. Aber er bringt auch einen Verlust, einen großen Verlust. Der Vorteil hat einen sehr hohen Preis: Man bleibt schwankend, unwohl, man kann sich nicht entscheiden. Selbst wenn man sich entscheidet, heißt diese Entscheidung nur, daß ein größerer Teil den kleineren überstimmt. Man ist gespalten, es gibt immer Konflikte.

Vertrauen möchtest du auch. In Zuversicht leben möchtest du auch, weil Zuversicht eine gewisse Gesundheit verleiht. Es ist keine Unentschiedenheit da, du bist dir völlig sicher. Gewißheit gibt dir ein bestimmtes Glück: Es ist kein Schwanken da, du bist unbeirrbar; du bist ganz, nicht geteilt – und Ganzheit ist Gesundheit. Vertrauen gibt dir Gesundheit, aber dann wirst du verwundbar: Jeder kann dich betrügen. Wenn du vertraust, schwebst du in Gefahr, weil es überall auf der Welt Leute gibt, die dich ausbeuten möchten. Und sie können dich nur ausbeuten, wenn du vertraust. Wenn du zweifelst, können sie dich nicht ausbeuten.

So sitzt du also auf zwei Pferden: Zweifel und Vertrauen – aber du tust das Unmögliche. Du wirst ständig in Angst und Zerrissenheit sein, du wirst verkümmern. In diesem Konflikt der beiden Pferde wirst du sterben. Eines Tages wird es einen Unfall geben – dieser Unfall ist dein Tod: Du bist erledigt, bevor du irgendwo angelangt bist; du bist erledigt, bevor die Blumen gekommen sind; du bist erledigt, bevor du erkannt hast, was das Leben ist, was es heißt zu *sein*. Das Sein ist verschwunden.

> *Jesus sagt:*
> *„Ein Mann kann unmöglich*
> *zwei Pferde besteigen..."*

Aber jeder Mensch versucht das Unmögliche, und darum steckt jeder Mensch in der Klemme. Und ich sage, daß dies auf allen Ebenen geschieht – also nicht nur zwei Pferde, Millionen von Pferden gibt es insgesamt, und jeden Augenblick begehst du einen Widerspruch. Warum ist das so? Der Mechanismus muß verstanden werden, nur so kannst du ihn fallenlassen.

Warum ist das so? Die Ursache ist die Art, wie jedes Kind erzogen wird. Die Ursache ist die Art, wie jedes Kind in diese Welt voller Wahnsinniger eintritt. Sie erzeugen Widersprüche, sie lehren euch widersprüchliche Dinge.

Zum Beispiel hat man euch beigebracht: „Liebe die ganze Menschheit. Sei brüderlich zu allen und jedem. Liebe deinen Nächsten wie dich selbst." – Und gleichzeitig seid ihr dazu erzogen worden, dazu angehalten und konditioniert worden, euch zu behaupten, gegen alle zu konkurrieren. Wenn du konkurrierst, ist der andere dein Feind, nicht dein Freund. Er muß geschlagen werden, er muß besiegt werden, er muß am Boden zerstört werden. Und du mußt rücksichtslos sein, sonst wird der andere dich zerstören. Wenn du ein Konkurrent bist, dann ist die ganze Gesellschaft der Feind, niemand ist dein Nächster, niemand ist dein Bruder. Und du darfst nicht lieben – du mußt hassen, du mußt eifersüchtig sein, du mußt dich ärgern. Und du mußt ständig bereit sein, zu kämpfen und zu gewinnen, und es ist ein harter Kampf – wenn du ein weiches Herz hast, bist du verloren.

Sei also stark und gewaltsam und aggressiv! Bevor der andere angreift, greife du ihn an! Bevor es zu spät ist, greife du an und gewinne, sonst wirst du verloren sein, denn Millionen andere sind hinter derselben Sache her, du bist nicht der einzige. Und wie kann ein konkurrierender Geist den Nächsten lieben? Es ist unmöglich! Aber beide Lehren sind euch mitgegeben worden. Man hat euch beigebracht: Ehrlichkeit ist die beste Strategie, aber auch: Geschäft ist Geschäft! Alles beides, beide Pferde sind euch zugleich mitgegeben worden. Und ein Kind, das sich in der Welt nicht auskennt, kann den Widerspruch nicht sehen und fühlen.

Um den Widerspruch zu fühlen, ist eine sehr gereifte Intelligenz nötig; ein Jesus, ein Buddha ist nötig, um den Widerspruch zu fühlen. Ein Kind kennt sich nicht in der Welt aus, und seine Lehrer sind Menschen, die es liebt – der Vater, die Mutter, die Familie – und es liebt sie. Wie kann es annehmen, daß sie Widersprüche in ihm säen? Es kann sich das nicht einmal vorstellen, weil sie seine Wohltäter sind. Sie sind freundlich zu ihm, sie erziehen es. Sie sind die Quelle der Energie, des Lebens, Quelle von allem. Warum also sollten sie Widersprüche säen? Ein Vater liebt, eine Mutter liebt, aber das Problem ist, daß sie selbst genauso erzogen wurden und nicht wissen, was sie tun sollen, außer zu wiederholen. Alles, was ihnen ihre Eltern beigebracht haben, das bringen sie ihren Kindern bei. Sie übertragen einfach eine Krankheit; von einer Generation zur anderen wird die Krankheit ständig übertragen. Ihr mögt es „den Erbschatz" nennen, „die Tradition", aber es ist eine Krankheit. Es ist eine Krankheit, weil dadurch niemand gesund wird.

Die gesamte Gesellschaft wird immer neurotischer. Und ein Kind ist so einfach, so unschuldig, daß es leicht zu widersprüchlichen Verhaltensweisen konditioniert werden kann. Wenn es den Widerspruch erkennt, ist es zu spät. Und es kommt vor, daß fast das ganze Leben verloren ist, und du nie erkennst, daß du auf zwei Pferden sitzt. Denk an diesen Widerspruch und versuche, ihn in deinem Leben zu finden. Du wirst dort Millionen von Widersprüchen finden – du bist voller Konfusion, ein Wirrwarr, ein Chaos!

Wenn Leute zu mir kommen und nach innerem Frieden fragen, sehe ich sie an, und ich empfinde sehr viel, weil es fast unmöglich ist – denn innerer Frieden kann nur dann existieren, wenn alle Widersprüche behoben sind. Dazu gehört eine harte Anstrengung, eine sehr durchdringende Intelligenz, Verständnis, Reife. Nichts davon ist vorhanden, und du glaubst, einfach indem du ein Mantra wiederholst, innere Stille zu finden? Wenn es so leicht wäre, dann hätte jeder sie längst gefunden. Einfach indem man „Ram, Ram" wiederholt, willst du still werden? Reitest auf Millionen von Pferden, wiederholst das Mantra und willst davon still werden? Dies Mantra wird nur ein Pferd mehr sein, das ist alles – es kommt nur noch mehr Konfusion dabei heraus. Es kommt noch ein Pferd dazu, du wirst noch verwirrter dadurch.

Schaut euch daher den sogenannten religiösen Menschen an. Er ist noch verwirrter als der weltliche, weil neue Pferde dazugekommen sind. Der Mann, der auf dem Marktplatz lebt, in der Welt des Marktes, ist weniger verwirrt, denn er mag zwar viele Pferde haben, aber sie gehören alle *dieser* Welt an; zumindest eines ist homogen, ist ähnlich – sie alle gehören dieser Welt an. Und der religiöse Mensch hat genau dieselben Pferde auch: die, die zu dieser Welt gehören; und zusätzlich hat er ein paar neue Pferde, die er selbst hinzugefügt hat, die nicht dieser Welt angehören. Er hat die Zerrissenheit noch vertieft: „die andere Welt", „Gott", „das Königreich Gottes"! Und gleichzeitig bewegt er sich weiter in dieser Welt. Er wird noch verwirrter, noch mehr Konflikte treten in sein Dasein. Er wird auseinandergerissen, er ist nicht beisammen; jedes Bruchstück fällt auseinander, sein ganzer Zusammenhalt ist weg – genau das ist Neurose.

Die Art, wie ihr erzogen worden seid, ist verkehrt, aber daran läßt sich jetzt nichts mehr ändern, weil ihr bereits erzogen seid, weil ihr nicht zurückgehen könnt.

Also müßt ihr es verstehen und durch das Verstehen fallenlassen.

Wenn ihr es deshalb fallenlaßt, *weil ich es sage,* dann werdet ihr noch mehr Pferde hinzufügen. Wenn ihr es fallenlaßt durch Verstehen – weil *ihr* die ganze Sache versteht, und sie deshalb fällt, dann werden keine Pferde mehr hinzugefügt. Im Gegenteil, alte Pferde werden in ihre Freiheit entlassen, so daß sie sich bewegen und ihre Ziele erreichen können. Und auch du kannst dich bewegen und dein eigenes Ziel erreichen.

Denn nicht nur du hast Schwierigkeiten. Auch deine Pferde haben mit dir die größten Schwierigkeiten; sie können ebenfalls nirgendwo hin. Hab Erbarmen mit beiden: mit dir und mit deinen Pferden! Aber dies sollte durch Verstehen geschehen – durch *dein* Verstehen, nicht meine Lehre, oder die von Jesus oder Buddha. Sie können den Weg weisen, aber wenn du ihnen ohne Verständnis folgst, wirst du nie das Ziel erreichen.

Versucht nun zu verstehen.

Jesus sagte:
„Ein Mann kann unmöglich
zwei Pferde besteigen
und zwei Bogen spannen.

Und ein Diener
kann unmöglich zwei Herren dienen;
denn sonst ehrt er den einen
und beleidigt den andern."

Warum ist es unmöglich? Und was ist Unmöglichkeit? Unmöglichkeit ist nicht etwas, das sehr schwierig ist, nein! Wie schwierig etwas auch sein mag, es ist nicht unmöglich, du kannst es schaffen. Mit Unmöglichkeit ist das gemeint, was nicht zu schaffen ist, ganz gleich, was du tust; es gibt keinen Weg, keine Möglichkeit, es zu tun.

Wenn Jesus „unmöglich" sagt, *meint* er unmöglich, meint er nicht „sehr schwierig" – und du versuchst, das Unmögliche zu tun! Was passiert dann? Es ist nicht zu schaffen, aber es wird dich schaffen. Es *ist nicht* zu schaffen! Aber was wird aus dir, der sich angestrengt hat, das Unmögliche zu tun? Du wirst zerbrechen. Es ist nicht möglich, es zu tun, aber du tust es, und vertust damit dein eigenes Leben. Das wird passieren, das *ist* passiert.

Schaut euch die Leute an, ob Zweifel da ist: Habt ihr schon einen Menschen gesehen, der Zweifel hat, und der keine Zuversicht hat? Wenn ihr einen Menschen gesehen habt, der nur Zweifel hat... so jemand kann nicht leben, es ist ihm unmöglich zu leben. Geht in die Irrenhäuser. Dort findet ihr Menschen, die alles anzweifeln. So können sie sich nicht einmal rühren, weil sie selbst die kleinste Handlung anzweifeln.

Ich habe einen Mann gekannt, der so voller Zweifel war, daß er nicht zum Markt gehen konnte – und der Markt war nur ein paar Meter entfernt. Er kehrte immer wieder um, um das Türschloß zu prüfen. Und als wir Kinder waren, haben wir diesen armen Mann immer geneckt. Er kam aus dem Haus, und wir fragten ihn dann: „Hast du auch abgeschlossen?" Dann war er wohl wütend, aber er ging jedesmal zurück, um nachzusehen. Und er war allein, es wohnte niemand sonst dort – und solche Angst! Nahm er sein Bad im Fluß, und jemand sagte: „Hast du dein Schloß geprüft?", dann wurde er ganz wütend; aber obwohl er erst halb mit dem Baden fertig war, kam er sofort aus dem Wasser und rannte nach Haus, um nachzusehen. Das ist der perfekte Skeptiker. Wenn der Zweifel zu weit geht, wirst du in einem Irrenhaus landen, weil du dann alles bezweifelst. Dies ist der eine Typus von Mensch, einer, der in lauter Fragmente zerbrochen ist.

Wenn du den Glauben wählst, um dies zu vermeiden, wirst du absolut blind. Dann kann dich jeder Beliebige hinführen, wo er will. Dann hast du keine eigene Intelligenz, keinen eigenen Durchblick. Dieser

Typus von Leuten schart sich um die Hitlers; dort sind sie zu finden – sie haben vertraut, und durch Vertrauen haben sie verloren.

Deswegen versucht ihr das Unmögliche, nämlich einen Kompromiß zu schließen: weder in das eine Extrem zu gehen, weil dort die Neurose beginnt, noch in das andere Extrem zu gehen, weil sich dort Blindheit einstellt. Was aber dann tun? Dann sagt der einfache Menschenverstand: „Schließe einfach einen Kompromiß zwischen beiden. Halbe-Halbe – ein bißchen Zweifel, ein bißchen Glaube." Aber dann besteigst du zwei Pferde. Ist es nicht möglich, ohne Zweifel und ohne Glauben zu leben?

Es *ist* möglich! Ja, das ist die einzige Möglichkeit zu wachsen: ohne Zweifel und ohne Glauben zu leben; ganz einfach nur leben, spontan, mit Bewußtheit. Und das ist in Wirklichkeit Vertrauen – nicht anderen vertrauen, sondern ins Leben vertrauen: Wo immer es hinführt, du gehst einfach mit, ohne Zweifel, ohne Glaube, du gehst einfach unschuldig mit.

Ein Mensch, der zweifelt, kann nicht unschuldig mitgehen. Bevor er sich in Bewegung setzt, denkt er nach. Und manchmal wird er soviel nachdenken, daß er die Chance verpaßt. Darum handeln Denker so wenig. Sie können es nicht, sie werden einfach hirnlastig, denn vor jedem Handeln müssen sie sich entscheiden, müssen sie zu einem Schluß kommen; und sie können zu keinem Schluß kommen – wie also handeln? Dann ist es besser, nicht zu handeln und abzuwarten. Aber das Leben wartet nicht auf dich.

Oder du wirst vertrauensselig, gläubig, ein Blinder. Dann kann jeder Beliebige, jeder Politiker, jeder Wahnsinnige, jeder Papst, jeder Priester dich hinführen, wohin er will. Und sie selber sind blind. Und wenn die Blinden die Blinden führen, muß es in einer Katastrophe enden.

Was tun? Die Vernunft sagt, die gewöhnliche Vernunft sagt: „Mach einen Kompromiß."

Ein Wissenschaftler, B.F. Skinner, hat ein Experiment gemacht, das man sich merken sollte. Versuchsobjekt war eine weiße Maus: Die weiße Maus bekam zwei, drei Tage nichts zu fressen, so daß sie sehr hungrig war – nur noch purer Hunger, bereit, über alles Verfügbare herzufallen und es aufzufressen. Und die weiße Maus wurde auf eine Plattform gesetzt. Direkt unter der Plattform waren zwei Schachteln – völlig identisch: die gleiche Farbe, die gleiche Größe, und in beiden Schachteln war Futter. Jetzt kann sie in die rechte oder in die linke Schachtel springen.

Die Maus sprang augenblicklich, ohne auch nur einen einzigen Augenblick zu zögern. Aber jedesmal, wenn sie in die rechte Schachtel springt, bekommt sie einen elektrischen Schlag. Und da war auch eine Falltür, und so fällt sie jedesmal durch eine Falltür in eine andere Schachtel, und kommt gar nicht an das Futter heran. Aber immer wenn sie in die linke Schachtel springt, gibt es weder einen Schock noch eine Falltür, und sie kommt an das Futter heran.

Binnen zwei, drei Tagen lernte sie den Trick: Sie springt nur noch in die linke Schachtel und vermeidet die rechte.

Dann wechselte Skinner, er wechselte den Standort der Schachteln. Sie sprang in die linke Schachtel und fand, daß sie einen elektrischen Schlag bekam. Jetzt war sie verstört, verwirrt, wußte nicht, was sie tun oder lassen sollte. Und so zitterte sie jetzt jedesmal, ehe sie sprang: sie bebte, voller Zweifel.

Genau so ist ein Philosoph – eine weiße Maus, zitternd, zögernd, was sie tun soll: links oder rechts? Und wie sich entscheiden? Und wer weiß?

Aber dann gewöhnte sie sich um, und Skinner wechselte wieder. Sie wurde so verwirrt, daß sie nur noch wartend dahockte, obwohl sie hungrig war, zitternd in diese und in jene Schachtel blickend – wie sich entscheiden? Dann entschied sie sich genau so, wie ihr euch entschieden habt: Sie sprang zwischen die beiden Schachteln. Aber da gibt es kein Futter, das ist nicht die Lösung. Und nach ein paar Wochen mit diesem

Experiment wurde die weiße Maus verrückt, neurotisch.

Genau das passiert mit euch: Ihr seid jetzt verwirrt – was tun, was nicht tun? Und der einzige Gedanke, der kommt, ist: Wenn es zu schwer ist, sich für das eine oder das andere zu entscheiden, dann ist es besser, einen Kompromiß zu schließen, einfach dazwischen zu springen. Aber dort ist kein Futter. Natürlich ist dort auch kein elektrischer Schlag, aber dort ist auch kein Futter.

Du verfehlst das Leben, wenn du dazwischen springst. Wenn es der weißen Maus möglich gewesen wäre, in beide Schachteln zu steigen, hätte sie das getan. Dies sind die beiden Möglichkeiten, die sich dem Verstand bieten: Besteige beide Pferde, oder spring einfach dazwischen.

Es gehört Intelligenz dazu, eine sehr durchdringende und scharfe Intelligenz, um zu verstehen, um das Problem zu verstehen – es gibt keine andere Lösung. Ich werde euch keine Lösung geben. Kein Jesus hat jemandem je eine Lösung gegeben; einzig und allein das Verstehen des Problems ist die Lösung. Du verstehst das Problem, und das Problem verschwindet.

Ist es nicht möglich, ohne Glaube, ohne Zweifel zu leben, und auch ohne Kompromiß? Denn der Kompromiß wäre Gift: Es sind solche Gegensätze, daß dein ganzes Leben ein einziger Widerspruch wird. Und wenn Widerspruch da ist, bist du gespalten, geteilt; Schizophrenie ist das Endergebnis. Oder, wenn du das eine wählst und das andere leugnest, dann werden dir die Vorteile der anderen Seite vorenthalten. Der Zweifel gewährt dir Schutz gegen Ausbeutung. Der Glaube gibt dir Gewißheit – laß eins von beiden fallen, und damit entfällt auch der Vorteil dieser Seite. Wenn du beides wählst, besteigst du zwei Pferde; wenn du einen Kompromiß schließt, erzeugst du eine Spaltung in deinem Wesen – du bist entzwei, du wirst zur Masse. Was also tun? *Versteh* einfach das

Problem und steig von allen beiden Pferden ab – mach keinen Kompromiß. Dann tritt eine völlig andere Art des Seins auf, kommt eine völlig andere Qualität in dein Bewußtsein. Aber warum tust du das nicht? Weil zu dieser Qualität Wachheit gehört, weil zu dieser Qualität Bewußtheit gehört. Dann brauchst du an niemandem zu zweifeln, brauchst du einfach nur äußerst wachsam zu sein. Deine Wachsamkeit wird zu deinem Schutz gegen Ausbeutung.

Wenn dich ein völlig wacher Mensch anschaut, kannst du ihn nicht täuschen, wird dich sein Blick selbst entwaffnen. Und wenn er eine Ausbeutung zuläßt, dann nicht, weil du listiger bist und ihn betrügst, sondern weil er freundlich ist und es dir erlaubt. Aber du kannst einen völlig wachen Menschen nicht betrügen. Es ist unmöglich, weil er dich durchschaut, weil du transparent bist; er hat ein solches Bewußtsein, daß du transparent bist. Wenn er dir erlaubt, ihn zu betrügen, dann aus Mitgefühl. Du kannst ihn nicht betrügen.

Dies Bewußtsein scheint schwer erreichbar. Darum habt ihr das Unmögliche gewählt. *Aber das Unmögliche ist unmöglich.* Ihr wiegt euch nur in der Illusion, daß es gelingen kann; es ist nie geschehen, es wird nie geschehen. Ihr habt das Unmögliche gewählt, weil es einfacher *aussieht*. Ein Kompromiß sieht immer einfacher aus – wann immer ihr in Schwierigkeiten seid, schließt ihr einen Kompromiß. Aber ein Kompromiß hat noch keinem geholfen. Denn Kompromiß bedeutet: Es werden zwei Gegensätze in dir existieren, und sie werden immer in Spannung sein, und sie werden dich spalten. Und ein gespaltener Mensch kann nie glücklich sein.

Genau das meint Jesus, aber die Christen haben ihn mißverstanden. Die Christen haben Jesus völlig verpaßt, denn wieder wurde alles durch den Verstand gedeutet. Was haben sie hineingedeutet? Sie glauben, daß Jesus sagt: „Wähle *ein* Pferd! Entweder dieses oder jenes. Wähle *eins!* Besteige nicht zwei Pferde, denn dann wird es schwierig für dich, und es ist unmöglich.

Wähle also *ein* Pferd." Das ist es, was sie daraus geschlossen und interpretiert haben.

Ich habe gehört, es geschah: Eines Nachts bekam Mulla Nasrudins Frau Hunger, und so suchte sie nach einem kleinen Mitternachts-Imbiß. Aber sie konnte nichts finden – nur einen Hundekeks. Vorsichtig kostete sie davon, fand ihn gut, fand, daß er gut schmeckte, und aß ihn also auf. Und er schmeckte ihr so gut, daß sie am Morgen zu Nasrudin sagte: „Kauf einen großen Vorrat!"

Nasrudin ging und kaufte eine Menge Hundekekse. Der Kaufmann an der Ecke sagte: „Was soll das? Denn ich weiß, daß Ihr Hund so klein ist, daß Sie nicht so viel Vorrat brauchen."

Nasrudin sagte: „Es ist nicht für den Hund, es ist für meine Frau."

Der Kaufmann sagte: „Ich muß Sie daran erinnern, daß diese Kekse ausschließlich für Hunde sind, und wenn Ihre Frau sie ißt, dann wird sie sterben. Sie sind giftig." Und nach sechs Monaten starb die Frau.

Und dann, eines Tages, mußte Nasrudin dem Kaufmann gestehen: „Meine Frau ist tot."

Der Kaufmann sagte: „Ich habe Ihnen doch gesagt, daß diese Kekse Ihre Frau töten werden."

Nasrudin sagte: „Die Kekse waren gar nicht schuld. Schuld war, daß sie bellend hinter den Autos hergerannt ist. Nicht die Kekse...!"

Euer Verstand läßt sich seine eigenen Interpretationen nicht erschüttern, denn wenn eine verlorengeht, geht das Selbstbewußtsein verloren. Was immer also die Situation ist, ihr versteift euch auf eure Interpretationen. Das gibt euch Boden unter den Füßen des Egos und des Verstandes.

Eines Tages ging Mulla Nasrudin mit einem sehr großen Stock spazieren, der zu lang für ihn war. Ein Freund schlug vor: „Nasrudin, warum schneidest du nicht ein paar Zentimeter vom unteren Ende ab?"

Nasrudin sagte: „Das würde nicht helfen – es ist nämlich dieses obere Ende, das zu lang ist."

Euer Vernünfteln kann selbstmörderisch sein. Es ist selbstmörderisch! Ihr glaubt, es ist Vernunft; es ist nicht Vernunft, es ist einfach Betrug – Selbstbetrug. Aber ihr möchtet nicht den Boden unter den Füßen verlieren, ihr möchtet selbstbewußt sein; und alles Selbstbewußtsein, das vom Verstand her kommt, ist falsch, weil euch der Verstand kein Selbstbewußtsein geben kann. Er kann euch nur falsche Sachen geben; er kann euch nur falsche Sachen liefern. Er führt die wahre Sache nicht mit sich, er ist nur ein Schatten. Der Verstand besteht nur aus Gedanken, Schatten; es ist keine Substanz an ihm dran. Aber er kann immer neue Rationalisierungen durchspielen, und ihr habt dann ein gutes Gefühl.

Die Christen haben das Ganze gründlich mißverstanden. Sie dachten, daß Jesus sagt: „Wähle!" Jesus kann niemals sagen: „Wähle!" – Jesus meint Wahllosigkeit. Denn wenn du wählst, wird der wählende Verstand gestärkt, nicht zerstört; der Verstand, welcher wählt, wird durch die Wahl stärker. Nein, es ist keine Frage der Wahl! Und durch Wahl kannst du niemals ganz werden, weil du dann etwas zurückweisen mußt.

Wenn du den Glauben wählst, wirst du den Zweifel zurückweisen müssen. Wo wird dieser Zweifel hingehen? Er ist nicht etwas Äußerliches, das du wegwerfen kannst. Er ist tief in dir. Wo will er hin? Du kannst einfach nur die Augen schließen, das ist alles; du kannst ihn ins Unbewußte verdrängen, das ist alles. Aber er ist da, wie ein Wurm, der dein Bewußtsein auffrißt. Er wird da sein, und eines schönen Tages wird er an die Oberfläche kommen. Was kannst du tun? Wie kannst du ihn loswerden?

Wenn du den Zweifel wählst, wohin wird dann dein Glaube gehen? Er ist Teil von dir! Also kommt es zu einem Kompromiß: Du wirst ein Amalgam werden, aus vielen, irgendwie zusammengewürfelten Dingen; nicht eine Synthese, sondern ein Kompromiß.

Jesus meint genau das Gegenteil. Er meint: „Wähle nicht!"

> *„Ein Mann kann unmöglich*
> *zwei Pferde besteigen,*
> *und zwei Bogen spannen.*
>
> *Und ein Diener kann unmöglich*
> *zwei Herren dienen,*
> *denn sonst ehrt er den einen*
> *und beleidigt den anderen."*

Seht euch den letzten Satz an:

> *... denn sonst ehrt er den einen*
> *und beleidigt den anderen."*

Wenn du den einen wählst, ehrst du den einen und beleidigst den anderen – und der beleidigte Teil von dir wird Rache nehmen, er wird rebellisch werden.

Es kommt vor... die Wissenschaft beruht auf Zweifel, total auf Zweifel, kein Vertrauen ist zulässig. Habt ihr also schon einmal Wissenschaftler kennengelernt, Wissenschaftler beobachtet? Außerhalb ihres Labors sind sie sehr gläubig. Ihr könnt keine vertrauensseligeren Menschen finden als Wissenschaftler, leichter zu betrügen als alle anderen Leute; denn ihre Zweifelseite ist im Labor aktiv, und ihre Vertrauenseite ist außerhalb aktiv. Und sie sind einfache Leute, was die Außenwelt betrifft. In ihrem Labor sind sie sehr berechnend und klug.

Man kann einen Wissenschaftler sehr leicht betrügen. Es ist nicht so leicht, sogenannte religiöse Menschen zu betrügen. Im Tempel sind sie von tiefem Vertrauen erfüllt, außerhalb des Tempels sind sie sehr gerissen. Seht euch die sogenannten religiösen Leute an: Außerhalb des Tempels könnt ihr sie nicht betrügen, und innerhalb des Tempels gibt es keine Möglichkeit sie zu betrügen, innerhalb des Tempels sind sie sehr einfach. Sie setzen ihre Vertrauensseite dort ein, und ihre Zweifelseite in der Welt. Sie sind gute Geschäftsleute, sie häufen Reichtum an – sie beuten die ganze Welt aus.

Ein Wissenschaftler kann nie ein guter Geschäftsmann sein. Er kann kein guter Politiker sein. Das ist nicht möglich, weil sich die zweifelnde Seite im Labor erschöpft. Außerhalb funktioniert die Vertrauensseite. Ein Wissenschaftler zuhause ist völlig anders als ein Wissenschaftler in seiner wissenschaftlichen Forschungsarbeit. Ihr mögt schon viele Geschichten über ihre Geistesabwesenheit gehört haben. Sie passieren, passieren wirklich. Es sind keine Märchen. Weil er seine Aufmerksamkeit im Labor einsetzt, wird er dann außerhalb des Labors unaufmerksam – er hat die eine Seite benutzt, sie ist erschöpft. Somit führt er ein Doppelleben: Im Labor ist er sehr geistesgegenwärtig, außerhalb des Labors wird er geistesabwesend.

Von Albert Einstein heißt es: Er besuchte einmal einen Freund. Sie aßen ihr Abendessen, sie schwatzten über dies und jenes. Und da gab es nicht viel zu erzählen, weil Einstein kein Mann von Klatschgeschichten war, und er war auch nicht sehr gesprächig, und so fing der Freund an, sich zu langweilen. Und es wurde immer dunkler, es war elf Uhr nachts, und er wollte, daß Einstein jetzt ging. Aber es war unhöflich, einem so großen Mann das zu sagen, also wartete er und wartete er. Manchmal machte er sogar Andeutungen, er sagte: „Die Nacht ist sehr dunkel." Und er sagte: „Es scheint, es ist schon halb zwölf." Aber Einstein sah ihn nur an und gähnte, und er wollte schlafen. Dann war es fast zwölf, und der Freund sagte: „Ich glaube, Sie fühlen sich müde, denn sie gähnen." Das war der Wink mit dem Zaunpfahl.

Einstein sagte: „Ja, ich bin ausgesprochen müde, aber ich warte... Wenn Sie gehen, dann kann ich auch schlafen gehen." Der Mann sagte: „Was sagen Sie da? Sie sind in *meinem* Haus."

Einstein stand auf und sagte: „Tut mir leid. Denn ich hab ständig gedacht: ‚Wann geht dieser Mann nur, damit ich endlich ins Bett kann?'"

Dieser Mann ist im Labor perfekt, was Aufmerksamkeit betrifft, was Geistesgegenwart betrifft. Aber dieser Teil wird verbraucht. Außerhalb des Labors ist er ein völlig anderer Mensch, genau das Gegenteil.

Genauso findet ihr auch einen Widerspruch im Leben der sogenannten frommen Leute; das ist natürlich. Seht sie euch an, wie sie in den Tempeln beten, und seht ihre Gesichter. Sie sehen so unschuldig aus, ihre Augen von so tiefen Gefühlen erfüllt, die Tränen fließen nur so! Ihr könnt euch den gleichen Menschen draußen nicht vorstellen – wie er aussehen wird, wie er in seinem Laden sein wird, wie er sich benehmen wird, wenn ihr in den Laden kommt. Der Gefühlsteil, der vertrauende Teil hat sich erschöpft – im Tempel, in der Moschee, in der Kirche; wenn er herauskommt, ist er frei von dieser Seite. Dann zweifelt er, wie nur ein Wissenschaftler zweifeln kann, dann ist er so skeptisch wie möglich.

Auf die Art leben wir ein Doppelleben; dies ist ein Kompromiß. Jesus sagt nicht: „Wähle das eine gegen das andere." Wenn du das eine gegen das andere wählst, wird der andere Teil beleidigt sein, und der beleidigte Teil deines Wesens wird Rache nehmen. Und das macht es sehr schwer, das macht es fast unmöglich, dein Leben zu leben. Je mehr du versuchst, nur mit einer Seite zu leben, desto mehr stört die andere Seite all dein Planen, all dein Kalkül; sie taucht immer wieder auf. Dann – was tun?

Der Weg – das, was zu tun ist – ist: nicht zu wählen. Worauf es ankommt ist, die ganze Widersprüchlichkeit deines Wesens zu verstehen. Nicht zu wählen, sondern wahllos zu werden; nicht das eine um des anderen willen aufzugeben – denn du kannst nicht die eine Seite einer Sache aufgeben.

Du hast eine Rupie, sie hat zwei Seiten. Du kannst nicht die eine Seite aufgeben. Du kannst nicht eine der beiden Seiten aufgeben. Du magst die andere Seite nicht mögen, aber du mußt beide mitnehmen. Wenn du nur eine mitnehmen willst, mußt du beide mitnehmen. Und dann ist die ganze Rupie mit dir. Du kannst allenfalls eines tun: Du kannst die Seite, die du nicht magst, verstecken, und die Seite, die du magst, kannst du nach oben drehen. Das ist alles. Genau so entsteht das Bewußte und das Unbewußte.

Das Bewußte ist diejenige Seite, dasjenige Pferd, das dir gefällt, und das Unbewußte ist dasjenige Pferd, diejenige Seite, die dir nicht gefällt. Das Bewußte ist das, was du gewählt hast. Das Unbewußte ist das, gegen welches du dich entschieden hast. Dies sind die beiden Kirchen – die eine, in die du gehst, und die andere, in die du nicht gehst. Andernfalls, in einem Mann wie Buddha, verschwinden Bewußtes und Unbewußtes zugleich, weil er nicht gewählt hat, sich nicht *gegen* etwas entschieden hat. Die ganze Münze fällt. Und nur die ganze Münze kann fallen, die halbe kann nie fallengelassen werden.

Zweifel und Vertrauen sind zwei Seiten der gleichen Münze, genau wie kalt und heiß; sie sehen aus wie Gegensätze, aber gehören zusammen. Sie sind Pole eines Ganzen, genau wie negative und positive Elektrizität, genau wie Mann und Frau. Sie sehen aus wie Gegensätze, aber sie sind Pole ein und desselben Phänomens. Ihr könnt nicht die negative Elektrizität aufgeben, ohne die positive Elektrizität aufzugeben, ihr könnt nicht die eine behalten und die andere aufgeben. Wenn ihr das tut, wird euer Wesen geteilt: Das Weggelassene, das Unterdrückte, der geleugnete Teil wird zum Unbewußten; der akzeptierte, der willkommene Teil wird zum Bewußten. Und dann wird es einen ständigen Kampf zwischen dem Bewußten und dem Unbewußten geben.

Aber ihr sitzt noch auf zwei Pferden. Die einzige Möglichkeit ist, das Ganze aufzugeben; und das

Geheimnis liegt nicht im Aufgeben, weil das Aufgeben ebenfalls zur Wahl werden kann. Und das ist das eigentlich Verzwickte und Subtile dabei: Du kannst es aufgeben, und dabei wählst du das Aufgeben gegen das Nicht-Aufgeben – dann sind wieder zwei Pferde da. Nein, es muß durch das Verstehen passieren. Aufgeben ist nicht der Punkt, Verstehen ist der Punkt.

Versteh den ganzen Wahnsinn: was du dir selbst angetan hast, was du mit dir selbst hast geschehen lassen, was für Widersprüche du in dir angehäuft hast – durchschau einfach die ganze Sache. Sei nicht für oder gegen, verdamme nicht, urteile nicht – durchschau einfach das ganze Ding, das du bist. Verstecke nicht, beleidige nicht, urteile nicht – „Dies ist gut und das ist schlecht" –, werte nicht. Sei kein Richter, sondern nur ein Zuschauer, distanziert, ein Zeuge. Sieh einfach insgesamt, was du bist, was immer du bist; egal in welchem Schlamassel du steckst, sieh es einfach so, wie es ist.

Plötzlich kommt ein Verstehen auf, und das wird zum Fallenlassen. Es ist genau, wie wenn du versucht hast, durch die Wand zu gehen, und plötzlich wird dir bewußt, daß dies die Wand und keine Tür ist. Brauchst du die Absicht noch fallenzulassen? Du gehst einfach weg! Dies Gehen ist leicht, es ist weder pro noch contra – du verstehst einfach, daß es absolut zwecklos, unmöglich ist. Das ist es, was Jesus meint. Du siehst einfach hin, es ist unmöglich, du gehst. Es gibt keine Wahl seitens des Verstandes. Du gibst dir gar nicht erst Mühe.

Immer wenn Erkenntnis kommt, kommt sie mühelos. Und was immer mühelos ist, ist schön, weil es ganz ist. Wo immer Mühe ist, da ist Häßlichkeit, weil es immer Fragment ist, niemals das Ganze. Mühe heißt letztlich, daß du gegen etwas kämpfst. Aber warum kämpfst du? Weil das, wogegen du kämpfst, immer noch Bedeutung für dich hat. Auch der Feind hat Bedeutung, genau wie der Freund – zwar die gegenteilige Bedeutung, aber Bedeutung hat er. Und hast du je darüber nachgedacht, daß wenn dein Feind stirbt, im gleichen Augenblick auch etwas in dir stirbt? Du leidest nicht nur unter dem Tod deiner Freunde, du leidest auch unter dem Tod deiner Feinde – du kannst nicht der gleiche bleiben.

In Indien geschah es: Mohammed Ali Jinnah und Mahatma Gandhi waren die ewigen Gegenspieler schlechthin. Dann wurde Gandhi ermordet, und Jinnah soll gesagt haben: „Ich bin sehr traurig, in mir ist etwas gestorben." Gegen wen kann Jinnah jetzt kämpfen? Wessen Gegenspieler kann er sein? Wessen Herausforderung kann er annehmen? Das Ego fällt, wenn der Feind nicht mehr ist. Du bestehst aus deinen Freunden *und* aus deinen Feinden – du bist ein Widerspruch.

Nur jemand, der keine Feinde und keine Freunde hat, ist ganz: jemand, der nicht gewählt hat, der nicht zu diesem oder jenem neigt; der einfach mit einer wahllosen Bewußtheit von Augenblick zu Augenblick weitergeht, und der zuläßt, was immer das Leben bringt. Er treibt dahin, er schwimmt nicht; er ist kein Kämpfer, er ist in Losgelöstheit. Wenn ihr das verstehen könnt, dann werdet ihr verstehen, was Jesus meint.

„Ein Mann kann unmöglich
zwei Pferde besteigen
und zwei Bogen spannen.

Und ein Diener kann unmöglich
zwei Herren dienen,
denn sonst ehrt er den einen
und beleidigt den anderen."

Aber der gewöhnliche Sinn wird sein: „Wähle nur einen Herrn, wähle nicht zwei." Durch Wahl wirst du niemals ganz sein, es geht also nicht darum, den einen Herrn statt des anderen zu wählen, denn so bleibst du immer noch Sklave, kannst du nicht frei sein. Nur Wahllosigkeit kann dir die Freiheit geben. Dann wählst du nicht, dann läßt du einfach die ganze Mühe fallen – sie fällt von selbst, wenn du verstehst. Dann bist du der Herr.

In Indien haben wir die *sannyasins* immer *swami* genannt. *Swami* heißt: Herr seiner selbst; heißt: der, der das Wählen aufgegeben hat; heißt: jetzt akzeptiert er keinen Herrn mehr. Und darunter versteht man nicht etwas Egoistisches, sondern darin steckt die tiefe Erkenntnis, daß du solange Opfer bist, wie du zwischen zwei Gegensätzen wählst, die Erkenntnis, daß du in Gegensätze gespalten bleibst, solange du zwischen den Gegensätzen wählst. Ein Sannyasin ist nicht gegen diese Welt und für die andere Welt, ein Sannyasin ist einfach weder gegen noch für – er geht einfach ohne Freunde und ohne Feinde seinen Weg.

Es gibt eine sehr schöne Zen-Geschichte: Eines Morgens stand ein Sannyasin allein oben auf einem Berg. Genau wie der Berg war er allein, er stand reglos da, und drei Personen kamen vorbei; sie waren auf einem Morgenspaziergang. Sie schauten zu diesem Mann hoch und alle drei hatten eine andere Meinung, was er dort wohl machte. Der eine sagte: „Ich kenne diesen Mönch. Manchmal verirrt sich seine Kuh. Er muß also dort auf dem Berg stehen und Ausschau halten, wo sie wohl ist."

Der zweite sagte: „Aber so, wie er dasteht, schaut er überhaupt nicht. Er bewegt sich ja gar nicht, seine Augen scheinen fast starr zu sein. So schaut kein Mann, der nach etwas sucht. Ich glaube, er muß mit einem Freund spazierengegangen sein, und der Freund ist zurückgeblieben – er wartet, daß der Freund nachkommt."

Der dritte sagte: „Das scheint nicht der Grund zu sein, denn wenn jemand wartet, schaut er sich manchmal um, ob der Freund angekommen ist oder nicht. Aber er regt sich nie, er schaut sich nie um. Er wartet nicht. Das ist nicht die Stellung eines Wartenden. Ich glaube, er betet oder meditiert."

Sie waren so uneins und stritten so sehr um eine Erklärung, was der Mann dort machte, daß sie es für besser hielten, hinzugehen und den Mann selbst zu fragen. Es war beschwerlich, auf den Berg zu steigen, aber sie taten es. Sie erreichten den Mann, und der erste sagte: „Suchst du nach deiner Kuh? Denn ich weiß, manchmal verirrt sie sich, und du mußt suchen gehen."

Der Mann öffnete seine Augen und sagte: „Ich besitze nichts, also kann nichts verlorengehen. Ich suche nach keiner Kuh oder sonst etwas." Dann schloß er die Augen.

Der zweite sagte: „Also muß ich recht haben. Du wartest auf einen Freund, der zurückgeblieben ist."

Der Mann öffnete seine Augen und sagte: „Ich habe keine Freunde und keine Feinde, wie kann ich also auf jemanden warten? Ich bin allein – und ich habe niemanden zurückgelassen, weil es niemanden gibt. Ich bin allein, völlig allein."

Dann sagte der dritte: „Dann muß ich absolut recht haben, weil es jetzt keine andere Möglichkeit gibt. Ich hoffe, du betest, meditierst."

Der Mann lachte und er sagte: „Du bist der Dümmste, weil ich niemanden kenne, zu dem ich beten kann, und ich habe kein Ziel zu erreichen, wie kann ich also meditieren?"

Da fragten alle drei gleichzeitig: „Was machst du dann?"

Der Mann sagte: „Ich stehe einfach nur da. Ich mache überhaupt nichts."

Aber genau das ist Meditation, und genau das ist Sannyas: einfach *sein!* Dann hast du Freiheit – Freiheit von Freunden, Feinden; Freiheit von Besitz, Nicht-Besitz; Freiheit von dieser Welt und jener; Freiheit von Materie und Geist – Freiheit von jeder Wahl und jeder Teilung. Dann wird das Unmögliche fallengelassen, und du wirst natürlich. Du wirst *tao*. Dann treibst du dahin.

Wenn die unmögliche Anstrengung fort ist, verschwindet die Angst; dann lebst du nicht mehr in der Zerrissenheit. Und wenn du nicht mehr in der Zerrissenheit lebst, steigt Seligkeit auf. Seligkeit ist nicht etwas, das erreicht werden muß, du mußt nur die Aufnahmebereitschaft für sie herstellen. Wenn du nicht in Zerrissenheit lebst, geschieht Seligkeit. Du hast die Aufnahmebereitschaft hergestellt, du hast die Tür geöffnet, und die Sonnenstrahlen kommen herein und erfüllen dich. So wie du jetzt bist – von Angst besetzt, gespalten, auf zwei Pferden sitzend, zwei Bogen gleichzeitig spannend – bist du schizophren, bist du krank, bist du schwankend. Oder du hast höchstens einen Kompromiß gemacht und bist normal neurotisch geworden.

Ein normaler Mensch hält irgendwie seine Arbeit durch, die Neurose funkt ihm nicht dazwischen, das ist alles; ein angepaßter Bürger, das ist alles, aber nichts wert! Selbst wenn du ein angepaßter Bürger, ein guter Bürger, ein normaler Mensch bist, wird dir keine Ekstase passieren, wirst du traurig bleiben. Und was immer du leistest, gibt dir nur noch mehr Traurigkeit. Seht euch die Leute an, die Erfolg gehabt haben, die euch voraus sind, die oben angekommen sind, und ihr werdet sehen, daß sie trauriger sind als die Leute, die nicht so erfolgreich waren – weil ihre Hoffnung hin ist.

Eines Morgens ging Mulla Nasrudin zum Markt, sehr traurig. Und ein Freund fragte: „Was ist passiert?"

Nasrudin sagte: „Frag mich nicht! Ich bin so traurig und deprimiert, daß ich heulen könnte."

Aber der Freund ließ nicht locker: „Aber was ist denn los? Wir haben dich noch nie so traurig gesehen! Du hast schon so viele Probleme gehabt, finanzielle und andere, aber wir haben dich nie so traurig und deprimiert gesehen. Was ist los? Was ist passiert?"

Mulla Nasrudin sagte: „Vor zwei Wochen ist einer meiner Onkel gestorben und hat mir hunderttausend Rupien hinterlassen."

Der Freund sagte: „Nasrudin, bist du verrückt geworden? Wenn dein Onkel dir hunderttausend Rupien hinterlassen hat, solltest du froh sein, nicht traurig!"

Nasrudin sagte: „Ja, das ist zwar so – aber letzte Woche ist mein anderer Onkel gestorben, und er hat mir zweihunderttausend Rupien hinterlassen."

Der Mann sagte: „Dann hast du völlig den Verstand verloren. Du solltest tanzen und jubeln und feiern, das ist doch kein Grund, unglücklich zu sein. Du bist der glücklichste Mann der Stadt!"

Nasrudin sagte: „Das weiß ich – aber jetzt habe ich gar keine Onkel mehr! Das macht mich traurig."

Genau das passiert, wenn ein Mann Erfolg hat: Wenn du keine Onkel mehr hast, dann plötzlich: keine Hoffnung. Ein Mann, der erfolglos war, hofft immer noch, kann noch hoffen. Es gibt immer noch Onkel. Die Möglichkeit besteht. Je mehr Erfolg, desto mehr Angst – denn der Erfolg holt deine Neurose hoch, der Erfolg stellt sie bloß, entlarvt deine Schizophrenie. Darum gibt es in Amerika mehr Schizophrenie, mehr Wahnsinn als in jedem anderen Land, weil Amerika in vieler Hinsicht Erfolg gehabt hat.

In einem armen Land – nicht so viel Wahnsinn; die Leute können noch hoffen. Und solange du hoffen kannst, kommt nichts hoch – du rennst und rennst weiter. Wenn du am Ziel bist, dann stehst du da, und du mußt dich selbst ansehen – und all das Durcheinander, das du in deinem Wesen angerichtet hast, all das Chaos.

Plötzlich verlierst du den Verstand. Du hattest schon längst den Verstand verloren, aber das wird dir erst klar, wenn du Erfolg hast. Denn wenn es nichts mehr zu träumen gibt, *mußt* du dir selbst ins Gesicht sehen. Seligkeit ist so, wie du bist, nicht möglich, Glück ist unmöglich. Du kannst nur hoffen und den Schmerz ertragen – das Leid, das du über dich selbst gebracht hast.

Aber Seligkeit *ist* möglich; sie ist einem Jesus passiert, einem Buddha passiert, sie kann *dir* passieren – aber dann mußt du das Unmögliche beiseite lassen. Denk an das Natürliche, das Mögliche, das Leichte.

Denk nicht an das Unmögliche, das Schwierige, das Herausfordernde. Das Ego möchte immer gern das Unmögliche tun. Es ist ein Versager, es muß ein Versager sein. Aber das Ego möchte gern die Herausforderung des Unmöglichen annehmen; denn dann fühlst du: Du bist wer. Gemessen an einem unmöglichen Ziel wirst du ein großer Kämpfer!

Und Religion ist einfach, leicht, natürlich – kein Reiten auf einem Pferd, absolut nicht! Sie ist einfach ein Morgenspaziergang, ohne bestimmtes Ziel; sie will einfach nur spazierengehen, hat nichts Besonderes vor, will einfach die kühle Morgenluft genießen, die Sonne, die Vögel – einfach genießen.

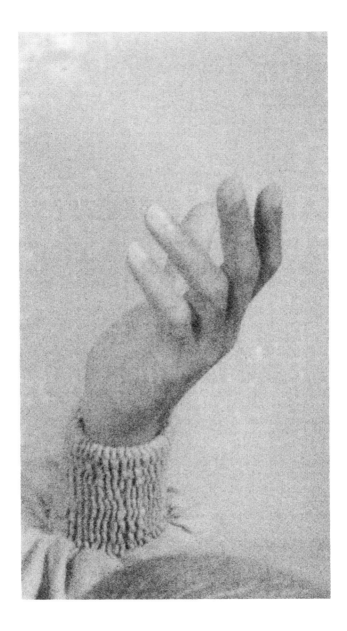

Über Osho

Von seiner frühesten Kindheit in Indien an war Osho ein rebellischer und unabhängiger Geist, der alle herkömmlichen religiösen, gesellschaftlichen und politischen Werte in Frage stellte und darauf bestand, selber die Wahrheit herauszufinden, statt einfach das Wissen und die Überzeugungen anderer Leute zu übernehmen.

Im Alter von einundzwanzig Jahren, am 21. März 1953, wurde Osho erleuchtet. Er sagt von sich: „Ich suche nun nicht mehr, suche nichts. Die Existenz hat mir all ihre Türen geöffnet. Ich kann nicht einmal sagen, daß ich der Existenz angehöre; denn ich bin einfach einsgeworden mit ihr... Wenn eine Blume aufblüht, blühe ich mit ihr auf. Wenn die Sonne aufgeht, gehe ich mit ihr auf. Das Ego in mir, das die Menschen davon abhält, ist nicht mehr. Mein Körper ist Teil der Natur, mein Sein ist Teil des Ganzen. Ich bin kein losgelöstes Wesen."

Mit höchsten Auszeichnungen machte er sein Examen im Fach Philosophie an der Universität von Sagar. In seiner Zeit als Student war er gesamt-indischer Sieger im Debattieren und Gewinner der Goldenen Medaille gewesen. Nach neunjähriger Lehrtätigkeit als Philosophie-Professor an der Universität Jabalpur nahm er seinen Abschied, um kreuz und quer durch Indien zu reisen; er hielt Vorträge, forderte die orthodoxen religiösen Führer des Landes zu öffentlichen Debatten heraus und schockierte durch seine Angriffe auf die überlieferten Glaubensinhalte die Hüter des Status Quo.

Im Laufe seiner Arbeit hat Osho sich zu praktisch jedem Aspekt der Entwicklung des menschlichen Bewußtseins geäußert. Von Sigmund Freud bis Tschuang Tse, von George Gurdjieff bis Gautam Buddha, von Jesus Christus bis Rabindranath Tagore hat er von jedem Großen der Geistesgeschichte die Essenz herausdestilliert – das, was für die spirituelle Suche des modernen Menschen von Wichtigkeit ist. Dabei läßt er sich nicht vom intellektuellen Verständnis, sondern von seiner eigenen existentiellen Erfahrung leiten.

Er gehört keiner Tradition an: „Mit mir beginnt ein vollkommen neues religiöses Bewußtsein", sagt er. „Bitte stellt keinen Zusammenhang zwischen mir und der Vergangenheit her; sie ist es nicht einmal wert, daß man sich an sie erinnert."

Seine Vorträge vor Freunden und Suchern aus aller Welt sind in mehr als sechshundertfünfzig Büchern erschienen und wurden in mehr als dreißig Sprachen übersetzt. Dabei sagt er: „Meine Botschaft ist keine Ideologie, keine Philosophie. Meine Botschaft ist eine gewisse Alchemie, eine Wissenschaft der Transformation; nur diejenigen also, die bereit sind, so wie sie sind zu sterben und neugeboren zu werden als etwas so Neues, daß man es sich jetzt noch nicht einmal vorstellen kann... nur solche mutigen Leute werden bereit sein zuzuhören, denn schon das Zuhören wird riskant sein. Indem du zuhörst, hast du schon den ersten Schritt in Richtung Neugeburt getan. Sie ist also keine bloße Philosophie, aus der du dir einen neuen Mantel schneidern und damit angeben kannst. Sie ist keine Doktrin, die dir tröstende Antworten auf quälende Fragen finden hilft... Nein, meine Botschaft ist keine bloße Wortmitteilung. Sie ist weit riskanter. Sie ist nichts geringeres als Tod und Neugeburt."

Osho hat seinen Körper am 19. Januar 1990 verlassen. Nur wenige Wochen zuvor war er gefragt worden, was aus seinem Lebenswerk werden würde, wenn er einmal nicht mehr da wäre. Er sagte: „Mein Vertrauen in die Existenz ist absolut. Wenn in dem, was ich sage, irgendeine Wahrheit steckt, wird es Leben haben... Diejenigen Menschen, die weiterhin an meiner Arbeit interessiert sind, werden einfach die Fackel weitertragen, ohne irgendwem etwas aufzuzwingen...

Ich werde für meine Leute eine Quelle der Inspiration bleiben. Und genau das werden die meisten Sannyasins spüren. Ich möchte, daß sie von sich aus Eigenschaften entwickeln wie Liebe (die sich durch keine Kirche einmauern läßt), wie Bewußtheit (auf die niemand ein Monopol hat), wie Lebensfeier und Lebensfreude und das Bewahren der funkelnden Frische von Kinderaugen...

Ich möchte, daß meine Leute sich selber kennen und nicht so sind, wie andere es gern hätten. Und der Weg führt nach innen."

Entsprechend seinem Rat gedeiht die Kommune, die sich um ihn gebildet hat, in Poona (Indien) weiter, wo sich zu allen Jahreszeiten Tausende von Jüngern und Suchern einfinden, um an den einzigartigen Meditationen und anderen dort angebotenen Programmen teilzunehmen.

BÜCHER VON OSHO IN DEUTSCHER SPRACHE

Sexualität und Liebe

Liebe beginnt nach den Flitterwochen (Osho Verlag)
Perversion – was ist denn das? (Sannyas Verlag)
Sexualität & AIDS (Osho Verlag)
Tantra, Spiritualität und Sex (Osho Verlag)

Lebenskunst

Gold Nuggets – Neue Texte
zur Kunst des Seins (Edition Tao)
Kunst kommt nicht von Können (Osho Verlag)
Leben, Lieben, Lachen (Osho Verlag)
Worte eines Mannes ohne Worte (Osho Verlag)

Weltkrise & Neue Menschheit

Das Neue Kind (Osho Verlag)
Das Ultimatum: der neue Mensch
oder globaler Selbstmord (Osho Verlag)
Die größte Herausforderung:
die goldene Zukunft (Osho Verlag)
Die Zukunft gehört den Frauen – Neue Dimensionen
der Frauenbefreiung (Osho Verlag)
Der neue Mensch (Sannyas Verlag)
Homosexualität und Frauenbewegung (Sannyas Verlag)
Priester & Politiker – Die Mafia
der Seele (Osho Verlag)
Über die Grundrechte des Menschen (Osho Verlag)

Meditation & Bewußtwerdung

Das Orangene Buch – Die Meditationstechniken
von Osho (Osho Verlag)
Das Zen-Manifest
– Freiheit von sich selbst (Osho Verlag)
Der Höhepunkt des Lebens (Osho Verlag)
Dynamisch Meditieren (Osho Verlag)
Jenseits der Grenzen des Verstandes (Osho Verlag)
Meditation: die erste und letzte Freiheit (Osho Verlag)
Tantra, die höchste Einsicht (Sannyas Verlag)
Vom Sex zum kosmischen Bewußtsein (New Age)

Meister & Schüler

Das Klatschen der einen Hand
– Darshan-Gespräche (Edition Gyandip)
Die Gans ist raus – Fragen & Antworten (Osho Verlag)
Mein Weg: der Weg der weißen Wolke
– Fragen & Antworten (Edition Tao)
Und vor allem nicht wackeln – Darshan-Gespräche (Verlag D. Klotz)

Westliche Mystik

Die Alchemie der Verwandlung
– über jüdische Mystik (Edition Lotos)
Die verbotene Wahrheit
– über das Thomas-Evangelium (Osho Verlag)
Die verborgene Harmonie – Vorträge über die
Fragmente des Heraklit (Osho Verlag)
Jesus aber schwieg (Sannyas Verlag)

Östliche Spiritualität

Die Schuhe *auf dem Kopf* – *über* Zen (Edition Lotos)
Ekstase, die vergessene Sprache
– über den Mystiker Kabir (Herzschlag Verlag)
Kein Wasser – Kein Mond – über Zen (Herzschlag Verlag)
Mit Wurzeln und mit Flügeln – über Zen (Edition Lotos)
Nicht bevor du stirbst – über Sufis (Edition Gyandip)
Nirvana, die letzte Hürde auf dem Weg
– über Zen (Osho Verlag)
Yoga: Alpha und Omega, Bd.1 (Edition Gyandip)

ENGLISCHE BÜCHER VON OSHO

Ausgewählte Texte zu besonderen Themen
Beyond the Frontiers of the Mind
Death: The Greatest Fiction
Gold Nuggets
More Gold Nuggets
The Greatest Challenge: The Golden Future
I Teach Religiousness Not Religion
Jesus Crucified Again After 25 Centuries
Life, Love, Laughter
The New Man - The Only Hope for the Future
A New Vision of Women's Liberation
On Basic Human Rights
Priests and Politicians - The Mafia of the Soul
The Rebel: The Very Salt of the Earth
Sex: Quotations from Bhagwan Shree Rajneesh
Words from a Man of No Words

Frühe Schriften
A Cup of Tea
From Sex to Superconsciousness
Dimensions Beyond the Known
I Am the Gate
In Search of the Miraculous (Diskurse von Meditation Camps)
The Long and the Short and the All
And Now, and Here, Band 1-2 (Diskurse von Meditation Camps)
The Perfect Way (Diskurse von Meditation Camps)

Meditation
Meditation - The First & Last Freedom
Meditation, the Art of Inner Ecstasy
The Orange Book - The Meditations of Bhagwan Shree Rajneesh
The Psychology of the Esoteric

Anthologie
The Book: An Introduction to the
Teachings of Bhagwan Shree Rajneesh

Autobiographisches
Books I Have Loved
Glimpses of a Golden Childhood
Notes of a Madman

Photobiographien
Shree Rajneesh: A Man of Many Climates, Seasons and Rainbows

Interviews mit der Weltpresse
The Last Testament, Bd.1 (Interviews & Pressekonferenzen, 1985)

Fragen und Antworten
Poona (1974 bis 1981):
Be Still and Know
The Goose Is Out
My Way: The Way of the White Clouds
Walk Without Feet, Fly Without Wings, and Think Without Mind
The Wild Geese and the Water
Zen: Zest, Zip, Zap and Zing

Rajneeshpuram (1984 - 1985):
The Rajneesh Bible, Bd. 1 (Okt. - Nov. 1984)
The Rajneesh Bible, Bd. 2 (Nov. - Dez. 1984)
The Rajneesh Bible, Bd. 3 (Dez. - Jan. 1984/5)
The Rajneesh Bible, Bd. 4 (Jan. - Febr. 1985)
From Darkness to Light (Febr. - März 1985)
From the False to the Truth, (Apr. - Aug. 1985)
From Death to Deathlessness (Aug. - Sept. 1985
From Bondage to Freedom (Sept. - Okt. 1985)

Die Weltreise (Dezember 1985 - August 1986):
Light on the Path - Talks in the Himalayas
The Sword and the Lotus - Talks in the Himalayas
Socrates Poisoned Again After 25 Centuries - Kreta
Beyond Psychology - Talks in Uruguay
The Path of the Mystic - Talks in Uruguay
The Transmission of the Lamp - Talks in Uruguay

Die Mysterien-Schule
(Meister & Schüler: Fragen und Antworten von August 1986 - 1988)
The Rajneesh Upanishad (Aug. - Okt. 1986, Bombay)
Beyond Enlightenment (Okt. - Nov. 1986, Bombay)
Sermons in Stones (Nov. - Dez. 1986, Bombay)
The Rebellious Spirit (Febr. 1987)
The Razor's Edge (Febr. - März 1987)
The Hidden Splendor (März 1987)
The Golden Future (Mai 1987)
The Rebel (Juni 1987)
The New Dawn (Juni - Juli 1987)
The Invitation (Aug. - Sept. 1987)
The Great Pilgrimage: From Here to Here (Sept. - Okt. 1987)
YAA-HOO! The Mystic Rose (März - April 1988). Mit Fotos.

Die Mantra-Reihe
Satyam Shivam Sundram - Truth, Godliness, Beauty (Nov. 1987)
Sat Chit Anand - Truth, Consciousness, Bliss (Nov. - Dez. 1987)
Om Mani Padme Hum - The Sound of Silence:
The Diamond in the Lotus
Hari Om Tat Sat - The Divine Sound: That Is the Truth

Om Shantih Shantih Shantih
- The Soundless Sound: Peace, Peace, Peace

Die großen Mystiker und Mysterienschulen

DIE BAULS
The Beloved, Bd. 1-2

BUDDHA
The Book of the Books, Bd. 1-4
Das Vajrachchedika Prajnaparamita Sutra:
The Diamond Sutra
Das Sutra der 42 Kapitel:
The Discipline of Transcendence, Bd. 1-4
Das Prajnaparamita Hridayam Sutra:
The Heart Sutra

BUDDHISTISCHE MEISTER
The Book of Wisdom, Bd. 1
The White Lotus
Bodhidharma: The Greatest Zen Master (Juli 1987)
The Great Zen Master Ta Hui (August 1987)

JESUS
Come Follow Me, Bd. 1-4
I Say Unto You, Bd. 1-2
The Mustard Seed

JÜDISCHE MYSTIKER
The Art of Dying
The True Sage

KABIR
The Divine Melody
Ecstasy: The Forgotten Language
The Fish in the Sea Is Not Thirsty
The Great Secret
The Guest
The Path of Love
The Revolution

KRISCHNA
Krishna: The Man and His Philosophy

DIE SUFIS
Just like That
The Perfect Master, Bd. 1-2
The Secret
Sufis: The People of the Path, Bd. 1-2
Until You Die
The Wisdom of the Sands, Bd. 1-2

Unio Mystica, Bd. 1-2

TANTRA
The Book of the Secrets, Bd. 1-5
Tantra, Spirituality and Sex
The Tantra Vision, Bd. 1-2
Tantra, the Supreme Understanding

TAO
The Empty Boat
When the Shoe Fits
Hsing Hsing Ming: The Book of Nothing (Pb)
Neither This, Nor That (Hc von Hsing Hsing Ming)
The Secret of Secrets, Bd. 1-2
Tao: The Golden Gate, Bd. 1-2
Tao: The Pathless Path, Bd. 1-2
Tao: The Three Treasures, Bd. 1-4

UPANISCHADEN (VEDANTA)
I Am That (Isa Upanischade)
Philosophia Ultima (Mandukya Upanischade)
The Supreme Doctrine (Kenopanischade)
That Art Thou, mit Fotos von den frühen Meditations-Camps
(Sarvasar Upanischade, Kaivalya Upanischade,
Adhyatma Upanischade)
The Ultimate Alchemy, Bd. 1-2 (Atma Pooja Upanischade)
Vedanta: Seven Steps to Samadhi (Akshya Upanischade)

WESTLICHE MYSTIKER
Guida Spirituale
The Hidden Harmony
The Messiah, Bd. 1-2
The New Alchemy: To Turn You On
Philosophia Perennis, Bd. 1-2
Theologia Mystica
Zarathustra - A God That Can Dance, Bd. 1
Zarathustra - The Laughing Prophet, Bd. 2

YOGA
Über Patanjali (3000 v.Chr.) und seine klassischen Yoga-Sutras:
Yoga: The Alpha and the Omega, Bd. 1-10
Taschenbuchausgabe der ersten drei Bände des obigen Titels:
Yoga: The Science of the Soul, Bd. 1-3

ZEN
Ah, This!
Ancient Music in the Pines
And the Flowers Showered

Dang Dang Doko Dang
The First Principle
The Grass Grows by Itself
Nirvana, the Last Nightmare
No Water, No Moon
Returning to the Source
The Search - The Ten Bulls of Zen
A Sudden Clash of Thunder
The Sun Rises in the Evening
Take It Easy, Bd. 1-2
This Very Body the Buddha
Walking in Zen, Sitting in Zen
Zen: The Path of Paradox, Bd. 1-3
Zen: The Special Transmission

„The World of Zen":
Live Zen (1)
This. This. A Thousand Times This (2)
Zen: The Quantum Leap from Mind to No-Mind (3)
Zen: The Solitary Bird, Cuckoo in the Forest (4)
Zen: The Diamond Thunderbolt (5)
„Zen: All the Colors of the Rainbow":
The Miracle (1)
Turning In (2)
The Original Man (3)
The Language of Existence (4)
The Buddha: The Emptiness of the Heart (5)
„Osho Rajneesh: The Present Day Awakend One Speaks on the Ancient Masters of Zen":
Dogen, the Zen Master: A Search and a Fulfillment (1)
Ma Tzu: The Empty Mirror (2)
Hyakujo: The Everest of Zen (mit Bashos Haikus) (3)
Nansen: The Point of Departure (4)
Joshu: The Lion's Roar (5)
Rinzai: Master of the Irrational (6)
Isan: No Footprints in the Blue Sky (7)
Communism and Zen Fire, Zen Wind
Christianity, the Deadliest Poison - and Zen, the Antidote to All Poison
God Is Dead, Now Zen Is the Only Living Truth
I Celebrate Myself - God Is No Where: Life Is Now Here
Kyozan: A True Man of Zen
One Seed Makes the Whole Earth Green
Yakuzan: Staight to the Point of Enlightenment
The Zen Manifesto - Freedom From Oneself
Zen: The Mystery and the Poetry of the Beyond

Darshan-Tagebücher
A Rose Is a Rose Is a Rose (28. Juni - 27. Juli 1976)
Above All Don't Wobble (16. Jan. - 12. Febr. 1976)
Be Realistic: Plan for a Miracle (13. März - 6. Apr. 1976)
Believing the Impossible (Febr. 1978)
Beloved of My Heart (3. - 28. Mai 1976)
Blessed Are the Ignorant (4. - 31. Dez. 1976)
Dance Your Way to God (28. Juli - 20. Aug. 1976)
Don't Bite My Finger, Look Where I'm Pointing (März 1978)
Don't Just Do Something, Sit There (Sept. 1977)
Don't Let Yourself Be Upset by the Sutra,
Rather Upset the Sutra Yourself (Aug./Sept. 1979)
Don't Look Before You Leap (Juli 1978)
Far Beyond the Stars (Juli 1977)
For Madmen Only (April 1977)
Get Out of Your Own Way (7. Apr. - 2. Mai 1976)
God Is Not for Sale (12. Okt. - 7. Nov. 1976)
God's Got a Thing About You (Sept. 1978)
Hallelujah! (Aug. 1978)
Hammer on the Rock (10. Dez. 1975 - 15. Jan. 1976)
Just Around the Corner (Mai 1979)
Let Go! (Apr. 1978)
Nothing to Lose but Your Head (13. Febr. - 12. März 1976)
Only Losers Can Win in this Game (Okt. 1977)
Snap Your Fingers, Slap Your Face - And Wake Up (Juni 1979)
The Buddha Disease (Jan. 1977)
The Cypress in the Courtyard (29. Mai - 27. Juni 1976)
The Further Shore (Juni 1977)
The Great Nothing (19. Sept. - 11. Okt. 1976)
The Madman's Guide to Enlightenment (Juni 1978)
The Open Door (Dez. 1977)
The Open Secret (Nov. 1977)
The Passion for the Impossible (21. Aug. - 8. Sept. 1976)
The Rainbow Bridge (Juli 1976)
The Sacred Yes (Nov. 1978)
The Shadow of the Bamboo (Apr. 1979)
The Shadow of the Whip (8. Nov. - 3. Dez. 1976)
The Sound of One Hand Clapping (März 1981)
The Sun Behind the Sun Behind the Sun (Jan. 1978)
The Tongue-Tip Taste of Tao (Okt. 1978)
The Zero Experience (März 1977)
The 99 Names of Nothingness (Mai 1978)
This Is It (Mai 1977)
Turn On, Tune In, and Drop the Lot (Dez. 1978)
What Is, Is, What Ain't, Ain't (Febr. 1977)
Won't You Join the Dance? (Febr. 1979)
You Ain't Seen Nothin' Yet (März 1979)
Zorba the Buddha (Jan. 1979)

Ein Verzeichnis der lieferbaren Titel
von Osho ist erhältlich bei:

Osho Verlag
Venloer Str. 5-7, 5000 Köln 1
Tel. (0221) 5740743

Für weitere Informationen über Osho:

Osho Commune International
17 Koregaon Park, Poona 411001 MS, Indien
Tel. (0212) 660963